尽 善 尽 美　　弗 求 弗 迪

CORPORATE

企业文化落地

路径、方法与标杆实践

王旭东 孙科柳◎著

CULTURE

電子工業出版社
Publishing House of Electronics Industry
北京·BEIJING

内 容 简 介

管理大师彼得·德鲁克曾说：“对于企业文化来说，战略是早餐，技术是午餐，产品是晚餐。企业文化会吃掉后面的其他东西。”可以说，企业文化关系着企业的成败。近年来，国内很多企业都已经认识到企业文化的重要性，并着手推进企业文化建设。但是部分企业仍然面临理念共识难、文化与制度“两张皮”、行为规范难等文化建设难题。管理者一心想要建设有强大影响力和号召力的文化，却不知从何下手。本书旨在构建系统的企业文化建设和落地路径，对标微软、亚马逊、华为、阿里巴巴、国家电网等国内外知名企业实践，并邀请华为人谈华为文化，以期让广大经营者、企业文化建设管理者和工作者用对方法，做对、做好企业文化建设工作。

图书在版编目（CIP）数据

企业文化落地：路径、方法与标杆实践 / 王旭东，孙科柳著 .—北京：电子工业出版社，2020.9
ISBN 978-7-121-39344-0
Ⅰ . ①企… Ⅱ . ①王… ②孙… Ⅲ . ①企业文化 – 研究 Ⅳ . ① F272-05
中国版本图书馆 CIP 数据核字（2020）第 141381 号

责任编辑：杨　雯
印　　刷：中国电影出版社印刷厂
装　　订：中国电影出版社印刷厂
出版发行：电子工业出版社
　　　　　北京市海淀区万寿路 173 信箱　邮编 100036
开　　本：720 × 1000　1/16　印张：20　字数：307 千字
版　　次：2020 年 9 月第 1 版
印　　次：2024 年 7 月第 12 次印刷
定　　价：65.00 元

凡所购买电子工业出版社图书有缺损问题，请向购买书店调换。若书店售缺，请与本社发行部联系，联系及邮购电话：（010）88254888，88258888。

质量投诉请发邮件至 zlts@phei.com.cn，盗版侵权举报请发邮件至 dbqq@phei.com.cn。

本书咨询联系方式：（010）57565890，meidipub@phei.com.cn。

前言

2019年，华为的销售收入为8588亿元人民币，同比增长19.1%。华为取得如此骄人的成绩，离不开“华为文化”催生的战斗力。正如任正非所言：“资源是会枯竭的，唯有文化才会生生不息。”我曾服务于华为17年，在公司培训中、在工作实践中以及在与同事交往中，华为的“奋斗者”基因已不知不觉地在我身上留下了深深的烙印。即便现在已离开华为，我依然会以“奋斗者”的标准要求自己。

近年来，我们的团队一直致力于中国企业的管理研究、咨询辅导和培训工作。时下，国内众多企业纷纷展开“向华为学习”的活动。“为什么华为会在短短三十余年间就获得经营上的巨大成功？”这是我们在咨询培训工作中常被问到的问题。事实上，美国学者汤姆·彼得斯和小罗伯特·沃特曼在《追求卓越》一书中已经给出了答案。书中指出，“我们研究的所有优秀公司都很清楚他们的主张是什么，并认真建立和形成了公司的价值准则。一个公司缺乏明确的价值准则或价值观不正确，我们则怀疑它是否有可能获得经营上的成功。”毫无疑问，企业文化是关系企业成功与否的重要因素，我们身上的华为“奋斗者”基因，我们团队多年的华为工作经验、华为研究经验、管理咨询和培训经验也印证了这一点。

事实上，国内很多企业都已经认识到企业文化的重要性，并着手推进企业文化建设。但是，我们在咨询辅导过程中，发现部分企业的文化建设只能停留在墙上，难以产生实质的效用。管理者一心想要建设如华为一般具有强大号召力和影响力的企业文化，却不知从何入手。

针对这个问题，我们在咨询辅导实践中也有一些思考。有一点需要明确：企业文化建设如果只用一年半载是比较难深入的，从领导者思想碰撞到深入理解业务和工作模式，再到牵引员工行为，这是一个需要慢慢实践的长期过程。再有，学习标杆企业实践，不能照本宣科地执行，而要有哲学思辨能力。比如很多企业都和华为一样强调“以客户为中心”，但是大多停留在诸如礼仪层面这类浅层次理解上，而华为的“以客户为中心”则要深很多，其内涵涉及表面礼仪层面、情感层面、组织层面（客户未来潜在的业务需求），甚至人类社会层面（引领未来，拖着世界向前奔），随着公司发展而不断丰富。

为了让企业经营者、管理者清晰认知、掌握企业文化建设方法，我们策划、编写了本书。本人与孙科柳老师在企业文化建设咨询服务中有过深度合作，积累了一批优秀企业的咨询和实践经验。本书结合了我们自身丰富的企业文化建设实战经验，同时参考了许多经典的文化建设书籍，对标了微软、亚马逊、脸书、华为、阿里巴巴、国家电网、字节跳动等优秀企业的实践，访谈了多位华为人，系统、深入地梳理了企业文化建设方法，旨在帮助广大经营者、企业文化建设管理者和工作者用对方法、学通案例，做对、做好企业文化建设工作。

在书稿的创作过程中，获得了众多管理同行的帮助，在此，一并表示感谢！最后，特别感谢与我们顾问团队和研究小组一起创作此书的陈雨点老师、段伟老师，你们提供的理论、方法和经验为我们编写本书给予了很大的启发。

衷心希望本书能够对读者朋友们有所启发，并提供切实有效的帮助。因笔者实践经验有限，书中可能存在需要进一步推敲的观点和见解，恳请不吝指正。

王旭东

目录

第1章 企业文化建设规划

第5章 标杆人物的示范引领

第 6 章 企业文化培训管理

第 7 章 企业文化多元传播

第 8 章 企业文化评估激励

第 9 章 企业文化项目运作

引子：华为人谈华为文化

1. 读者：有一句话说“方向大致正确，组织充满活力”，但是如果方向大致正确，那么组织应怎么去保证自身在这个方向的执行力？

邢宪杰[1]：要通过“四力”去推动。在“四力”中，第一个叫动力，企业有高远的追求，有宏伟的战略意图，从上到下才有动力；第二个叫压力，对每个部门来讲，每年有指标要完成，这就是一种压力；第三个是能力，为什么是能力呢？比如华为公司近 20 年来花了很大的代价去建管理流程，这些东西都变成了能力；第四个是活力，也就是文化气氛。将这四个力加起来，就会形成强大的执行力。

姜晓梅[2]：要保证组织的执行力，就需要达成团队一致，把大的方向落实到年度关键和重点工作，并明确年度目标、季度目标、月度目标和责任人目标以及目标达成的标准。选人与人员激励也很重要。只有选对了人，目标落实才能有保障。激励也要跟得上，要马儿跑必定要马儿吃草；在华为还有一点比较突出，授权越充分，人的压力感越大，越要表现得好才行。

---

1 邢宪杰：原华为公司副总裁，公司变革项目管理办公室主任，华为“蓝血十杰”获得者。

2 姜晓梅：原华为公司全球行政服务管理部总裁。

2. 读者：在组织的关键经营要素上，华为是如何从点到线再到面，将文化贯通其中的？华为文化是如何层层落实到具体个人身上的？

邢宪杰：很多企业的企业文化和价值观是写在墙上的，而真正好的价值观则会铭刻到人心里，落实到制度里，驱动人们的行为。像华为“以客户为中心、以奋斗者为本”这种核心价值观，大家已经耳熟能详，而且华为的各种流程设计、制度设计、激励体系都是符合这个价值观的。比如公司的十六大流程，其中四个核心流程完全是从客户开始到客户结束的端到端流程。四个核心流程中的第一个流程是产品开发流程，即 idea to market，也就是根据组织成员对客户需求的理解和洞察，形成某种想法，再把它设计和开发成产品去面世，这个就是 idea to market。

王旭东：华为文化不是设计出来的，是平时工作中做出来的，做着、改着、优化着，文化就慢慢地浸润到组织和员工的肌肤里去了。在思想统一和文化传播的过程中，《华为人》报起了很大的作用，后来的《心声社区》也发挥了这样的功能。最初，部分人上天涯，不负责任地乱说；后来有了心声社区，任何人都可以在心声社区里发声。此外，新员工培训是华为文化最重要的初始化设置环节，非常有效。

姜晓梅：企业要把企业愿景变成全员行动，可分为三步。第一步是将愿景使命战略化，第二步是核心价值观制度化，制度行为化。而第二步又分为五个阶段运作。在第一阶段里，通过总结梳理价值观，形成对核心价值观的体系化描述，并以书面形式表达出来。在第二阶段里，对核心价值观进行解码，让全员了解价值观背后的意义，使全员形成核心价值观共识。在第三阶段里，全面梳理公司流程制度体系，确保公司核心价值观浸润到公司各级流程体系中，把共识变成制度。在第四阶段里，依据核心价值观要求，输出员工商业行为准则，并以制度进行约束与考核。在第五阶段里，对考核结果进行应用，做到赏罚分明。第三步是建立核心渠道，宣传核心价值观。

陈雨点[3]：我觉得有一点很重要，就是标杆的力量，领导的表率作用很大。如果领导不以身作则地拼，那么下面的员工怎么拼？很多公司总是强

3 陈雨点：曾任华为公司人力资源总裁助理、海外国家公关总监。

调员工要怎么样怎么样，但是领导自己却没有执行力，这又有什么作用呢？文化的落地，要从上至下地实现全员践行。任总曾在尼泊尔的一次讲话中说过：“我承诺，只要我还飞得动，就会到艰苦地区来看你们，到战乱、瘟疫……地区来陪你们。我若贪生怕死，何来让你们去英勇奋斗？我鼓励你们奋斗，我自己也会践行。”

3. 读者：在媒体的不断宣传下，华为给外界的印象是“给得起钱的公司”，但是现在越来越多互联网企业的薪资也表现出较强的竞争力，那么华为又是如何留住人才的呢？这里面，华为文化发挥出的作用有多大？

姜晓梅：根据马斯洛需求层次论，物质激励达到一定程度，就很难起作用了，而公司也不可能无限制地实施物质激励。基层员工要有饥饿感，只要他们努力，也可以过上体面的生活，这是“以奋斗者为本”的文化落实；中层要有危机感，这一层人员是企业创造价值的主体，所以要将绩效和项目奖励设置作为主要激励形式，这是贯彻“以客户为中心”的文化保障；高层要有使命感，高层人员创造价值的方式主要是思想，所以对这一层人员要侧重于精神激励。

高武兵[4]：华为内部流传一句话：“任总每天最发愁的事情，就是如何分钱。”这句话说的不是华为很有钱、钱多得不知道怎么分，而是如何合理地分钱。钱分得合适，大家都有干劲；钱分得不好，不仅打击了大家的积极性，还可能闹矛盾。“大碗喝酒、大秤分金”的江湖做法，即使再“给得起钱”，也无法真正吸引人才、激励人才。

因此，一家企业要充分发挥人才优势，一定要从“给得起钱”这样一个简单粗放的认识，向“建立科学的人才激励及管理机制”转变。华为独特的人才选拔、考核评价及激励机制，正是我们要去学习、领悟的关键所在。

王旭东：金钱留住人才，事情锻炼人才，目标激发人才，扩张牵引人才，折腾强大了人才。华为留住人才不仅仅是靠钱，文化也在其中发挥了很大的作用。早在 1993 年，在很少有企业谈企业文化的时候，华为文化就已经成为吸引人才的重要因素。在那个年代，《华为人》报的影响力很大，

---

4 高武兵：原华为公司亚太地区部副总裁兼产品销售总监。

《华为文摘》还会印出来送给客户。很多客户读了这些刊物之后，觉得华为的文化挺有意思，让人心生羡慕。

正如任总所言："近 20 年来，华为不断推行的管理哲学对全体员工的洗礼，如同铀原子在中子的轰击下产生核能量一样，每个华为人身上小小的原子核，在价值观的驱使下，发出了巨大的原子能。"我个人认为，华为已经通过机制将人和事业完全融合了在一起，华为文化给人留下的烙印几十年都改变不了。当然，在华为工作也是一件很有成就感的事。华为的牛人很多，每次遇到问题和领导、同事沟通后，个人都会有醍醐灌顶的感觉。在华为工作几年后，整个人都会焕然一新。

另外，"给得起钱"，这也并不简单。虽然华为"以奋斗者为本"，但也不是乱发钱，每一分钱都是要发挥作用的、有导向性的。在发钱方面，华为有三个突出特征，一是愿意发钱（老板不自私），二是会发钱（有方法：股票、各种薪酬制度等），三是发好钱（发钱激励的目的不是为了"人爽"，而是为了导向业务成功）。事实上，华为每次发钱，都会要求员工签字，主管会与员工进行沟通。所以，发钱也是一次文化教育的机会。

陈雨点：其实，谈钱是避免不了的。"以奋斗者为本"的文化基因就是要关注员工的价值创造，谁的贡献大，谁就能得到更有竞争力的报酬。现在很多中小企业的文化之所以落不了地，缺少共赢的思维应该是最重要的原因。任总经常提及"打开组织边界""和世界喝咖啡"这些概念，这体现的不仅仅是企业与员工的双赢，更是多方共赢。从激励角度来说，员工收入不错时，更容易促使他们为企业创造更大的价值。而当员工为企业创造更多价值后，企业也更有能力为他们提供更高的报酬。2014 年到 2018 年，华为的销售收入是翻倍的，人均销售收入从 200 多万元翻到 400 多万元，华为员工的个人年均收入（不含股票分红）从 50 多万元翻到 80 多万元，这其实就是双赢的体现。

4. 读者：2019 年，美国的"实体清单"事件使华为面临了很大的困难。一般来说，在企业面临困难之际，员工的流失率会上升。但是华为却正好相反，其员工凝聚力得到了空前的提升。在这里，华为文化是如何发挥作用的？

高武兵：很简单，因为华为本身的经营并没有出现问题，而是在不断开拓和持续向好。而美国“实体清单”事件，是一种外部环境的干扰。这种外部干扰和挤压，让华为内部更加清醒、团结。任总常说，我们最担心的问题就是公司内部出现问题，“堡垒最容易从内部攻破”。“一帆风顺、天下太平”，反而会滋生和掩盖很多问题。这也是华为文化中重视危机管理的原因。

姜晓梅：华为长年的危机意识和自我批判文化已经锻造了这个组织。当平时演练的 CASE 真实发生的时候，大家反而平静了；此时，危机反而成了契机，大家更有战斗力了。

王旭东：在过去几十年里，华为常常从危险中看到机会，实现弯道超车，2002 年、2008 年的危机事件都是如此。从人员角度来说，是华为人身上或多或少都有“理想主义”的色彩，大家思想都比较“不长草”，始终抱持着“任何困难华为人都能战胜”的信念，包括现在很多“退休”的华为人，都有“只要华为需要，即便没有工资也要回去”的思想，这也是华为文化的影响。这就是在“美国打压”的困难之际，华为的离职率反而更低的原因。华为 2019 年的离职率只有不到 3%，而以往离职率是这个的两倍以上。

陈雨点：华为人给人一种“命运共同体”的感觉，这也是华为文化发挥出的作用。华为 30 多年来的创业与发展史，其实也是一部精神文明与物质文明的并建共进史。在不同历史时期，华为的精神文明建设与物质文明建设双轨驱动、交替支配，共同支撑着公司的发展。有一句话我觉得讲得很好：“精神激励才是组织的伟大引擎。”在不断变化的内外环境下，华为不断地打造新的精神文明内涵，让精神激励超越物质激励的极限，持久地激发华为人挑战现状、积极进取的动力。

5. 读者：华为文化是军队文化、西式文化等多种文化融合而成的，那么华为又是如何解决文化融合问题的呢？

姜晓梅：华为的核心价值观“以客户为中心”“以奋斗者为本”，这是全球普适的，东方推崇的先舍后得和西方推崇的敬业也是相通的。当然，因为员工具有多样性，所以即便在统一的核心价值理念下，文化的表达和表现本身也是多样性的。这就要求企业讲究开放和吸收，不断优化。华为便是通过这种方式，对多种文化加以融合，以适应新的形势。

王旭东：华为文化不是自上而下进行设计的，其一直秉承着“实用主义”原则，觉得西方的好就学了，学的时候发现不好再优化，慢慢地就把各种文化融合在一起了。华为文化的发展是一个在业务实践中不断总结、抽取、剥离、吸收的过程。

华为有一个善于思辨的高层团队，爱学习、讲实效、不自满，这种学习精神构成了华为人独特的精神气质。爱学习、不自满，后来被总结成“自我批判”。田涛的书里有这样一句话：“华为今天的成功，很大程度上归因于自我批判、创新与变革三者的交叉运用。”我非常认同。“自我批判”也帮助着华为实现了多种文化的融合。

陈雨点：任总一直强调，华为文化非东、非西、非驴、非马，华为文化是一种普适性的文化。比如奋斗，西方也提倡奋斗，硅谷被称为“不眠的硅谷”。华为文化是通过不断吸收、融合、改进而形成的普适性文化。

6. 读者：华为文化很多时候给外界的感觉是任总的文化，华为内部人是否也有这种感觉？华为是如何将任总的管理思想、经营哲学有机融入华为的经营管理中的？

姜晓梅：在企业创立初期，企业创始人的影响力是企业文化的核心；随着企业的逐步发展，企业中慢慢地形成了统一的文化。任总的思想具有前瞻性和全局性，确立的愿景足够大，并且30多年来一直扎扎实实地去落实“客户”和“奋斗者”文化，这就形成了强大的虹吸力。

王旭东：任总的管理思想、经营哲学中，许多是他的原创；但是，其智慧也还是来自基层员工，每一个人都是公司文化的贡献者。而且，任总的很多思想都不是随便提的，对于大事情都是思前想后再执行的。任总有了想法后，并不硬推，而是先试点看看反应，等半年一年后再推动，期间会因势变化、优化。在企业文化建设方面，更是如此。

陈雨点：目前，绝大多数企业的文化仍是创始人文化，是最高管理层思想的映射。任总的思想核心是开放、妥协、灰度。对于这些哲学层面的思想，他是想得很透的。记得邢宪杰曾说过：“任总的思想可以从三个方面来理解，一个是商业逻辑，即以客户为中心才能赚到钱；一个是人性逻辑，即以奋斗者为本才能实现大家共赢；一个是进化逻辑，即以批评与自我批评不断成长迭代。”这些都是在实践过程中不断总结的，是符合华为实际的。

7. 读者：谈到文化教育，很多人的印象就是“洗脑”。华为文化能对员工从入职开始直至其离职以后都产生影响，这是如何做到的？

王旭东：一个重要的点就是耳濡目染，蓬生麻中，不扶自直。一个带有自己独特个性的人，进入华为后，会被大环境所影响。在华为，因为大家本来就是这个样子，环境就是这样的，新员工进入时间久了便会有一样的味道。另外，通过动作仿制、模板要求、项目练习、思维上不断套用，文化也就慢慢地渗透进员工的身心了。

陈雨点：刚进入一个公司，接受文化教育时，人们通常是不舒服的。比如华为大队培训的风格，很多人刚进去时都不习惯。我记得我刚进华为时，要参加集体大合唱；高层开年度大会的时候也要唱歌，而且要唱得热血澎湃。文化教育就是一个寻找底色的过程，要么被同化，要么出局。但是随着 90 后、00 后这些自我意识很强的员工进入企业，文化教育的方式也可以多样化一些。总之，“洗脑”是必要的，但具体“怎么洗”还是要与时俱进。

8. 读者：其他企业想学华为文化，能学什么？在学的过程中要考虑哪些因素？又如何综合地平衡这些因素，灵活地学习华为？

王旭东：企业要系统地了解华为文化的整体哲学逻辑，要有华为文化结构的全景图。在学习某个点时，要系统了解华为当时的背景，具体怎么操作的，还有没有别的方案。华为文化是有基础假设作为前提的，比如企业家的格局、变革意愿等。所以，其他企业在学习华为的过程中不能盲目，而要辩证地思考。

陈雨点：文化不是无病呻吟的东西，它必须得到全员认可并遵照执行。很多企业学华为文化都只学到了形式，而没学到内涵。如果学习华为只是学表面，那么华为的很多做法在其他企业里都是落不了地的。就像我们给企业做咨询辅导时，选企业也有一定的标准，比如：企业领导人更具企业家精神；更具管理信仰，即愿意通过管理变革来实现管理自觉（法治，而非人治）；管理团队更愿意开放学习（愿意创新、听取不同声音等）；公司股东层更愿意利益共享等。如果企业没有这些底色，那么它即便学华为也是学不好的。

第1章
企业文化建设规划

“凡事预则立，不预则废。”在全面展开企业文化建设工作前，要做好文化建设规划，明确企业文化“是什么”、本公司企业文化“怎么样”以及企业文化建设该“怎么做”的问题，确保有方向、有方法、有策略地推进企业文化建设。

企业文化的内涵与作用

企业文化是企业的灵魂，是推动企业发展的不竭动力。大约在 1984 年，企业文化理论从西方传入我国。党的十四大明确提出，在精神文明建设方面要“搞好企业文化建设”。进入 21 世纪后，企业文化建设逐渐成为企业提高管理水平、提升核心竞争力的自觉行为。

企业文化的认知误区

从“企业文化”概念的引入到今天，企业文化建设在国内已然走过了三十几个年头。如今，几乎每一个优秀企业都有自己独特的企业文化，如华为的“奋斗文化”、阿里巴巴的“快乐文化”、老干妈的“亲情文化”、海底捞的“极致客户服务文化”等等。尽管有这么多企业文化建设的成功范例，但还是有很多人对企业文化存在诸多认知误区。

误区一：企业文化就是领导者文化

不可否认，企业领导者特别是企业创始人对企业文化有决定性的作用。需要注意的是，这种决定作用应体现在文化建设的过程中，而非文化本身。

在企业初创阶段，领导者的价值取向会直接转化为企业的价值取向。在这一阶段，企业文化在一定程度上等同于领导者文化。随着企业的发展壮大，企业的价值判断需要通过管理团队和员工的行为选择来体现。如果企业这时还完全遵循“企业文化就是领导者文化”，那么领导者的个性缺陷很可能成为企业的致命伤，美国安然公司的倒闭就是如此。

2002 年 1 月 2 日，全球最大的能源交易商安然公司向美国破产法院申请破产保护，资产总额为 498 亿美元，成为美国有史以来最大的破产申请案。被讥讽为“大象变老鼠”的美国安然公司，在短短几年里从一个不起眼的地方性企业起步，快速成长为世界级的大集团，而后又轰然倒塌，可谓“成也文化、败也文化”。

1990 年，安然公司从麦肯锡咨询公司挖到了杰夫·斯基林。杰夫·斯基林性格激进、傲慢，盲目追逐利润。他进入安然公司后，把安然公司做实业时的经营理念及“专注战略”完全转移，抱着“试看天下谁能敌”的心态，狂妄而草率地将安然公司的业务扩张到金融投资领域。同时，对内部员工采取残酷的优胜劣汰制度，实施“高压锅”式管理。杰夫·斯基林完全改变了安然公司的价值观。在这种“只许成功、不许失败”的“高压锅”文化下，员工竭力掩盖过失，管理者沉浸在“自以为是”的情绪中虚报收入、隐瞒债务，企业最终负债累累，成为一座“用纸牌搭成的屋子”。

安然公司的破产与其领导者杰夫·斯基林息息相关，斯基林忽视了企业文化管理的合理性，其狂妄的企业决策和企业管理模式是让安然公司在发展过程中不可能“安然”的因素。企业文化不是一场管理秀，领导者的“一言堂”不利于企业的持续健康发展；企业需要结合自身发展的实际情况，实施让企业、员工和消费者三者之间达成共识的文化管理，让企业文化粘合出强大的企业竞争力。

误区二：企业文化就是标语和口号

现如今，企业管理者几乎都认识到了企业文化建设的重要性和紧迫性。许多企业管理者绞尽脑汁、引经据典地寻求那些响亮的标语和口号，甚至不惜重金聘请专家或咨询公司来帮助挖掘、设计。诸如“拼搏创新”“实事求是”“以人为本”“厚德载物”“效率第一”“顾客就是上帝”等标语和口号，可谓形形色色、应有尽有。

企业通过一些有力的标语和口号来提醒和激励员工，这固然是好事，但不能简单地把企业文化等同于标语和口号。企业文化只有落实到具体的管理与执行工作中，才能真正发挥作用。

20 世纪 90 年代，正与摩托罗拉公司决战手机市场的诺基亚公司在其广告语中加入了“科技以人为本”的品牌理念。随后，“以人为本”的理念迅速传遍中国大江南北，很多企业纷纷将“以人为本”四个字写进自己的企业文化手册中。但是在实践中，像诺基亚公司这样真正践行的公司甚少，绝大部分企业甚至并未明确“以人为本”的含义。

诺基亚公司成立于 1865 年，总部位于芬兰，是一家从事移动通信设备生产和相关服务的跨国公司。作为一家“百年企业”，诺基亚公司历经了“工业时代—电信时代—手机时代—微软收购—企业复兴”多时代的磨砺而未倒。在一个多世纪里，诺基亚公司始终在践行“以人为本”的理念。第一是“人”，“人”不仅指员工，也指用户。在员工管理上，诺基亚的一切企业活动都以个人潜能为基础，给予了员工广阔的发展平台，让员工从事最能产生效果的活动。第二是“本”，指的是“使用户享受人性化科技带来的乐趣和便利”等一切以用户为中心的企业行为。

诺基亚“科技以人为本”的理念之所以深入人心，赢得广大消费者的认可和员工的认同，不仅是因为其口号喊得响亮，更是因为其将口号落实到了企业发展的点滴行动中。2018年，在手机市场上已不复往日荣光的诺基亚获评艾媒金榜（iiMedia Ranking）发布的《2018中国老人机品牌排行榜》榜单中的第一位。在见证了诺基亚的辉煌和低谷之后，广大消费者对诺基亚的产品依然抱有喜爱和信任之感，这正是诺基亚“科技以人为本”理念的成功体现。

通过安然公司、诺基亚公司的案例，我们具体了解了企业文化认知中的“企业文化就是领导者文化”和“企业文化就是标语和口号”两个误区。事实上，在企业文化的认知中还存在诸如“企业文化是一套潜规则”“企业文化一旦建立，就能一劳永逸”“企业文化就是洗脑”等误区。为了让企业文化在企业管理中发挥出实效，我们必须摆脱对企业文化的诸多认知误区，系统了解企业文化的内涵和结构，掌握科学合理的企业文化建设方法。

企业文化内涵与四层次结构

企业文化是什么？国内、国外学界的说法众多。

特伦斯·迪尔和艾伦·肯尼迪在《企业文化——企业生活中的礼仪与仪式》一书中指出，企业文化是企业员工上下一致共同遵循的价值体系，一种员工都清楚的行为准则，由企业环境、价值观、英雄、习俗与仪式、文化传播网络五个要素组成。[5]

享有“企业文化之父”之称的美国麻省理工学院埃德加·沙因教授认为，企业文化是一个群体在解决其外部适应和内部整合问题过程中习得的一系列共享深层次假设的集合，它们在群体中运行良好、有效，因此被群体传授给他们的新成员，并作为其解决类似问题时感知、思考和情感体验的正确方式。[6]

---

5 特伦斯·迪尔，艾伦·肯尼迪．企业文化——企业生活中的礼仪与仪式．北京：中国人民大学出版社，2015.

6 埃德加·沙因．企业文化生存与变革指南．杭州：浙江人民出版社，2017.

国内著名管理学者陈春花指出，企业文化是企业形成的一种“个性”，包括企业信仰、观念、价值观、态度、工作方式、工作气氛和工作行为。

此外，何建湘结合企业文化案例研究给企业文化做了定义。他认为，企业文化是企业发展过程中逐步形成的具有个性特色，且为全体员工认同并遵守的价值理念体系（包括使命、愿景、企业精神、核心价值观以及具体的经营理念和管理理念），以及这些理念在企业规章制度、员工行为方式、企业整体形象以及生产经营管理中的体现的总和。[7]

虽然不同学者对企业文化有着不同的定义，但是从这些不同定义中我们可以发现：企业文化建设绝不是几句简单的标语和口号就能概括的，它是一个系统、繁复、动态化的大工程。

为了更加清晰地认知企业文化，我们需要系统了解企业文化的内容构成。有关企业文化的内容构成的说法也很多，比较著名的是埃德加·沙因的文化三层次理论以及应用广泛的企业文化四层次结构理论。埃德加·沙因认为，企业文化可以分为三个层次，分别为：表层的物质文化、第二层的制度文化、最底层的隐性假设，即核心价值观。

企业文化四层次结构理论认为，企业文化内容由精神层、制度层、行为层、物质层构成，具体如图 1–1 所示。

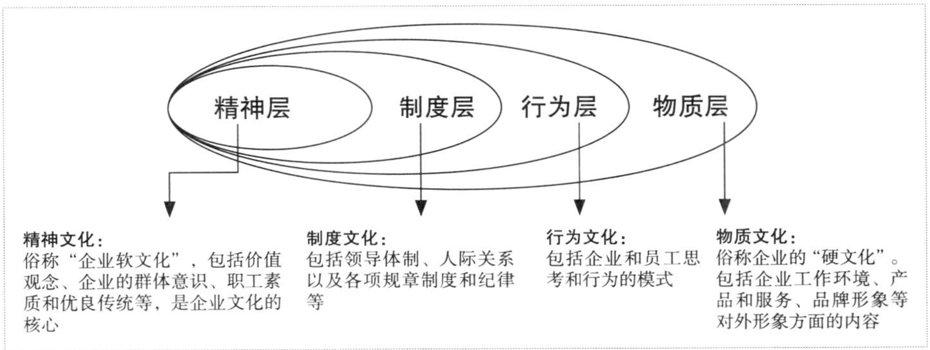

图 1–1 企业文化四层次结构理论

了解一个企业的文化，如同了解一个人，可以分为四个层次进行：首先

7 何建湘．企业文化建设实务．北京：中国人民大学出版社，2019.

看他的外貌形象（企业文化物质层），然后观察其言行举止（企业文化行为层），随后深入了解他的为人处世（企业文化制度层），最后再探究其精神世界（企业文化精神层）。

企业文化渗透于企业的各个领域和全部时空，是一个企业区别于其他企业的 DNA。众所周知，“以客户为中心、以奋斗者为本”的文化为华为公司的发展注入了强大的能量。其实，华为文化也是通过层层解构，持续加强建设才得以扎根的。华为核心文化的结构构成如图 1–2 所示。

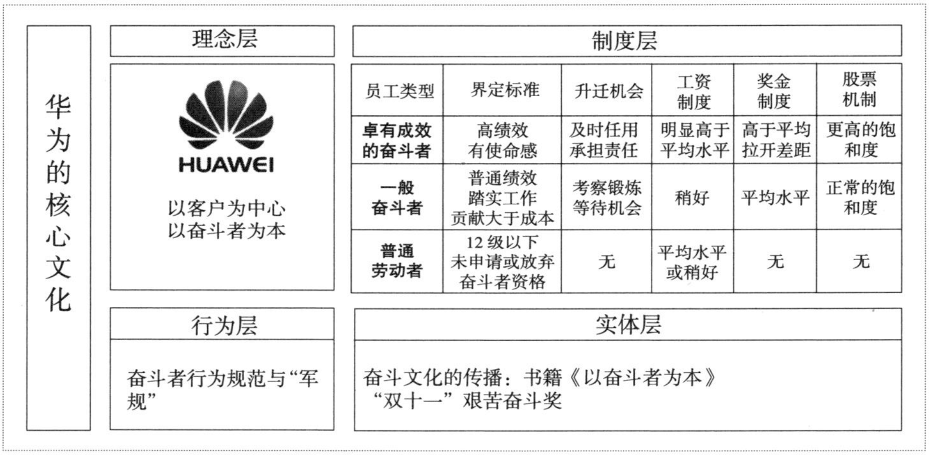

员工类型	界定标准	升迁机会	工资制度	奖金制度	股票机制
卓有成效的奋斗者	高绩效 有使命感	及时任用 承担责任	明显高于平均水平	高于平均拉开差距	更高的饱和度
一般奋斗者	普通绩效 踏实工作 贡献大于成本	考察锻炼 等待机会	稍好	平均水平	正常的饱和度
普通劳动者	12 级以下 未申请或放弃奋斗者资格	无	平均水平或稍好	无	无

图 1–2　华为核心文化的结构构成

在理念层上，华为公司确定了“以客户为中心、以奋斗者为本”的核心价值观，并明确了奋斗文化的内涵。

在制度层上，以人力资源管理政策为例，华为公司对奋斗者进行了很好的界定。华为公司将员工区分为普通劳动者和奋斗者，两者的区分标准在于员工是否愿意与公司签订包含“我自愿申请成为公司的奋斗者、自愿放弃带薪年休假、自愿放弃非指令性加班费”“自愿接受公司调遣、派驻海外”等内容的奋斗者协议。普通劳动者在华为公司获得的回报较少，而且很可能会被边缘化；而对于签署了奋斗者协议的员工，华为公司在奋斗的机会、薪酬待遇及升迁机会上都会给予倾斜。此外，华为公司还将奋斗者分为一般奋斗者和卓有成效的奋斗者，两者在升迁机会、工资、奖金、股票等激励措施上也会显示出差异。

在行为层上，华为公司制定了奋斗者的行为规范和“军规”，划定了奋斗者的行为红线，对奋斗者的行为进行约束。

在物质层上，华为公司通过编写书籍《以奋斗者为本》、借助合适的机会发放艰苦奋斗奖等举措，广泛传播华为文化，提升华为文化的影响力。除此以外，华为公司还在内部设置了许多奖项，如：蓝血十杰奖、华为奋斗奖、持续奋斗奖、人均效益改善突出团队奖、优秀产品拓展团队奖、优秀交付拓展团队奖等近百个奖项，激发更多员工成为奋斗者。

通过对华为核心文化结构的解析，相信我们已经对企业文化的层次结构有了较为直观的认知，也基本理解了企业文化的内涵。

系统认识了企业文化后，我们接下来还要思考：企业文化到底对企业的发展有何作用？进行企业文化建设的意义何在？

企业文化与企业的持续发展

企业文化对企业的发展有何作用？我们可以先从《华为基本法》中对企业文化的描述来了解。

资源是会枯竭的，唯有文化才会生生不息。一切工业产品都是人来智慧创造的。华为没有可以依存的自然资源，唯有在人的头脑中挖掘出大油田、大森林、大煤矿……精神是可以转化为物质的，物质文明有利于巩固精神文明。我们坚持以精神文明促进物质文明的方针。

这里的文化，不仅仅包含知识、技术、管理、情操……也包含了一切促进生产力发展的无形因素。

——《华为基本法》

“唯有文化才会生生不息”，这短短几个字已经道破企业文化的作用。美国教授特伦斯·迪尔和麦肯锡顾问艾伦·肯尼迪做了一次非正式的调查。他们在 6 个多月的时间里，通过从掌握企业第一手资料的麦肯锡顾问手中了解了近 80 家企业和组织的情况。他们发现：在其调查的所有公司里，18 家有着抽象的价值理念，例如“IBM 意味着服务”。无一例外，这 18 家有着抽象价值理念的公司都是成功者，而其他 62 家公司的经营情况则时好时坏。

总体而言，企业文化有导向、凝聚、约束、激励、纽带、辐射等功能。优秀的企业文化一旦形成，便会形成一股聚合力，对企业员工起到“粘合剂”的作用，激励员工为了实现同一目标而不懈奋斗，使企业在激烈的市场竞争中越战越勇，持续健康发展。

阿里巴巴的创始人马云很早便看清了文化对于企业发展的重要性。他说：“文化是企业发展的 DNA，企业中可能没有人，制度也可能改变，只有企业的文化能够传递下去。”阿里巴巴也确实以“快乐文化”笑傲江湖。

马云曾对阿里巴巴的员工说：“工作不要太较真，快乐就行，因为只有快乐让你创新，认真只会有更多的 KPI、更多的压力、更多的埋怨，真正把自己变成机器。我们不管多伟大、多勤奋、多痛苦，都要永远记住做一个实实在在、舒舒服服的人，因为这样的人才是最美的。”他还说：“我希望我们每一个员工都能上班像疯子，下班笑眯眯，而不是把工作当成负担，每天像苦行僧一样活着。”

阿里巴巴的宗旨就是“快乐工作，快乐生活”。在阿里巴巴，员工不会受到条条框框的束缚，他们可以穿旱冰鞋上班，可以一边听着音乐一边工作，可以随时到总裁办公室交流……可以说是随心所欲，怎么轻松就怎么来。因为在轻松的工作环境中，员工更能发挥自己的潜能，提高工作效率。早在 2007 年，马云就表示：“员工第一，客户第二（阿里巴巴早期文化理念）。没有他们，就没有这个网站。也只有他们开心了，我们的客户才会开心。而客户们那些鼓励的言语，又会让他们像疯子一样地去工作，这也使得我们的网站不断地发展。”因此，马云在公司里常常带头搞活工作气氛，鼓励员工发展兴趣爱好，并由公司出资组建各种兴趣小组。在公司年会上，马云会不遗余力地为员工表演，不止一次着女装出演，甚至还扮演过童话故事中的白雪公主，让员工在诧异之余，捧腹大笑。

阿里巴巴独具一格的企业文化不仅增强了企业对员工的凝聚力，同时也吸引了很多优秀人才的加盟。比如阿里巴巴集团前副总裁卫哲，在他刚进公司的时候，就被这种快乐情绪所感染。他说：“这恐怕是中国笑脸最多的一个公司，而且执行能力超强，但我不知道为什么！”再比如蔡崇信，他有着名校毕业、在跨国公司担任重要职位的背景，却甘心在阿里巴巴规模尚小时果断加入其中。他一方面是被马云的人格魅力所折服，另一方面也是被阿里巴巴的“快乐文化”所吸引。

一个公司有着优秀的企业文化，便能凝聚员工，汇聚人才，易化管理，提高团队作战能力，提升经营业绩。可以说，企业文化与企业的持续健康发展是息息相关的。哈佛商学院教授约翰·P. 科特和詹姆斯·L. 赫斯克特在《企业文化与经营业绩》一书中，通过对比分析重视与不重视企业文化的公司的经营业绩（如表 1-1 所示）得出结论，企业文化与企业长期的经营业绩有着巨大的正相关关系。

表 1-1 重视与不重视企业文化的公司的经营业绩对比（1977 年至 1988 年的数据）

经营业绩表现	重视企业文化的公司	不重视企业文化的公司
总收入平均增长率	682%	166%
员工增长率	282%	36%
公司股价	901%	74%
公司净收入增长率	756%	1%

科特和赫斯克特同时指出，企业长期经营绩效的好坏与企业文化的强弱无关，而与企业文化是否适应外部环境的变化有关。这一观点与“企业文化之父”埃德加·沙因的观点相同。埃德加·沙因曾指出，一家企业的文化优秀或正确与否，取决于依据企业基本经营理念所制定的发展战略，能够在多大程度上帮助该企业应对其所处发展环境的变化。

这也给了我们一些启示：企业文化不是固定不变的，而必须与企业的发展实际相适应。因此，企业要组织和实施好企业文化建设工作。

企业文化的调研与诊断

“事之难易，不在大小，务在知时”，企业文化建设需因势而谋、应势而动、顺势而为。为了弄清本企业的文化发展水平和发展状态，应当定期对企业文化进行调研和诊断，审视企业的文化环境，检验企业价值观导向是否与企业发展环境、组织结构、管理制度、员工关系等情况相匹配。

不同发展阶段的企业文化形态

松下幸之助在谈到对松下电器公司的管理时曾说：“当公司员工在 100 人时，我必须站在员工的最前面，身先士卒，发号施令；当员工增至 1000 人时，我必须站在员工的中间，恳求员工鼎力相助；当员工达到 1 万人时，我只需站在员工的后面，心存感激即可；如果员工增至 5 万 ~ 10 万人时，除了心存感激，还必须双手合十，以拜佛的虔诚之心来领导他们。”从中我们可以看出，随着企业发展阶段的不同，企业文化应呈现不同的形态。

任何一家企业都要经历从无到有、从小到大的发展历程，都要经历创业、成长、成熟三大阶段。企业文化便是在企业发展过程中逐步孕育和发展起来的，并相应地表现出不同的层次。

（1）企业创业期的文化形态与组织发展

当企业处于创业期时，企业发展的主题是生存。创业者和他的团队往往只会考虑让大家保持激情去实现梦想，以良好的心态进行合作，产品能不能卖出去，能不能获利；而很少会主动虑及文化建设，更难以进行系统的文化建设。

在这一阶段里，企业的管理主要依赖创始人的个人魅力和企业成员间的信任和默契，此时的文化往往跟着创始人的思想走，企业文化即创始人文化，企业文化建设仰仗创始人发挥模范带头作用。而创业期形成的文化形态又会对企业后续的发展有很大的影响，甚至是企业生存的关键要素之一。

（2）企业成长期的文化形态与组织发展

当企业发展进入成长期，特别是进入高速发展阶段后，企业规模会不断扩大，员工数量会越来越多。如果管理者仍然用亲情来凝聚人心，用感情来管理团队，用信任和默契来监管企业的运营，那么他必然会感到力不从心。因而，在这个阶段，管理者必须依靠制度和文化来管理企业。

处于高速发展阶段的企业，虽然有了相对稳定的客户和市场，但在企业的内部管理上也面临重重矛盾。比如，企业规模扩大了，规范化的管理却尚有不足；有了明确的战略目标，却缺乏执行动力。领导者开始意识到建设企业文化的重要性和迫切性，开始花费时间、金钱和精力着手文化建设工作，甚至高薪聘请专家或咨询公司帮助梳理和提炼企业文化。

值得注意的是，在这一阶段，企业文化建设很容易陷入“重宣传、轻执行”的误区。此时，企业的文化理念、愿景、价值观已基本提炼出来，网站、标语、口号、CI 手册、制度流程齐备，大量文化宣传工作开始展开。但部分企业的文化往往停留在墙上、书本中、员工的口号中，并未对员工的思想和行为产生太大影响。因此，在这一阶段，掌握企业文化建设的科学方法是极为重要的。

（3）企业成熟期的文化形态与组织发展

随着企业的进一步发展，企业开始进入成熟期。这一时期，企业规模较大，员工众多，人员结构相对复杂。企业文化要获得广大员工的认同，这就需要管理者在既有文化的基础上做出调整。具体而言，要尽可能地弱化创始人或企业家个人的价值判断和行为理念，更多地突出与企业发展新方向、新目标相匹配的文化元素，以及容易为员工认可和接受的价值理念。

这个时候，企业可能占领了广阔的国内市场，打算进一步向海外扩张。而它们的企业文化自然也要尽可能适应更大范围的商业环境，获得国际化商业市场环境的认可。

随着企业发展阶段的不同，企业文化还需在恰当的时机进行变革。特伦斯·迪尔和艾伦·肯尼迪在《企业文化——企业生活的礼节和仪式》一书中指出，至少在下列五种情况下，企业高层管理者应该考虑重塑企业文化，如图 1–3 所示。

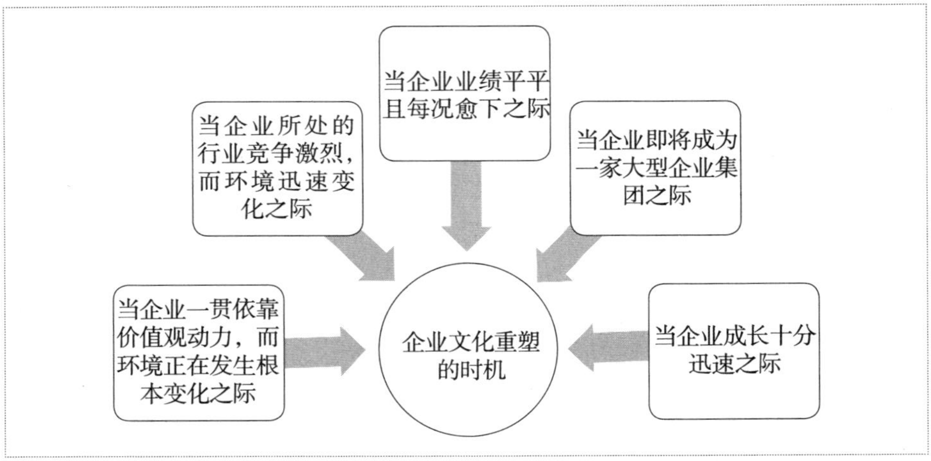

图 1-3 企业文化重塑的时机

将企业文化重塑的五种情况加以提炼，其实就是当企业所处的内外部环境和企业的经营、发展状况发生变化时，正是企业推进文化变革的重要时机。阿里巴巴的创始人马云曾表示："阿里历史上所有的重大决定都跟钱无关，都跟价值观有关。"阿里巴巴在过去发展的20余年历程中，每一次转折和变革，都围绕"解决发展和变革中的问题"对价值观进行了重新审视和重塑。

在过去的20余年中，阿里巴巴的核心价值观经历了四次关键变化。

阶段一：可信、亲切、简单

"可信、亲切、简单"六字方针是在1999年阿里巴巴举办第一次圣诞聚会时提出的。当时正值阿里巴巴成立初期，创业团队以"十八罗汉"为主，他们大都是马云的学生，因此由师生情衍发出"可信、亲切、简单"的企业文化。此时的文化主要是为了降低因团队内部不同意见而引发的沟通成本，特点是简单、直接、以问题为导向，主要集中在"工作理念"层面。

阶段二："独孤九剑"阶段

2000年春天，阿里巴巴发生了"上书马云"事件，十八罗汉再一次体会了"简单"的深刻含义，"简单"逐渐演变为"独孤九剑"中的"简易"。此时，阿里巴巴正值迅速发展期，在一年多的时间里发展成为跨国公司，拥有来自13个国家的员工。员工数量的猛增和员工文化背景的多样性给阿里巴巴的管理带来了一定的挑战。

2001 年，关明生作为阿里巴巴第一任首席运营官（COO）加入公司。关明生到任后，马云召集几个“O”开会。会上，马云跟大家描述阿里的愿景和使命。关明生反问：“马云，你讲得这些很好，但是我们有没有把它写下来呢？”马云停下来说：“对啊，我们从来没有把它写下来。”

由此，阿里巴巴在企业高速发展时期，启动了对价值观的深入提炼工程。经过系统梳理，包含“创新、激情、开放、教学相长、群策群力、质量、专注、服务与尊重、简易”九条内容的“独孤九剑”诞生，并从 2001 年沿用到 2004 年。在这个阶段，阿里巴巴的价值观依旧以“解决问题”为核心，集中在“工作理念”层面和“组织引领”层面。

阶段三：“六脉神剑”阶段

2004 年，阿里巴巴进入蓬勃发展期，支付宝诞生，淘宝网初具规模。阿里巴巴经历着规模扩张，其价值观也到了升级的时候。这一次，阿里召集了 300 多名员工，在会议室讨论了一整天，将“独孤九剑”凝练成了“六脉神剑”，即客户第一、团队合作、拥抱变化、诚信、激情、敬业。

“六脉神剑”是“独孤九剑”的精简化和规范化，标志着阿里巴巴的企业文化走向了成熟期。

阶段四：新“六脉神剑”阶段

“六脉神剑”在阿里巴巴一直沿用了 13 年。在这 13 年里，阿里巴巴衍生了天猫、菜鸟、阿里云、蚂蚁金服等内生性业务和优酷、虾米、UC、银泰、饿了么、考拉等外延性业务。2019 年，在公司成立 20 周年之际，面对互联网经济不断深入、全球化浪潮势不可挡和数字经济时代的到来，阿里巴巴又一次全面升级价值观，发布了新“六脉神剑”，即客户第一、员工第二、股东第三；因为信任所以简单；唯一不变的是变化；今天最好的表现是明天最低的要求；此时此刻、非我莫属；认真生活、快乐工作。

阿里巴巴的核心价值观发生演变的时机，基本对应了特伦斯·迪尔和艾伦·肯尼迪提出的企业文化重塑的五大时机。其中，“独孤九剑”的提出正值阿里巴巴即将成为一家大型企业集团之际；“六脉神剑”的提出正值企业成长十分迅速之际；新“六脉神剑”的提出正值企业所处环境迅速变化之际。

而通过阿里巴巴核心价值观的演变我们还可以发现，价值观并非是一成不变的，同一企业在不同发展阶段会对价值观文化有不同的定义。而且，企业会在发展实践中不断传承、完善和升级企业文化，为企业文化赋予新的时代内涵。

运用多种方法交叉调研企业文化

企业文化的诊断和建设效果评估，应贯穿于企业文化建设的始终。而不论是企业文化诊断还是企业文化建设效果评估，企业文化调研都是必不可少的环节。企业文化调研的常用方法包括资料收集法、现场观察法、专题座谈法、标杆对照法、问卷调查法、访谈调查法等。在明确华为核心价值观的《华为基本法》的出台过程中，就应用了多种文化调研方法。

1996 年，彭剑锋与黄卫伟、包政、吴春波等中国人民大学的教授组成《华为基本法》起草专家组，进驻华为公司。任正非提出，《华为基本法》要明确企业的核心价值观。

为此，专家组仔细研究了 IBM、惠普、英特尔等世界知名企业的宗旨和行为准则，围绕着企业的使命与核心价值观，给出了基本法的概念框架，包括以下几部分：企业宗旨；管理哲学；基本经营政策；基本组织政策；基本人事政策；基本控制政策；工作道德和纪律。

随后，专家组开始对华为高层进行访谈。他们把重点集中于华为最成功的重大事件上，从中找出指引华为成功的基本理念和原则。另外，他们还特别关注华为公司内部当时存在的主要问题。1996 年 5 月底，专家组与华为人一起确定了《华为基本法》的核心主题，对众多具体问题进行调研与讨论，并起草写作了《华为基本法》的初稿。

《华为基本法》的第一稿中吸收了华为高层领导提出的许多重要观点。《华为基本法》的第一稿发布之后，任正非在各种场合中，动员华为的干部员工参与讨论。为了充分吸收广大干部员工的意见和建议，《华为基本法》数易其稿，方才得以最终确定下来。

《华为基本法》的筹备、起草历时三年，采用了标杆对照、访谈调查等多种调研方法，全方位掌握了华为公司的企业文化建设全貌，使华为企业文化得以传承；同时，也引领了中国企业文化建设实践。

为了确保企业文化调研效果，就要正确运用不同的调研方法。下面让我们一起来重点了解企业文化调研中最常用的问卷调查法和访谈调查法。

（1）问卷调查法

问卷调查法是在企业文化调研中使用最广泛的方法。它适用于对某一些特定问题的态度、观点等进行分析，也可以在问卷中进行少量的问题反馈和发散。比如，我们可以用问卷调查法来征集文化理念、员工对文化建设现状的评价和对企业文化建设的建议等。

问卷调查中的多数题目都采用标准化的问题及答案设计，这样的设计便于对调研结果进行统计分析。而且，采用这种方法可以同时对多人展开调查，在短时间内收集大量的信息和资料，具有效率高、成本低的优点。

若采用问卷调查法，问卷设计是非常重要的。那么，一份完整的调研问卷应该包含哪些内容呢？一般来说，调查问卷由卷首语、问卷题目和结束语构成，如表 1–2 所示。

表 1–2 调研问卷的内容结构

<table>
<tr><th>构成维度</th><th colspan="2">具体内容</th></tr>
<tr><td>卷首语</td><td colspan="2">要说明调查者的身份和调查目的，简明扼要地阐明调查结果的应用范围或者承诺对问卷结果保密</td></tr>
<tr><td rowspan="3">问卷题目</td><td>开放式问题</td><td>主要是指简答题，不提供答案选项，要求被调查者直接根据题目作答</td></tr>
<tr><td>封闭式问题</td><td>有单选题、多选题、判断题、排序题等，封闭式问题的选项范围都是固定的，被调查者要在调查者提供的所有选项中选择自己认可的选项。通常来讲，一份标准的调查问卷中的多数题目都是封闭式问题</td></tr>
<tr><td>混合式问题</td><td>指的是半封闭式问题。半封闭式问题会提供选项，但如果选项中没有被调查者认为的最合适的内容或者未包含被调查者认可的所有内容，则可以由被调查者补充</td></tr>
<tr><td>结束语</td><td colspan="2">问卷的最后要收集被调查者的信息，以便对问卷调查数据开展多维分析。与此同时，要对被调查者表示感谢，感谢他们对调查工作的支持与配合</td></tr>
</table>

了解了调查问卷的内容结构后，我们还需要掌握问卷题目设计的思路。问卷题目设计的好坏直接关系到调研结果的效用。为了确保问卷题目设计的质量，我们可以遵循“四步法”来设计，依次是明确调研目的、设计调研模块结构、分解为要素、设置问卷题目，如图 1–4 所示。

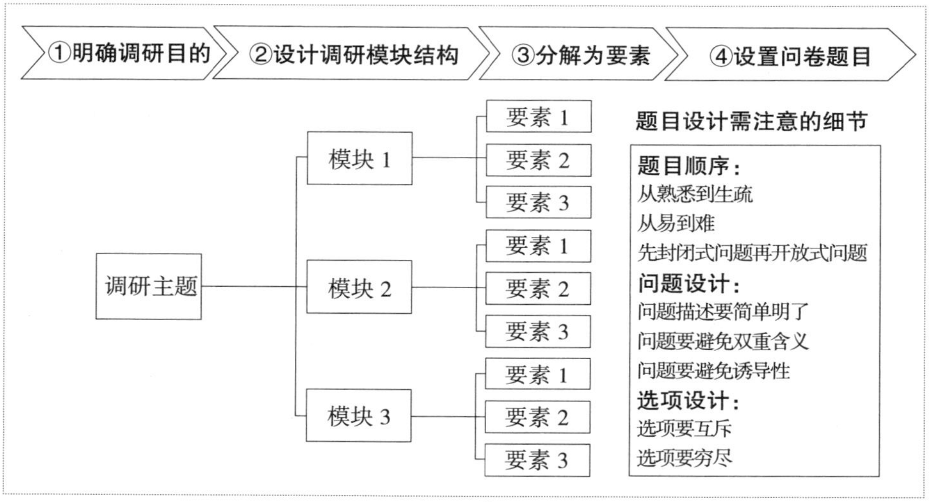

图 1–4　问卷题目设计的思路

从图 1–4 中，我们可以清晰了解问卷题目设计的思路。第一步，要明确调研目的，以终为始地确定调研的主题；第二步，从主题出发设计调研模块结构；第三步，将模块分解为多个要素；第四步，针对要素设置问卷题目。问卷的设计过程就是将调研主题逐步具体化的过程。下面让我们以一个公司的专项文化建设调查问卷为例，进一步了解问卷题目设计的思路。

公司专项文化建设调查问卷

尊敬的各位同事：

你们好！为了探索统一的企业文化在各业务领域、各专业条线根植的落地路径和实践载体，形成专项文化建设体系，特在公司管理层进行一次问卷式调查。您的意见对专项文化的建设非常重要，因此请您客观、真实地填写这份问卷。问卷结果仅用于企业文化建设，不会对您的工作造成不良影响，请您放心填写。

一、多选题

1. 对于专项文化的定义内涵，以下哪些表述更贴近您的理解？

□ A. 专项文化是基于共同的工作内容、流程、手段、制度，使从事它的人群产生共有的工作态度、意识和行为模式，是企业内部的一种亚文化

□ B. 不同专业、不同层级的组织因承担的工作任务不同、专业发展历史不同、内外部环境不同，呈现出的文化是有所差异的

□ C. 专项文化等同于专业文化

□ D. 其他

2. 对于专项文化与统一文化的关系，以下哪些表述更贴近您的理解？

□ A. 统一文化靠专项文化来丰富、完善和发展

□ B. 统一文化的落地与根植必须借助专项文化的内容、形式和过程

□ C. 专项文化只有在统一文化的框架下，才能确保思想同心，目标同向

□ D. 没必要区分企业统一文化和专项文化

3. 对于专项文化的主要功能，以下哪些表述更贴近您的理解？

□ A. 专项文化建设有利于形成共同的工作理念、思维方式和行为习惯，提高工作效率

□ B. 专项文化建设有助于使统一文化价值理念融入专业工作之中

□ C. 专项文化建设对于提高专业工作效率和落实统一文化的帮助不大

- D．专项文化建设会强化专业部门的独立性，不利于保证统一文化的整体性

4. 对于专项文化的分类，如考虑其可实践性，您认为以下哪种方式最合适？

- A．以专业部门为分类标准，覆盖所有专业部门，分类建设专项文化
- B．以专业部门为分类标准，有针对性地选择部分专业部门，分类建设专项文化
- C．以专业工作为分类标准，围绕公司统一价值观来建设专业文化，可以是跨部门的，比如绩效文化
- D．采取专业部门和专业工作相结合的分类标准，构建公司专项文化体系

5. 对于专项文化的建设的主要载体，您认为以下哪些选项比较有效？

- A．专项文化理念
- B．专项文化习俗、仪式、仪典
- C．专项文化行为信条、行为规范
- D．管理制度、业务工作、各类指标

6. 对于专项文化的建设原则，您认为以下哪些选项比较合适？

- A．统一性框架与多样化实践方式相结合
- B．专业化管理与层级化推进相结合
- C．全业务流程覆盖与示范先行相结合
- D．同一标准、同步推进

7. 对于专项文化的建设实践，您认为专项文化建设的主要困难有哪些？

- A．覆盖对象存在差异性，基础条件比较差
- B．组织保障机制欠缺，影响推进
- C．员工对专项文化建设有抵触情绪

☐ D. 管理者对专项文化建设工作不重视

8. 对于专项文化的建设的整体部署，您最倾向于用以下哪种方式推进?

☐ A. 总部统一设计原则和目标，统一专项文化建设路径，统一进行结果验收

☐ B. 总部统一设计原则和目标，由各单位自主建设专项文化，统一进行结果验收

☐ C. 各单位自主建设专项文化，总部搭建平台，以成果展示和交流、工作考核等方式推动，文化建设进程

二、单选题

1. 本单位已经形成覆盖各专业、各流程的特色鲜明的专项文化。

☐ A. 同意　☐ B. 非常同意　☐ C. 说不清

☐ D. 不同意　☐ E. 非常不同意

2. 本单位各专项文化建设方式很丰富，很有成效。

☐ A. 同意　☐ B. 非常同意　☐ C. 说不清

☐ D. 不同意　☐ E. 非常不同意

3. 本单位专项文化建设的空间很大。

☐ A. 同意　☐ B. 非常同意　☐ C. 说不清

☐ D. 不同意　☐ E. 非常不同意

结束语：略

根据案例中给出的问卷题目，我们可以通过“四步法”进行问卷分析，如表 1–3 所示。

表 1–3　“四步法”分析专项文化建设问卷

①明确调研目的	②设计调研模块结构	③分解为要素	④设置问卷题目
了解 ×× 公司专项文化建设现状，收集专项文化建设意见	对专项文化的理解	专项文化内涵	多选第 1 题
		专项文化与统一文化的关系	多选第 2 题
		专项文化的功能	多选第 3 题
		专项文化的类别	多选第 4 题
	对专项文化建设的建议	建设的载体	多选第 5 题
		建设原则	多选第 6 题
		推进的主要困难	多选第 7 题
		推进方式	多选第 8 题
	对专项文化现状的评价	现状评价	单选第 1 题
		当前建设成效	单选第 2 题
		建设的空间	单选第 3 题

从表 1–3 可见，只需通过“明确调研目的、设计调研模块结构、分解为要素、设置问卷题目”四个步骤，便可以将看似复杂的问卷问题设计分解为一道道具有明确主题的题目设计。因此，在采用问卷调查方法进行调研时，我们可以遵循“四步法”的逻辑，科学合理地设计问卷题目。

了解了问卷题目设计的逻辑后，我们还要掌握问卷分析的方法。对于问卷的分析，我们要综合运用定量分析与定性分析的方法，从数据中发现问题并洞悉本质。定性分析是指对调研数据进行思维加工，将其揭示的本质和内在规律用文字语言归纳总结出来。定量分析则要区别对待封闭式问题和开放式问题。对封闭式问题的定量分析，简单来讲，就是对各选项进行数量统计，并通过平均数、百分比、频数等方式将调查结论展现出来；对开放式问题的定量分析，则是从开放式问题的答案中抽取关键词，进行分类处理，并展现出各类别的数量。

（2）访谈调查法

访谈调查法分为当面访谈法和电话访谈法，是根据调查项目的需要和企业实际情况来拟订访谈提纲，与特定对象（尤其是公司的主要领导人员、历史人物、上下游合作伙伴）进行深度交流。访谈调查法常常用于与特定对象就某些问题进行深度交流与沟通的时候。在使用访谈调查法时，调查者要根据调查目的来设计访谈提纲，问题不必罗列太多，但需要把关键问题一一罗列出来。

访谈调查法与问卷调查法都是采取问答的形式。二者的不同点在于：问卷调查法是给被调查者一份拟好的问卷，再对回收的问卷进行整理与分析；访谈调查法是根据调查目的来设计访谈提纲，列出关键问题，然后在访谈中灵活展开。

访谈问题的设计思路与问卷问题的设计思路相似，题目设计前都要先明确调研目的、设计调研模块结构、分解为要素。二者之间也存在不同点，比如，问卷调查法是直接根据分解的要素来设置问卷题目，访谈调查法是要根据要素所对应的活动场景来设置问题。如果访谈的是常规工作，需要通过访谈追问其规范管理程度；如果访谈的是痛点问题，则需要追问原因和处理措施。

在访谈中，我们可以运用行为事件访谈技术 STARR 法，来对特定事件进行深度访谈，如表 1–4 所示。

表 1–4 行为事件访谈技术 STARR 法

背景（Situation）	任务（Task）	行为（Action）	结果（Result）
◆“那是一个怎样的情境？什么样的因素导致这样的情境？在这个情境中有谁参与？” ◆“相关的影响因素还有哪些？” ◆“团队、部门以及公司的情况是怎样的？”	◆“您面临的主要任务是什么？目标是什么？” ◆“您在当时情况下的实际想法、感受是怎样的？您当时希望怎么做？” ◆“出于什么样的因素考虑？”	◆“您对当时的情况有何反应？” ◆“您实际上做了或说了什么？” ◆“您采取了哪些具体的行动步骤？”	◆“过程中发生了什么？” ◆“结果如何？产生了什么样的影响？” ◆“您得到了什么样的反馈？”
反思（Reflection）	◆通过这个案例，得到了哪些启示？得到了哪些经验和教训？ ◆再遇到该类事件时，如何做得更好？内外部有哪些优秀实践案例可供参考？ ◆面对该类事件，公司的普适性要求有哪些？		

如果针对一个事件按照 STARR 法完整地问下来，并及时追问访谈过程中的疑点，我们就能挖掘出该事件 80% 的关键信息。而要使访谈达到更好

的效果，我们还要注意一些事项。一是访谈前要做足准备，准备好访谈提纲。如果访谈者的访谈经验较少，可以在访谈前先对访谈过程进行模拟。二是访谈时，要认真倾听，及时记录。访谈的目的是了解现状，不宜进行评价。访谈过程中，要适当追问，深挖痛点，要问出隐藏在现象背后的原因，而不能仅限于现象的获取。三是访谈后，要向被访谈者表达感谢，最好能记录下对方的联系方式，以便后期整理访谈记录时与对方确认需要补充的信息或了解疑问。此外，要及时整理访谈纪要，以确保访谈信息的完整性和真实性。

事实上，不管是问卷调查法、访谈调查法，还是资料收集法、现场观察法、专题座谈法、标杆对照法，等等，每种调研方法都有其独特的价值。在实际调研工作中，我们常常需要灵活运用各种方法，收集完整、丰富、准确的素材和信息，为我们了解问题、发现问题、分析问题、解决问题、总结经验、做出决策提供系统而全面的参考依据。

从不同维度分析和诊断企业文化

企业在不同的发展阶段，存在着不同的文化形态。因此，我们在企业文化提炼、导入、变革的各个阶段里，都需要进行企业文化诊断，了解本企业的企业文化建设情况，包括：企业文化与企业实际环境的匹配程度、企业文化落实情况、企业文化是否有助于企业竞争力的提升，等等。

国外已经有相对成熟的企业文化诊断工具，其中，瑞士洛桑国际管理学院著名教授丹尼尔·丹尼森创建的丹尼森组织文化模型是一种比较简单可行的企业文化诊断方法。丹尼森在对 1500 多家样本公司进行研究后，总结出了文化的四个特征：参与性、一致性、适应性和使命。他将每一种文化特征又细分出了三个考察维度，如表 1–5 所示。

表 1–5 丹尼森组织文化模型

文化特征	文化维度	具体体现
参与性： 用于测量员工的工作能力、主人翁精神和责任感的培养。一家公司的文化在参与性上的得分高低，可以反映出公司对员工培养、内部上下沟通、员工参与管理的认识和重视程度	授权	员工是否真正被授权并承担责任；员工是否具有主人翁意识和工作积极性
	团队导向	公司是否重视并鼓励员工相互合作，以实现共同目标；员工在工作中是否依靠团队力量
	能力发展	公司是否不断投入资源来培训员工；公司对员工学习和成长愿望的满足程度
一致性： 用于衡量公司的内部凝聚力和向心力的情况	核心价值观	公司是否有大家共同信奉的价值观，从而使公司员工产生强烈的认同感，并对未来抱有明确的期望
	配合	领导者是否具备足够的能力，以使大家达成高度的共识，特别是在关键的问题上达成共识
	协调与整合	公司中各职能部门和业务单位是否能够密切合作；部门或团队的界限会不会变成合作的障碍
适应性： 用以反映公司对外部环境的适应能力，包括对市场和客户的各种直接或间接信号的捕捉能力和反应速度	创造变革	公司是否惧怕承担因变革带来的风险；公司是否会仔细观察外部环境，预先规划相关流程及变革步骤，并及时实施变革
	客户至上	公司是否了解自己的客户，使他们感到满意，并能预测客户的未来需求
	组织学习	公司能否将外界信号视为鼓励创新和吸收新知识的良机
使命： 用以判断公司是否具备远大且明确的目标和志向	愿景	员工对公司未来的理想状况是否形成共识；这种愿景是否得到公司全体员工的理解和认同
	战略导向和意图	公司是否希望在本行业中脱颖而出；明确的战略意图是否展示了公司的决心，并使所有人都知道应该如何为公司的战略做出自己的贡献
	目标	公司是否周详地制定了一系列与使命、愿景和战略密切相关的目标，并可以让每个员工在工作时参考

企业可以借助丹尼森组织文化模型，通过问卷调查的形式，让员工对企业文化的 12 个维度进行评分，并根据各个维度的得分情况，了解企业文化

建设全貌。在丹尼森组织文化模型中，“适应性”和“使命”强调的是企业对于外部环境的适应能力，“参与性”和“一致性”强调的是企业内部的和谐能力，两者共同反映了企业文化建设中所要平衡和解决的主要冲突。丹尼森组织文化模型是企业文化诊断的一种实用方法。

此外，也有理论认为，组织氛围决定了企业70%的绩效。全球性管理咨询公司Hay集团通过调研跨国石油公司的数据也得出类似结论，组织气氛提升10%，将促使净营业收入提高7.9%。因而，实施组织氛围评价也是明确企业文化水平和特征的重要形式。组织氛围是人们在某个环境中工作时的感受，是一个影响个人及团队行为方式、价值观、期望、政策和过程的混合体。组织氛围是创造“明星绩效”的关键，是员工产生非凡动力的源泉。组织氛围评价涉及六个维度，每一个维度都要有明确的、具有可操作性的评价内容，如表1-6所示。

表1-6 组织氛围评价维度

评价维度	具体含义
灵活性	员工不受条条框框约束的程度；员工受到鼓励去锐意创新的程度
责任性	员工感觉到他们在工作中无须事事请示上级，可以对工作结果完全负责的程度；员工受到鼓励可以冒合理风险的程度
工作标准	员工所感受到的管理层强调改善绩效的程度；员工感受到的管理层设定高标准和挑战性目标的程度
激励	员工所感受到的激励制度和分配制度以绩效为导向的公平性程度；员工在多大程度上感受到被认可和表扬，而不是被恐吓和批评
明确性	员工对公司的愿景目标以及实现愿景目标的行动计划的清晰程度；员工对组织架构、岗位要求以及组织运作的清晰程度
团队承诺	员工的团队自豪感、团队奉献精神以及团队协作精神

H公司依据上述组织氛围评价维度进行了企业文化诊断，发现文化建设要重点关注“员工学习与成长”“员工归属感”“员工基本需求”“员工工作认可”这四个方面，并制定了相关的激励措施（如表1-7所示），使企业文化建设有方向、有目标。

表 1–7 H 公司针对调研结果制定的激励措施

激励维度	激励措施
员工学习与成长	◆为员工提供更多的工作机会和成长空间 ◆设计岗位技能培训路标和员工任职培训路标 ◆建立导师制，做好人才梯队建设 ◆建立全员不断进取的成长气氛
员工归属感	◆组织部门使命、愿景、年度规划的宣讲，明确员工的组织定位 ◆通过文化讲座、文化竞赛等形式，宣讲公司文化、核心价值观 ◆做好员工关怀，帮助员工解决工作与生活中遇到的困难
员工基本需求	◆创造良好的工作环境和工作条件 ◆提供有一定竞争力的薪酬
员工工作认可	◆实施定岗定级、人岗匹配、任职资格认证 ◆组织绩效辅导与沟通反馈，加强考核结果的应用 ◆组织标杆评选及优秀事迹宣传

实践中，除了丹尼森组织文化模型和组织氛围评价，还有其他关于企业文化诊断的方法，例如基于企业文化四层次结构的企业文化诊断、基于企业文化类型的企业文化诊断、基于价值观取向的企业文化诊断，等等。借助这些企业文化诊断方法，企业可以在企业文化提炼、导入或者变革阶段审查自身的企业文化情况，描述企业文化“是什么”，帮助企业明确现有的企业文化特征是什么、未来期望成为什么样。在企业文化确定和落实阶段之后，也可以借助这些方法对企业文化的建设和落地效果进行检查和评估。有关企业文化建设和落地效果的评估，将在后面章节中详细介绍。

企业文化建设目标规划

在了解了企业文化调研和诊断的工具、方法之后，着手展开企业文化建设和落地工作之前，企业还需要做好企业文化建设和落地工作的目标规划，明确企业文化建设的阶段安排和具体行动计划。

以战略为导向梳理企业文化

企业战略为企业发展提供清晰的定位和方向，是企业竞争优势的来源。企业的战略落地依赖于很多因素，其中，企业文化为企业的战略落地提供了不竭动力。管理学家亨利·明茨伯格在《战略历程》一书中指出，企业文化会从决策风格、阻止战略改变、克服战略改变的障碍、主导价值观、文化冲突几个方面对企业战略产生影响。

此外，麦肯锡 7S 模型指出，影响企业发展的因素包括战略、结构、制度、风格、人员、技能、共同的价值观共 7 个方面，如图 1–5 所示。

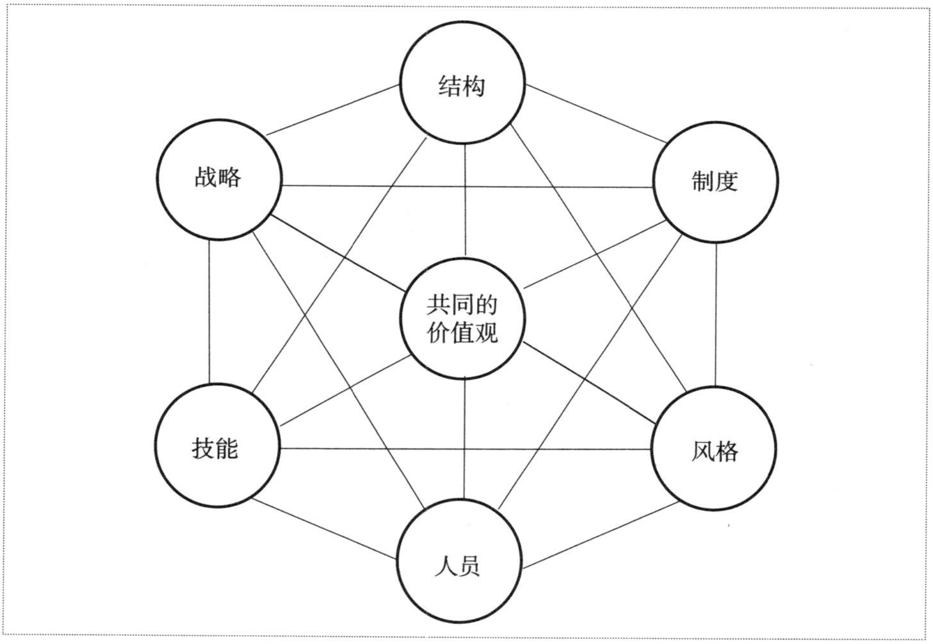

图 1–5　麦肯锡 7S 模型

正如麦肯锡 7S 模型所体现的那样，企业战略与企业文化是相互制约、相互影响的。对于企业来说，重点在于培养与企业战略相适应的企业文化，从而让企业文化成为企业发展的粘合剂，凝聚战略、结构、制度、技能、人员与风格，为企业做大做强提供强大的动力。从本质上来说，企业文化建设是为了实现企业战略目标而提供服务的。因此，企业需要以企业战略为导向进行企业文化梳理，以促进企业战略目标的实现，如图 1–6 所示。

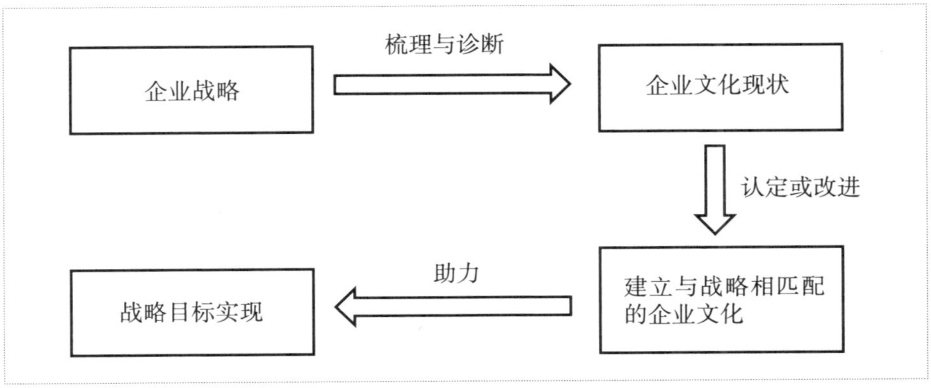

图 1-6 以战略为导向的企业文化梳理

1975 年成立的微软公司，一度凭借 Microsoft Windows 操作系统和 Microsoft Office 系列软件成为行业巨无霸。但是，在市场环境的不断变化中，微软却固守传统、对移动互联网反应迟缓，这使之逐渐落后于竞争对手，甚至一度被定义为“专门给电脑打补丁”的夕阳企业。为了摆脱发展窘境，微软痛定思痛，采取了一系列战略转型措施，同时以战略为导向进行企业文化的梳理。在深入探索“老文化”基因的基础上，微软不断改进，提出了与阶段战略目标相匹配的“新文化”，以企业文化助力战略目标的实现。

2019 年 4 月开始，微软公司的市值超过了 1 万亿美元，重新成为全世界最有价值的公司之一。微软公司的再次崛起，离不开现任 CEO 萨蒂亚·纳德拉大刀阔斧的改革。

一是业务层面的战略转型。2014 年，萨蒂亚·纳德拉上任后，他做了一个重要决定，即不再过分依赖 Windows 盈利，开始在云计算、人工智能上发力。如今，微软公司的云计算业务也正以每年 68% 的速度在增长。

二是对准战略，推动文化变革。在比尔·盖茨时代，微软公司的使命是“让每个家庭、每张桌子上都有一台电脑”。但在 20 世纪 90 年代末，微软公司在发达国家就已经完成了这个目标。在这种文化理念的影响下，微软公司很长一段时间里故步自封地坚守 PC 阵地，把合作伙伴当竞争对手，导致其错过了移动互联网发展的浪潮，并逐渐落后于谷歌、苹果、亚马逊等公司。

在进入纳德拉时代后，微软公司开始重新思考其文化内核，对准战略，挖掘出“赋能地球上的每个人和每家组织，帮助他们取得更多成就”的新愿景，以更加包容、开放的姿态去面向市场。现在，微软公司在 Azure 云计算上使用的操作系统更多是基于曾经被视为“癌症”的 Linux，而不是 Windows，这也是微软公司的文化由“封闭”转向“开放”的表现。

如今，微软公司这家老牌科技巨头顺应时代变革，以新的业务战略和文化形态实现了重生。正如杰克·韦尔奇所言：“企业的根本是战略，而战略的本质就是企业文化。”和则齐美，离则两伤。让企业文化与企业战略深度契合，这是企业实现战略目标的有力保障。

企业文化建设的阶段统筹与规划

企业文化建设是一项时间跨度大、牵涉面广、内容复杂的艰巨工程。企业应事先做好战略规划和部署，有组织、有策略地开展企业文化建设。对于那些比较长期、繁杂或者浩大的目标任务，我们通常会将其分解为阶段性的小目标去逐一实现，企业的文化建设工作也可以遵循这种方法。

根据传统的阶段划分方法，我们可以将企业文化建设过程依次划分为三大阶段。分别是：组织准备，全面宣导与落地，巩固、改善与提升。

（1）企业文化的组织准备阶段

这一阶段的主要任务是进行企业文化建设的组织准备工作，具体内容包括：组建企业文化管理队伍，明确相关部门和人员的责任，形成分级管理、各负其责、齐抓共管、高效协同的长效机制；完善企业文化建设管理机制，通过完善的制度体系、监督体系、激励体系、保障体系，来确保企业文化建设工作的高效开展；确定企业文化建设推进策略；提炼企业文化理念体系，设计企业文化大纲，制定员工手册；在中高层管理者中普及企业文化常识，使其认识到当下建设统一企业文化的可能性、必要性和紧迫性，等等。

（2）企业文化的全面宣导与落地阶段

这一阶段的主要任务是全面推进企业文化的宣贯和落地，具体要做好以下几方面的工作。

第一，通过教育培训，做好企业核心理念的宣传推广工作。通过打造企业文化教育培训内容体系、组织多样化的企业文化教育培训活动、培养强有力的企业文化教育师资队伍、做好企业文化教育培训效果管理等方式，使企业文化得以全面推广。第二，根据企业文化的相关理念，选定需修订的目标制度，制订相应的制度修订计划，建立起与企业文化相配套的、推动企业文化落地的管理制度，使优秀的企业文化理念得以固化。第三，根据员工在企业文化理念宣贯过程中的反应，制定出一套易于让员工接受和遵守的员工行为规范。第四，通过领导者以身作则、树立优秀典范、借助标杆案例等示范传承方式，引领员工做出与企业文化导向一致的行为。第五，通过企业文化示范班组建设、专项文化建设、企业文化项目化管理等方式，促进企业文化融入经营管理之中。

总之，在这一阶段，企业要让全体员工理解企业愿景、使命、精神、价值观等企业文化的核心内容，将员工个人价值观与企业价值观统一起来，并体现在日常行为中。

（3）企业文化的巩固、改善与提升阶段

这一阶段的主要任务是通过考评激励和多元传播，对初具规模的企业文化进行巩固、改善和提升，形成持续改进的良性闭环系统。在这一阶段里，企业要在内部成员中建立起普遍的企业文化信仰，提升员工的跟随度和忠诚度，强化企业的凝聚力和战斗力。此外，企业还要在社会上树立起统一化、个性化的企业形象，持续提升企业的知名度和美誉度。

企业文化建设的行动计划与实施细则

在明确企业文化建设各阶段的重点任务后，企业要围绕企业的总体规划进行任务分解，量化、细化工作任务，将执行过程变成具体的行动步骤，注明详细的时间节点和责任人，做到目标清晰、任务细分、进度明确、责任到位。在量化并细化工作任务后，企业还要定期跟进、如期反馈，做到“年有目标、季有分析、月有反馈、周有记录”，实现过程管控精细化。

为了做好对企业文化建设工作的精细化管控，企业可以借助相应的管理工具，将行动步骤填写到标准工作计划表中，如表 1-8 所示。

表 1-8　标准工作计划表

工作目标：							
序号	关键任务模块	行动细化	交付结果	完成时间	责任人	完成情况	备注
1	任务 1 ××××	行动 1					
2		行动 2					
3		行动 3					
4		……					
5	任务 2 ××××	行动 1					
6		行动 2					
7		行动 3					
8		……					
9	……						

在表 1-8 中，将具体工作分解成了一个个关键任务模块。而后，将各个任务模块“怎么做”分解成一个个具体行动，每个行动对应具体的交付结果、完成时间、责任人、完成情况。其中，“交付结果”一栏中，明确具体交付要求；“完成情况”一栏中，以交付要求为准进行行动检验，其作用是管控行动质量；“备注”栏中，可以填写责任人的行动复盘，例如行动中的亮点、日后改善点等。

值得注意的是，具体的行动和交付结果一定要描述清晰，不要将目标要求混淆为具体行动。下面，让我们通过一个案例来深入了解标准工作计划表的制订过程与方法。

为了解企业文化现状并顺利推进企业文化建设，W 公司在全公司范围内组织了一次企业文化调研活动。调研活动完成后，公司人力资源部制定了“调研报告输出”的任务以及相应的行动计划，如表 1-9 所示。

表 1–9 “调研报告输出”计划表

任务	具体行动	责任人	完成时间
调研报告输出	了解企业文化现状，明确企业文化建设方向	×××	×××

在表 1-9 中我们可以发现，“具体行动”其实是一个“目标要求”，其内容模糊不明，行动要求也不甚清晰。经过重新梳理，得出具体行动要求如下：

要想输出系统、科学、有价值的调研报告，就需要整理分析问卷、访谈调研结果，梳理企业内部有关文化建设的管理文件，并对标优秀企业案例。计划在 11 月 1 日前完成对问卷和访谈结果的整理行动，在 11 月 18 日完成对企业内部有关文化建设的管理文件的梳理行动，在 11 月 20 日完成优秀企业案例的对标行动，到 11 月 28 日输出调研报告。

借助“标准工作计划表”对上述任务的执行过程进行管控，可以得出如表 1-10 所示的细化行动计划。

表 1–10 W 公司“调研报告输出”标准工作计划表

工作目标：了解企业文化现状，明确企业文化建设方向							
序号	关键任务模块	行动细化	交付结果	完成时间	责任人	完成情况	备注
1	调研报告输出	问卷、访谈结果整理	Word 版整理结果	11 月 1 日	×××		
2		内部管理文件梳理	Word 版整理结果	11 月 18 日	×××		
3		优秀企业案例对标	Word 版对标结果	11 月 20 日	×××		
4		调研报告输出	调研报告	11 月 28 日	×××		

经过行动细化后，W 公司人力资源部的“调研报告输出”任务基本符合“目标明确、行动细分、进度明确、责任到位”的要求。

从 W 公司人力资源部的“调研报告输出”任务的分解逻辑中，我们可以得到几点启示：一是要准确区分工作目标和具体行动，尽量将任务分解成一个个可操作的细化行动。二是行动分解是可以一层层往下展开的，例如对于第四步“调研报告输出”，可以对其继续往下分解，形成诸如方案讨论、方案撰写、方案审核等更为具体的行动。通过层层分解，整个任务推进过程就会逐渐清晰明朗起来，执行效率也会大幅提高。

在企业文化建设工作中，我们要在做好阶段统筹和规划的基础上，遵循任务分解的基本逻辑，借助“标准工作计划表”对各阶段的任务进行精细化管控，确保企业文化建设动作“不变形”，最终取得预期成效。

企业文化建设落地策略

理解企业文化的内涵和功能、掌握企业文化调研和诊断的方法、明确企业文化的目标规划，其最终目的都是为了推动企业文化的有效落地。

企业文化建设的困境与问题

没有落地的文化就是“空中楼阁”，那么什么样的文化是落了地的文化呢？我们可以从曾在网上热播的衡水中学晨间跑操视频中得到答案。

衡水中学扎根于河北省贫困地区，却被称为“超级高考工厂”，成绩位于全国前列，其成功秘诀是什么？衡水中学副校长曾说：“衡水中学的成功是文化的成功。”

衡水中学采用的是军事化管理。在一段晨跑视频中，凌晨五点五十分，只见聚集在操场的学生们，每人手持一份学习资料，举在眼前 35 ~ 40cm 的位置，进行操前晨读。这个动作既呈现了学生刻苦学习的态度，也呈现了正确的看书姿势。五点五十五分，学生们开始整齐划一地围着操场跑圈。

全国政协委员崔永元在政协小组讨论时称，衡水中学的纪律非常严格：严格规定了各项动作的时间，比如大厕 3 分钟，小厕 1 分钟；晨跑时人手一本书或一张卷子，只为充分利用休整或等待的时间，看课文背单词……

有人认为这样的管理过于残酷，缺少人性。衡水中学校长郗会锁表示："当别人觉得我们的师生是生活在痛苦和地狱中的时候，其实他不知道我们的学生和老师在享受着拼搏的快乐，刻苦但不痛苦，这是多么好的一种境界。"

其实，这正是军队文化融入学生共同信仰和行为习惯的体现，也是文化落地的表现。那么，企业文化落地有怎样的表现呢？当全体员工都理解、认可企业文化理念并在工作中自觉地予以践行时，企业文化就落地了。但是，在企业文化建设实践中，我们常常会碰到一些阻碍文化落地的困境和问题。

（1）目标定位上的问题

一个企业的文化必须是在经营管理过程中积淀出来的。很多企业在建设企业文化时存在"文化理想"现象，将企业文化建设目标定位在企业可承受的范围之外，脱离企业实际。例如，提出很多"大而空"的口号，把社会口号、政治口号照搬成企业口号，导致企业文化建设空泛化、门面化。

（2）主客体关系认知上的问题

有人认为，企业文化建设就是按照领导者的意图，自上而下地推行。这其实就陷入了"主客体关系"的认知误区。企业文化建设必须是所有员工共同参与建设的过程，从群众中来、到群众中去。只有让企业领导者的战略思考、主导作用与广大员工的参与、主体作用有机结合，才能让企业文化发挥其应有的生命力。

（3）内容上的问题

企业文化内容上常常出现的问题有：文学化、娱乐化、表象化、歪曲化。例如，一家机械代加工的企业为了提高企业文化氛围，将"格物致知、厚德载物"提炼成企业核心价值观，并张贴于企业里的各个角落。事实上，很多员工都无法理解"格物致知、厚德载物"的内涵。可想而知，该企业的企业文化建设效果必然收效甚微。

（4）方法上的问题

很多人认为，企业文化建设就是在企业内部开展政治思想工作，在企业内喊喊文化口号、大搞文化活动、树立典型、高唱赞歌。这便陷入了“假文化”陷阱。实际上，企业文化建设应结合霍夫斯坦德的企业文化四层次结构理论，将企业精神文化、制度文化、行为文化和物质文化加以融合。

要克服这些问题，我们就要掌握正确的企业文化落地方法。

企业文化落地的有效方法

日本近代一位著名的教育家曾说：“首先变革人心，然后改变政令，最后达到有形的物质。倘若次序颠倒，看似容易，实则不通。”企业文化落地其实是一项“人心工程”。企业文化的“内化于心、外化于行、固化于制、物化于境”是其落地的目标，而如何将挂在“墙上”的企业文化“落到”地上，则是每个企业都需要系统思考的问题。下面我们通过阿里巴巴的案例，来了解企业文化落地的常见方法。

前面提到阿里巴巴的价值观经过了四次关键变化，其与武侠文化结合的核心价值观既符合阿里的企业特色，也深受员工喜爱。在阿里巴巴，每一个员工都有独特的“阿里味”。“阿里味”到底怎么塑造？阿里巴巴有其绝招。

第一招是价值观量化。阿里巴巴将每一条抽象的核心价值观细化为员工和管理人员的行为准则，让全体员工都深知哪些行为必为、哪些必不为。一旦触碰行为“红线”，就是“死路一条”。2011 年 2 月 21 日，阿里巴巴 B2B 公司 CEO 卫哲、COO 李旭辉因“B2B 商户欺诈”事件引咎辞职，约百名员工被开除。在阿里巴巴，诚信是价值观的“红线”，一旦触碰到这条线，谁都跑不掉。

第二招是激励差异化。阿里巴巴一直主张：“价值观保持方向正确、KPI 指导做事正确。”阿里巴巴将员工分为五种：第一种，既无业绩也无价值观，这种员工往往会被辞退；第二种，业绩好但价值观不好，这种员工会被督促改变，如不改变也会被辞退；第三种，无业绩、有价值观，这种员工被称为“小白兔”，他们会得到帮助，但如果一直无业绩，也会被淘汰；第四种，业绩正常、价值观正常，这种员工会得到培养和提高；第五种，业绩好、价值观也好，这种员工是公司极力培养的人，他们获得的工资和期权多，晋升机会也多。

第三招是案例故事化。阿里巴巴的新员工入职之后，都会听到很多有关阿里巴巴的故事，比如，关于创业艰辛的、努力工作的、客户服务的，等等。阿里巴巴会将一些优秀员工的故事拍成短视频，通过视频传播来引领和激励其他员工。在阿里巴巴，每一个人都是故事的发现者、收集者和传播者。

第四招是内容可视化。阿里巴巴会将抽象的企业文化理念用漫画、涂鸦等多种形式呈现出来，并设置在洗手间、食堂、文化墙等任何员工能看到和感知到的场所中。

第五招是文化道具化。员工入职阿里巴巴之后，第一件事就是起“花名”。马云喜欢金庸，花名“风清扬”；集团 CEO 张勇，花名“逍遥子”。每一个花名都有属于它的一段故事。有学者总结道：“花名是阿里小二平凡生活中的英雄梦想。”除了“花名”外，阿里巴巴的工号也体现了企业的核心价值观。每一个入职阿里巴巴的员工都会拿到一个工号和工牌，工号永久保留。一个工号是一段历史，象征着每一个员工的独一无二以及公司的文化传承。此外，阿里巴巴还会借助戒指、徽章等其他颇具特色的道具来传播文化。

第六招是仪式固定化。每年的 5 月 10 日是阿里日，阿里巴巴会在这一天为员工举行集体婚礼。马云最爱给新人证婚，还把企业价值观融入证婚词中。例如，马云说：“婚姻需要运营，必须把另一半当客户，客户永远是对的。”除了阿里日，阿里巴巴还会抓住年会、“双十一”等契机，打造文化传播的仪式感。[8]

除了这六招，阿里巴巴还有很多促进企业文化落地的招式。总体而言，企业文化落地要从企业文化的四层次结构出发，明确企业使命、愿景、核心价值观；确定发展路径、经营方略、组织建设与管理准则；制定领导干

---

8 赵先超．阿里巴巴与四十大道．北京：电子工业出版社，2018.

部及员工的行为准则；利用文化仪式、文化产品、文化故事、环境布置、典范引领等手段，营造企业文化常态化传播的氛围，塑造良好的企业形象。企业要通过建立系统的文化落地机制，形成员工与企业之间的心理默契，促使员工理解、认同企业文化并自觉践行。

让企业文化融入业务，推进业务建设

在企业文化落地过程中，除了要把企业文化融入员工行为之中，还要解决文化与业务融合的问题，以业务活动为切入点，推进企业文化建设与业务经营活动的互相促进。华为的“铁三角”组织模式、阿里巴巴的政委体系、招商银行的“轻型银行”转型都是在解决企业文化建设与业务建设的融合问题。

“以客户为中心”是华为的核心价值观。为了更好地满足客户需求，实现客户价值，华为在一线实施精兵作战，建立了“铁三角”组织模式。“铁三角”组织模式就是以客户经理、解决方案专家、交付专家组成工作小组，形成紧贴客户的“铁三角”作战单元。华为创始人任正非来自军队，他非常了解军队文化，并从美军最新作战方式中得到启发：在信息高度发达的今天，并不需要同时有很多人上战场；通过先锋上战场摸清情况，再让后端资源快速跟上，反而更利于作战的胜利。服务客户也是同样的道理，企业需要有一支很强的精兵队伍，快速响应、快速解决问题。于是，华为融合军队文化，建立了贴近客户、感知客户、了解客户网络和业务需求的组织模式。

为了促进业务与文化的融合，阿里巴巴建立了政委体系，政委要懂业务、推文化。阿里巴巴的业务经理在业务方面有决策权，而政委在违背企业文化和影响团队管理的决策上有否决权。业务经理的决策视角就是“要业绩”，故而对那些不涉及业绩的内容往往容易忽视；而政委的作用则是在肯定业务搭档的决策大方向正确的基础上，提醒他诸如“员工在执行业务的过程中可能会忽视核心价值观”“有潜在的损害团队利益和公司形象的风险”等问题。阿里巴巴的业务经理和政委构成了一种微妙的平衡关系，共同确保了企业在业务飞速发展的过程中价值观不变味。[9]

为了迎战数字化时代的整体生态竞争，招商银行提出了“开放与融合”的文化理念。招商银行田惠宇行长指出，只有开放，才能获取更多服务入口和更丰富的客户需求，才能刺激融合能力的生长；只有融合，才能形成完整的服务生态，进一步提升开放的价值。这对招商银行的组织进化和管理升级提出了新的要求。为此，招商银行从组织到行动，着力打破边界，组建任务型团队，构建赋能型组织，为一线减负。通过让业务转型与企业文化有效结合，招商银行在不断实现组织的进化和升级。

华为的“铁三角”组织模式、阿里巴巴的政委体系、招商银行的“轻型银行”转型都是将文化与业务融合的有效手段，在之后的章节中，我们会详细介绍几种推动企业文化与业务融合的方法。

企业文化建设职责分工

要确保企业文化建设的成功，仅仅掌握企业文化落地方法还远远不够，关键还要看执行。企业文化建设工作由谁领导和统筹管理、由谁负责具体推动，这是执行过程中要解决的关键问题。

企业文化建设的领导和统筹管理

企业文化建设的领导和统筹管理在企业文化建设中是至关重要的。企业必须建立“高层统一领导、各部门相互协调与配合，横到边、纵到底”的企业文化建设推进网络。国家电网公司作为关系到国民经济命脉的国有重点骨干企业，在企业文化建设工作中，建立了一张“由党委统一领导，以各专业部门、各层级单位为建设和管理主体，纵向贯穿、横向覆盖”的组织管理网络。

---

9 陈国海，刘贵鸿，陈祖鑫．阿里巴巴政委体系．北京：企业管理出版社，2018.

为了深入推进企业文化建设，国家电网公司制定了《国家电网公司企业文化建设管理办法》，其中部分内容如下。

第五条 公司总部是公司企业文化建设的决策中心；省公司、直属单位是公司企业文化建设的责任主体；地（市）公司级单位、县公司级单位是公司企业文化建设的执行主体和实践单元。

第六条 公司及公司各级单位企业文化建设领导小组、办公室负责组织开展企业文化建设工作。规模较小的地（市）公司级单位、县公司级单位可不设立企业文化建设领导小组。

第七条 公司总部各部门、各分部、公司各级单位的主要负责人是本部门、本单位企业文化建设的第一责任人。

第八条 公司企业文化建设领导小组制定公司企业文化建设方针政策，负责审定公司企业文化管理制度，决策公司企业文化建设重要事项，领导省公司、直属单位建设统一的企业文化。

第九条 公司各级单位企业文化建设领导小组贯彻执行公司企业文化建设管理制度，负责决策本单位企业文化建设重要事项，领导所属单位（部门）创新实践载体，建设统一的企业文化。

第十条 公司及公司各级单位企业文化建设领导小组办公室设在思想政治工作部门，归口管理企业文化建设工作。负责贯彻执行公司企业文化建设管理制度，组织开展统一的企业文化建设。牵头负责对所属单位企业文化建设工作进行指导、监督和考核。未设立企业文化建设领导小组的单位，负责思想政治工作的部门，是本单位企业文化建设管理工作的归口部门。

从上述内容可以看出，国家电网公司在企业文化建设工作中，着力抓好组织与人员保障，自上而下地确立了企业文化领导小组、责任人、责任部门，以此确保了企业文化建设“有人领导、有机构管事、有人做事、有力量办事”。

明确文化建设中相关人员的责任

如果把企业文化建设工作比作一艘航行中的“船只”，那么企业文化建设的领导和统筹管理者就相当于船上的船长，负责掌舵指挥、明确方向和科学决策。除了需要有掌舵之人，船上还需要有分工明确、团结一致的水手团队，这样才能共同保障船只的平稳前行。因此，在企业文化建设工作中，要明确相关人员的责任，使不同层级的人员主动承担好自己在企业文化建设中的角色和使命。

在现实中，很多企业将文化建设的重任全都推给了文化部门或者人力资源管理部门，结果将这些部门搞得焦头烂额：领导的“置身事外”使他们无力主导文化建设工作，加之员工的“不买账”，更使文化推进工作很难取得良好的效果。于是，最初轰轰烈烈掀起的文化建设风潮，在遭遇重重障碍后很快便如潮水般退去。

如果说企业文化建设是一个系统工程，那么，这绝非是某个部门或团队的责任。可以说，在一个企业中，上至最高领导者，下至每一位员工，包括中间的所有层级人员，都应是企业文化建设和推行工作中的组织者和参与者，都应该承担起相应的责任。谁负责牵头？谁负责执行？哪些人应该参与？每一个组织应该发挥哪些作用？这些都需要加以明确。

在企业文化建设实践过程中，不同层级的人员所担任的角色和担负的使命是不同的。

（1）企业家：身体力行地倡导和推行公司价值理念

哈佛商学院教授约翰·P. 科特和詹姆斯·L. 赫斯克特在《企业文化与经营业绩》一书中提出：“通常，公司中只有那么一两个人在推动企业文化变革中成为极为关键的基础。”毫无疑问，起到关键作用的“一两个人”就是企业的最高管理者，也就是我们所常说的企业家。

郭士纳在 1993 年 4 月接管 IBM 公司后，用了不到三年的时间，就让公司从原本累计亏损达 160 余亿美元的困境中脱身，且创造了 770 亿美元的营业收入和 60 亿美元的净利润。IBM 公司之所以能够实现如此奇迹式的转变和飞跃，与郭士纳对公司文化的重塑是息息相关的。他是这样看待自己的工作的：“我最重要的工作就是推动文化变革。”

除了指明企业文化发展的方向之外，身体力行地推行自己所倡导的文化理念，同样是企业家的职责所在。

虽然当下很多企业家或多或少、或主动或被动地认识到了企业文化的作用，但往往只是顺应时局，甩出几条高大上的理念，用来对外标榜、装点门面而已。在管理工作中，他们对自己提出的理念和制度漫不经心，更别说亲自示范了。这种行为给企业文化建设工作带来了极大的障碍。因而，要建立强有力的文化，企业家必须先行端正自己的态度，履行好自己的职责，身体力行地倡导和推行自己提出的价值理念。

（2）企业文化建设领导小组：统筹规划、监督检查文化建设工作

当企业家主导并指明文化建设的方向之后，可以以项目化的形式推动企业文化建设工作。成立企业文化建设领导小组，将企业家的想法贯彻落实到员工群体中去。企业文化建设领导小组应该由各部门的主要负责人组成，这可以有效减少企业文化建设过程中来自部门负责人的阻力。成立好领导小组后，要设置企业文化建设项目管理办，负责领导小组的日常工作，并落实领导小组决议、决定事项。项目管理办设在公司行使文化管理职能的部门下，若公司内部没有专门行使文化管理职能的部门，则可以设在总裁办公室下。

企业文化建设领导小组主要负责企业文化建设氛围的营造；审核公司企业文化建设规划、计划、实施意见、管理办法和工作流程；指导、监督、检查企业文化建设工作，等等。

（3）各部门人员：协同推进企业文化建设

在企业文化建设领导小组的统一领导下，各部门要根据企业文化建设的行动计划，将企业文化建设重点任务细化到本部门，并确保每个事项有人管、有人落实。表 1-11 中列举了企业文化建设工作中部分部门的责任分工。

表 1-11 企业文化建设部门的责任分工

部门	企业文化建设责任
人力资源部	◆做好企业文化宣贯工作 ◆将企业文化建设指标列入绩效考核指标体系 ◆加强对人力资源关键业务环节的管理监督，协同推进企业文化建设 ◆组织企业文化培训工作
安全管理部	◆做好企业文化宣贯工作 ◆建立健全安全生产监管制度，修订、完善相关工作制度和管理办法，统一管理标准；协同推进企业安全文化建设 ◆深化安全警示教育，加大安全生产宣传力度，提高全员安全意识
营销部	◆做好企业文化宣贯工作，开展职业道德教育和业务技能培训 ◆贯彻落实公司营销作业指导书，规范服务行为 ◆协同推进企业文化建设
监察部	◆做好廉洁文化宣贯工作 ◆加强反腐倡廉宣传教育，深化廉洁文化建设，协同推进企业文化建设
工会	◆做好企业文化宣贯工作 ◆规范工会相关工作业务流程，推进企业文化建设与发展 ◆开展竞赛活动，培育职工的学习热情 ◆抓好帮困扶贫工作，促进和谐企业建设 ◆通过多元化的职工文体活动，丰富职工精神文化生活

表 1-11 中只是对部分部门在企业文化建设过程中的部分责任做了列举。在实践中，企业应根据企业文化建设的阶段统筹与规划行动计划和实施细则，将企业文化建设责任具体分解到各部门。如果是开展项目化运作，则应将责任分解到组成项目组的对应各部门。

通过责任分解，会调动全体人员参与到企业文化建设中，形成层层抓落实、全员协同的良好局面。

坚持文化建设责任清单化、精准化

为了提升企业文化建设工作中相关人员的履责效能，要做好两项工作。第一，梳理企业文化建设各阶段的工作任务，形成任务清单。第二，根据任务清单，明确相关部门和人员的岗位责任和工作责任，形成责任清单，逐项明确任务书、责任人和履责形式。

国网长春供电公司为了深入贯彻上级党组织关于落实企业文化建设工作责任的各项部署，建立了“两书一单”工作管理模式。

“两书一单”分别是指《企业文化建设工作目标责任书》《企业文化建设工作检查督导诊断书》《月度企业文化建设重点工作任务清单》。其中，《企业文化建设工作目标责任书》内容涵盖了责任机制、思想建设、组织建设、作风建设、工作创新等方面的目标任务，突出全面从严治党和企业文化建设的主体责任、“第一责任人”责任，进一步明确了企业文化建设工作的目标、职责、任务，使企业文化建设工作有方向、有措施、有考核、有成效。《企业文化建设工作检查督导诊断书》主要罗列问题明细，深挖问题症结，在日常工作中及时纠正常见错误，秉承“早防、早治、早好”的原则，确保企业文化建设健康有序推进。《月度企业文化建设重点工作任务清单》的作用体现在三个方面：一是制定指标，列出清单——明确“干什么”；二是动态管理，过程管控——明确“干得怎么样”；三是循环改进，促进提升——明确“怎么干好”。

通过“两书一单”的工作管理模式，国网长春供电公司实现了“工作目标、管理指导、日常监督、季度考核、年度评价”的闭环管理，使相关部门和人员在企业文化建设工作中的责任被压紧压实。

在企业文化建设实践中，其他企业也可以借鉴“两书一单”的工作管理模式，坚持文化建设责任清单化、精准化，建立部门、岗位责任清单，分层细化任务、责任，以确保企业文化建设责任的落细、落实。

当企业文化建设的职责分工明确后，就可以根据企业文化建设的阶段安排，着手从理念层、制度层、行为层、物质层有序推进企业文化建设和落地了。

第 2 章
文化理念的萃取和共识

企业文化只有内化成每个员工的DNA，才算真正落地。而要展开企业文化落地工作，前提是企业已有明晰的文化理念。为此，我们要了解企业文化理念体系的构成，遵循理念体系的萃取要求、萃取思路，采取科学的萃取方法，做好文化理念体系的萃取和共识达成工作。

让企业文化成为每个员工的 DNA

美国管理大师加利·哈默将企业经营分为三个层次：一是“人手”的经营；二是“人脑”的经营；三是“人心”的经营。企业文化建设就是“人心”的经营，得人心者得天下。而要“得人心”，就要有能达成全员共识的文化理念，并让其成为每个员工的 DNA。

思想权和文化权是企业最大的管理权

战略管理鼻祖安索夫指出，从 20 世纪 80 年代开始，市场环境的总体特点从稳定和可以预测逐渐变为扩张、变动、不连续乃至动荡。面对不确定的市场环境，组织往往是不稳定、短命的，组织管理也越来越注重“人”的管理。

美国著名管理学家巴纳德曾说：“组织的原动力来自组织成员贡献的意愿和能力。”企业购买的只是成员的劳动时间，而最终需要的是成员的劳动付出和成果。因此，企业必须将更多的精力放在提高成员在企业中的体验上，以得到成员真心实意的承诺。成员在进入企业之初，会带有原本的思想、行为方式，比如惰怠、嫉妒、不良工作习惯等。所以，如何让其适应企业环境、真心实意为企业做贡献，便成为企业需要解决的问题。

任正非说："思想权和文化权是企业最大的管理权。"只有良好的企业文化，才能让员工充满激情和快乐地工作；只有良好的企业文化，才能凝聚员工，营造积极向上的组织氛围，推动企业持续健康发展。事实上，企业文化的精髓是隐藏在企业成员头脑中的假设和价值，由于这些假设和价值的存在，企业成员才会依据特定的形式去执行组织的事务。由此可以看出，真正决定一个企业管理模式的就是存在于人们头脑中的价值和信仰。而一个企业的管理者如果能够将头脑中的理念转化为企业共同的价值取向，那么他就能建立起统一的行为准则。也就是说，谁拥有了企业的思想权和文化权，谁就拥有了最大的管理权，也就获得了推动企业发展的原动力，即企业成员贡献的意愿和能力。

稻盛和夫在创办京瓷公司之前，曾是松峰工业公司的一名员工。当时，这家公司连年亏损，经营状况非常差，稻盛和夫常常不能按时拿到工资。很多员工逐渐开始因自己的利益得不到保障而感到担忧，并不时地罢工抗议，而企业与工会之间也矛盾重重，纷争不断。

稻盛和夫开始思考自己该用什么样的心态才能全身心地投入工作中，他进而想到了一个问题：如果是自己，又该如何去管理一个企业？在思考的过程中，稻盛和夫慢慢意识到，松峰工业公司之所以经营不善，很大一部分原因是企业没有用统一的价值观去引导全体员工的行为。当员工不能朝着企业期许的方向努力时，必然会导致企业发展受限，员工利益得不到满足，继而造成员工和企业之间不可调和的矛盾。作为企业的管理者，应该牢牢把握住企业的经营方向，有自己的经营理念，这样才能引导所有员工建设好企业。稻盛和夫思考之后，便把自己的想法都记录在本子上，并在实践中进行归纳总结。

他离开松峰工业公司之后还一直保持这个习惯，甚至到创办京瓷公司后，他也会在笔记本中写上自己在经营中产生的新感悟。在后来进行回顾总结之后，稻盛和夫深刻领悟了有关工作和经营的基本理念、思维方式以及具体的执行方法，并最终形成了属于他的经营哲学。他觉察到，要让员工能够全身心地投入到企业的建设之中，企业首先要确立一个远大的目标，并锁定这个目标逐步成长。而这又要求这个企业有正确的哲学和正确的思维方式来引导员工，并在此基础上形成共同的标准，统一全体员工的行动方向。

稻盛和夫开始在京瓷公司推广并实践他的经营哲学。京瓷的全体员工在他的经营哲学的引导下，拥有了共同的思维方式和行为准则，京瓷也因此取得了巨大成功。

与稻盛和夫一样，马云也十分重视文化价值观的建设。无论在哪个发展阶段，他都态度明确地用价值观来统一员工思想，让阿里人能够基于共同的认识，明确自己该做什么、不该做什么。

2000年3月10日，美国纳斯达克指数开始暴跌，从5048.62的高点跌至2001年年底的1114.11点。在这一年多的时间里，5万亿美元市值蒸发，200多家互联网公司倒闭，世界进入互联网寒冬。受市场寒冬的影响，阿里巴巴的士气大大不如从前。为此，阿里巴巴启动了著名的“延安整风运动”，马云将其概括为两点，即统一思想和灌输价值观。

第一是统一思想。马云提出，阿里巴巴的共同目标是：做一家102年的企业，成为世界10大网站，只要是商人就都用阿里巴巴。共同目标确定后，阿里人的心一下子静了下来。

第二是灌输价值观。阿里巴巴首次提炼出九大价值观，并以书面形式确定下来，取名“独孤九剑”。从2001年4月开始，阿里巴巴投资100万元进行员工培训。在全部课程设计中，价值观培训占了60%。

在那个互联网的冬天，阿里巴巴通过统一思想、整顿队伍、修炼内功，奠定了迎接春天的坚实基础。

京瓷公司、阿里巴巴的成功均印证了一点：“思想权和文化权是最大的管理权。”当企业建立了所有员工都认同的文化价值观，员工为企业贡献的意愿将被激发，进而推动企业不断向前发展。

激励员工与企业共呼吸、同命运

企业文化如何激发员工为企业贡献的意愿呢？其实，企业文化是通过塑造员工的归属感和认同感，来激励员工自发地从企业利益出发，贡献自己的力量。阿里巴巴的“延安整风运动”正是通过灌输价值观，来塑造员工对阿里巴巴的认同感和归属感，让每个阿里人自发地凝聚在一起，从而创造出阿里发展的非凡奇迹。

而且，员工的归属感和认同感会激励员工统一行为，与企业共呼吸、同命运。那些因受到企业文化熏陶而对企业归属感和认同感较高的员工，会更加认同企业的发展目标、经营理念、制度规范、环境氛围等。在团队合作和日常工作中，他们会表现出更积极的工作态度和更强烈的责任意识，会发自内心地为企业取得的成就感到自豪；在对待客户时，他们会自动自发地忠诚于企业，时时刻刻维护企业的良好形象。

华为广大干部在困难时期自愿申请降薪，就体现了华为人与企业同呼吸、共命运的坚定意志和强烈的责任意识。

2002 年年末，华为遭遇了创业史上的首次业绩下滑，公司的合同销售额从 2001 年的 255 亿元下降到 221 亿元，利润更是从 2001 年的 52 亿元大幅减至 12 亿元。2003 年春节过后，华为人力资源部收到了公司总监级别以上干部自愿降薪 10% 的 454 份申请书。经企业高层领导开会讨论并审核后，华为批复了其中 363 人的申请。

对此，当时的华为副总裁洪天峰在内部讲话中评价道：“总监级别以上的干部自愿降薪，并不能在多大程度上改善公司的财务状况。我想，其深层意义在于：这体现了公司各级管理者在当前的行业环境下对公司困境的一种认知态度，表达了中高层管理者与公司共渡难关的信心和决心，以及强烈的企业责任感。”

员工基于文化认同感而触发的行动，在企业外部形象维护上更是体现得淋漓尽致。很多优秀企业的员工都非常注意自己的言行举止，竭诚服务客户，力求塑造和传播企业的良好形象。当发现企业形象受损时，他们会毫不犹豫地挺身而出，想办法进行补救。

布莱恩·克莱门斯是美国一家有线电视公司的一位工程师。有一天，布莱恩到一家器材店去购买材料。在器材店里，他无意中听到有人抱怨，说他所在的公司的服务很差劲。当时，有八九个店员都围在这个人的身边，听他发牢骚。

当时，布莱恩正在休假，还有很多工作要做。他完全可以对此置若罔闻，只做自己的事。可是布莱恩却走上前去说道："先生，很抱歉，我听到了你对这些人说的话。我就在你说的那家公司工作。你愿不愿意给我一次机会，改善这个状况呢？我向你保证，我们公司一定可以解决你的问题。"

那些人脸上的表情都非常惊讶。布莱恩走到公用电话旁，打电话回公司说明情况。公司立即派出修理人员到那位客户家中，帮他解决问题，直到他满意为止。

事情到此还没有结束。布莱恩回去上班后，还打了个电话给那位客户，以确认他对公司所提供的服务是否满意。

布莱恩之所以有这样的表现，正是因为他在企业文化的熏陶下，将自身与企业融为一体。当企业的服务受到质疑时，他果断挺身而出，用自己的行动来维护企业形象。

再具体的制度也很难囊括员工的所有任务，常常有一些工作是需要员工自发去完成的。而良好的企业文化能够培养出积极的行动力，引导员工主动为企业做出贡献。

海尔总裁张瑞敏认为："如果把企业比做一条大河，每个员工不应该是小河，而应当是这条大河的源头。员工有了活力，必然会生产出高质量的产品，提供优质的服务，用户必然愿意买企业的产品，企业才会如大河，永不枯竭、永不干涸。”在这种理念下，每一个海尔人都充满了活力和创造力，乐于为企业做出贡献。

好的企业文化能够培养出积极的行动力，这是毋庸置疑的。在文化的感召下，员工会不由自主地将“维护企业形象、帮助企业发展”看成自己义不容辞的责任，愿意为之付出努力甚至做出牺牲。因此，企业必须重视企业文化建设，让文化成为每个人信奉的事物。

企业文化建设：从文化认同到行为自觉

企业文化建设要取得实效，就必须让文化能落地，必须让企业文化成为每个员工的 DNA。企业文化落地的过程实际是“知信行”的过程，如图 2–1 所示。

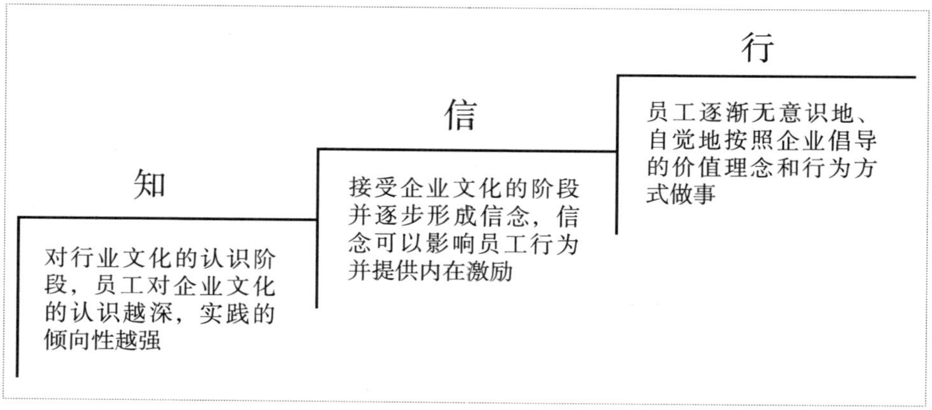

图 2–1 企业文化落地的“知信行”过程

企业文化落地的“知信行”过程不是一个简单的自觉过程，每个阶段的目标实现都需要借助一定的方法。

（1）知：让企业文化耳熟能详

“知”阶段的目标是让企业所倡导的文化理念被管理者精通、被员工熟悉并理解。在这一阶段，一般采用正式、非正式渠道的传播以及物化传播等方法来实现目标。

（2）信：把文化理念变成企业信念

“信”阶段的目标是让企业所倡导的文化理念变成全体员工深信不疑的信念。在这一阶段，一般采用制度融合、示范传承、教育培训等方法来实现目标。

（3）行：将企业信念转化为行为习惯

“行”阶段的目标是要让全体员工自觉地、无意识地践行企业所倡导的文化理念，将文化理念变成日常行为习惯。在这一阶段，一般采取行为规范建立、考评激励、融入业务等方法。

在企业文化建设中，为了让企业文化扎根于员工心底、落实到员工行为，企业可以通过“知信行”过程，有层次、分阶段地推进企业文化建设。

在“知”的阶段，企业要制定《企业文化建设工作规划与实施细则》，让全体员工明确企业文化建设的阶段规划、重点任务、行动计划，落实、落细相关工作责任。同时，着手萃取符合企业实际的文化理念，在此基础上印发文化手册，并通过会议、讲座、竞赛等形式，结合工作重点和广大员工关心的热点问题，宣贯文化手册中的内容，确保员工深刻理解企业文化理念。

在“信”的阶段，企业要以企业文化理念为指导，着力完善各项经营管理制度，实现文化理念与管理制度的深度融合。同时，制定企业培训工作计划，打造企业文化教育培训内容体系，培养强有力的文化培训师资队伍，采用多样化的教育培训形式，强化员工对企业文化的认知认同。

在“行”的阶段，企业要制定系统、严密的员工行为规范，并建立考核评比机制和企业文化建设评估机制，量化考核细则，做到“检查有依据、考核有标准”。此外，还可以通过树立标杆人物、建立企业文化落地激励机制等方法，全面营造氛围、肯定成绩，促使员工将文化理念落实到日常行为中。

以上罗列的举措只是一个示例，企业可以根据实际情况，分阶段地采取一系列有助于企业文化落地的措施。正确运用企业文化落地的“知信行”过程，可以让企业文化内化成每个人的DNA，实现从企业文化理念认同到行为自觉的转变。

当企业文化内化成每个人的DNA后，其对员工的思维方式、价值判断、行为模式的影响是深入而持久的。许多华为员工包括笔者，离开华为后依然留存着华为的“精神特质”。

2017年，解放日报·上观新闻连续推出“华为离职江湖”系列，采访了近30名华为离职员工。他们遍布深圳、上海、杭州等各个城市，有着各自的创业故事。而他们又都有着一个共同点：每个人身上都显现着华为文化的烙印，比如行事低调，做事有方法、有步骤，韧性好、执行能力强等。这些人在离开华为多年后依然对华为“胜则举杯相庆，败则拼死相救”“烧不死的鸟是凤凰”等文化颇感自豪，并将其应用到自己的日常行为中。

笔者离开华为已有多年，对在华为的工作经历充满感激之情。我身上的华为烙印会一直伴随着我并助力我走好人生的下半场。解放日报·上观新闻中被采访者的经历以及我自身的切身感受都说明了一点：华为企业文化已内化成每个员工的DNA，融入员工的日常行为之中，完成了从文化理念认同到个体行为自觉的有效转变。

企业文化理念体系的要素构成

值得注意的是，“知信行”过程中的“知”是基础环节，而做好“知”的前提是要明确“知什么”，明确企业文化理念体系的要素构成。

企业文化理念体系的层次结构

从整体上来讲，越来越多的企业都在重视企业文化建设。但是在实践中，很多企业对企业文化的内涵存在诸多困惑。部分企业尽管已经提炼出所谓的企业文化理念体系，但对该体系的内部层次结构的认识较为模糊。在推行企业文化建设的过程中，企业更关注如何让企业文化在制度层、行为层落地，而缺乏对企业文化理念体系的研究。实际上，如果在“知”的层面就模棱两可，那么企业文化建设势必很难发挥出实际效用。因此，企业要进行企业文化建设，就必须理解文化理念体系的本质内涵与层次结构。

一般来讲，企业文化理念体系会系统表述企业最基本的存在假设、价值判断、管理原则等。战略导向型的企业文化理念构建分为战略层、价值层和执行层，如图 2–2 所示。其中，战略层包括使命、愿景，阐释的是企业存在的根本目的和根本目标；价值层包括核心价值观、企业精神等内容，阐释的是完成使命和愿景所要坚持的行动信念；执行层包括经营理念、管理理念等内容，阐释的是“如何走”的问题，即在经营管理过程中需要坚持的行为准则。

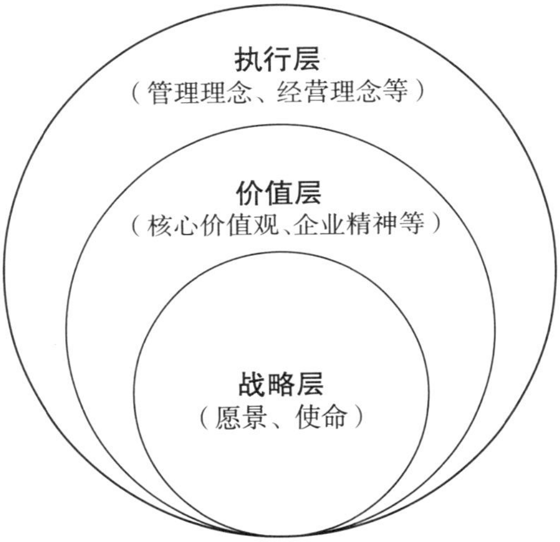

图 2–2 企业文化理念体系构成

（1）战略层

战略层的愿景是企业对未来发展方向的一种期望、预测和定位，回答的是企业“是什么”的问题。它的落脚点在企业自身。对于企业远景的描述，要能体现出企业家的野心和对行业趋势的判断，要能够凝聚意志和鼓舞士气。愿景的一般描述格式为：成为……。

战略层的使命是企业对自身和社会发展所做出的承诺，是企业存在的根本理由和终极意义，是企业奋斗的终极理想和宗旨。企业使命具有独特性，是区别于其他企业的地方，回答的是企业“干什么”的问题。使命的一般描述格式为：致力于……。从本质来说，使命是对企业存在的原因或者理由的阐述，即对企业生存的目的定位。比如，提供某种产品或者服务，满足某种需要，承担某种责任，等等。如果一家企业找不到或者无法明确自身存在的理由，那么它的发展前景也就岌岌可危了。

（2）价值层

价值层的核心价值观是获得企业全体（或多数）员工一致认同的价值判断体系，用以回答“企业的价值是什么”和“什么对于企业来说是有价值的”这两大问题。它决定和影响着企业存在的意义和目的，是对企业各项规章制度的价值和作用的评判标准，为企业的生存和发展提供基本的方向和行动指南，并决定了全体员工的行为取向。

价值层的企业精神是企业全体或多数员工认知一致、彼此共鸣的内心态度、意志状况和思想境界。企业精神以价值观念为基础，以价值目标为动力，对企业经营哲学、管理制度、道德风尚、团体意识和企业形象都起着决定性的作用。

（3）执行层

执行层主要包括经营理念和管理理念等，指导着企业的经营活动和管理活动。其中，经营理念包括生产理念、营销理念、服务理念等，管理理念包括决策理念、人才理念、沟通理念、创新理念等。

尽管企业文化理念体系的表现形式多种多样，如基本法、文化大纲、文化手册等；但其内容结构是基本相同的，都离不开这三个层次的内容。通常情况下，一个企业的企业文化理念体系往往都包含着愿景、使命、核心价值观等基本内容，但在管理理念、经营理念等内容上有不同侧重。

确立清晰的愿景、使命、核心价值观

几乎每一个优秀企业都有清晰的愿景、使命、核心价值观。这些愿景、使命、核心价值观是企业文化体系中的核心内容，发挥着统一思想、凝聚人心的作用。

被誉为“日本经营之神”的松下幸之助曾说：“真正激励员工全身心投入工作，使员工不断前行的，不是金钱一类的外部条件，而是内在的企业文化信仰。得到员工高度认同的企业文化，会成为影响员工行为的最大因素。

在这种文化的驱动之下，员工会将企业的信仰当成自己的信仰来加以落实。”几乎所有有志于通过建设和推广企业文化而走向卓越之路的企业，都对其愿景、使命、核心价值观进行了认真的思考和总结，以此来提升企业凝聚力，激发员工履行企业使命，为实现企业愿景而奋斗。

华为的愿景是：“把数字世界带入每个人、每个家庭、每个组织，构建万物互联的智能世界。”其使命是：“坚持围绕客户需求持续创新，加大基础研究投入，厚积薄发，推动世界进步。”其价值观是：“以客户为中心，以奋斗者为本，长期艰苦奋斗，坚持自我批判。”

京东的愿景是：“成为全球最值得信赖的企业。”其使命是：“科技引领生活。”其价值观是：“客户为先、诚信、协作、感恩、拼搏、担当。”

奇虎 360 的愿景是：“成为全球最受网民尊敬的互联网安全服务公司。”其使命是：“让网民安全上网。”其价值观是：“用户至上、创业心态、持续创新、不断反思、开放协作。”

中国建设银行的愿景是：“始终走在中国经济现代化的最前列，成为世界一流银行。”其使命是：“为客户提供更好服务，为股东创造更大价值，为员工搭建广阔的发展平台，为社会承担全面的企业公民责任。”其价值观是：“诚实、公正、稳健、创造。”

上海汽车集团的愿景是：“倾力打造富有创新精神的世界著名汽车公司，引领未来汽车生活。”其使命是：“坚持市场导向，依靠优秀的员工队伍，持续创新产品和服务，为各相关方创造价值。”其价值观是：“诚信、责任、合作、创新、进取、梦想。”

上述企业无一例外地对愿景、使命、核心价值观进行了精确的表述，这就让员工清楚地认识到：企业是怎么定位的，它倡导什么、做什么、怎么做。当员工清楚了解并认可这些观点、行为准则和行为方法之后，企业的凝聚力便会不断强化和提升。

价值观是组织的核心和灵魂

为什么企业要有清晰的愿景、使命、核心价值观？因为企业愿景可以为战略规划确定大方向，企业使命可以为商业决策提供判断依据，核心价值观可以为企业经营提供行为指导。而且，核心价值观又支撑着愿景和使命的实现。因此，西方学术界普遍将企业价值观看成企业文化的核心，认为在那些富有个性和生气的企业的文化系统中，必然存在这样一种价值观：能够阐明这家企业倡导什么、摒弃什么，使企业能够长期保持自己的特色并引导员工做出正确的价值判断和行为判断，从而有序、高效地开展工作。

企业价值观一旦获得全体员工的一致认同，就会发展成为员工共同的文化信仰，持续引导和规范员工的思想和行为。如果价值观本身存在问题，其要么会因为不能获得认同而无法发挥作用，要么会在落实之后给企业带来负面影响。可以说，价值观是企业之魂，只有企业价值观确立后，企业才算真正成立。

任正非曾坦言："一个企业能长治久安的关键，是它的核心价值观被接班人继承下来。"华为的核心价值观是支撑华为走到今天并继续走下去的内在动力。

1992 年，华为销售收入突破 1 亿元人民币，开始进入国内市场拓展阶段；1998 年，华为开始国际化，迎来海外市场拓展阶段；2005 年，华为国外市场收入占比超过 50%，开始进入全球化市场发展阶段；如今，华为已发展成为行业巨头。支撑华为取得如此辉煌成就的正是融入每个华为人血液的华为核心价值观。对于华为而言，价值观本质上是利益关系的认知与界定，它规定了企业的价值创造来源、价值评价标准和价值分配原则。

1996 年以前，华为的核心价值观是：嗅觉敏锐、不屈不挠、奋不顾身、群体奋斗、狼性文化。

1998 年，华为在《华为基本法》中将核心价值观确立为：成就客户、尊重员工、虚心学习、爱国敬业、合理分配利益、文化至上。

2005 年至 2010 年，华为的核心价值观为：成就客户、艰苦奋斗、自我批评、开放进取、至诚守信、团队合作。

2011 年以后，华为的核心价值观为：以客户为中心、以奋斗者为本、长期艰苦奋斗、坚持自我批判。

华为的核心价值观随着企业迈入不同的发展阶段而发生变化，但是其核心“以客户为中心”是始终没变的。对于任何企业而言，都应确立明确的价值体系。在塑造核心价值观的过程中，企业要结合发展实际进行深入总结，确保所提炼出来的核心价值观是卓越的，从而支持企业实现愿景和使命，为企业的健康发展保驾护航。

企业文化理念体系的萃取规划

了解了企业文化理念体系的内容构成之后，就可以系统规划企业文化理念体系的萃取工作，明确企业文化理念体系的萃取要求、萃取思路，使这项工作有序展开。

企业文化理念体系的萃取要求

企业文化理念的萃取不是盲目和随意的，而是需要遵循一定的萃取要求。在现实中，企业文化之所以落不了地，往往和企业文化理念体系本身有关。很多企业萃取出的文化理念存在着诸如内容模糊不清、价值观华而不实、使命与愿景与自身实际不匹配等问题，如表 2-1 所示。

表 2-1　企业文化理念体系萃取存在的问题

问题维度	具体表现
内容模糊不清	愿景、使命、价值观没有清晰地表述并以书面形式确定下来
使命、愿景与自身实际不匹配	表述过于空洞，逻辑不能自洽，甚至是邯郸学步、不知所云
价值观华而不实	价值观表面华丽，但没有落实到全员行为准则中

为了规避这些问题，企业在萃取企业文化理念时可以遵循以下方法。

（1）将企业文化理念体系以书面形式确定下来

为了避免企业文化理念体系内容的含糊不清，最好的办法是以书面形式将企业文化理念体系清晰地表述出来。

2001年以前，阿里巴巴的文化理念是由“十八罗汉”团队内部衍生出的“亲切、可信、简单”文化，集中在工作理念层面，未成系统。2001年，阿里巴巴以书面形式确立了愿景、使命和核心价值观，并形成了“独孤九剑”价值体系。至此，阿里巴巴的文化理念体系变得系统化、明确化、清晰化。

同阿里巴巴一样，华为的文化体系也是通过《华为基本法》的书面形式确定下来的。当文化理念以诸如基本法、文化大纲、文化手册等书面形式加以确定下来后，其权威性才会得以突显出来。

（2）结合企业实际，让愿景和使命描述具象化、具体化

愿景和使命的萃取必须结合企业自身所处的行业、业务特点、经营哲学等情况，并尽可能确保表述具体化及具象化。

2014年9月，阿里巴巴赴美上市成功，创下了有史以来规模最大的一桩IPO交易。自此，阿里巴巴成功升级为全球第二大互联网公司和全球最大的电子商务公司。阿里巴巴自成立之日起，就明确了自身的使命：“让天下没有难做的生意！”阿里巴巴的愿景则包括：做一家102年的企业、成为世界10大网站、只要是商人都用阿里巴巴。阿里巴巴的使命和愿景充分体现了“阿里特色”，而“102年”“10大”等具体的数字描述则让愿景变得更加具象和具体。

2017年，扎克伯格对外宣布了脸书公司的新使命：“赋予人们创造社群的权力，让世界融合在一起。”相较于老版的公司使命“赋予人分享的权力，让世界更开放更互联”，新使命更具体，直接说明了连接世界后具体做什么以及实现何种积极结果。

在上一节中，我们提到了京东、中国建设银行、奇虎360、上海汽车集团等企业的使命和愿景，它们也和阿里巴巴、脸书一样有着体现自身特色的、清晰的表述，丝毫不让人觉得宽泛空洞。

（3）价值观要分解到不同维度

价值观是企业的核心和灵魂。在提炼价值观时，切忌华而不实，要尽可能分解到企业、团队、个体等不同维度。

2019 年，阿里巴巴提出新“六脉神剑”价值观，完整地包含了企业、团队、个体不同层次的内容。其中，“客户第一、员工第二、股东第三”是从企业层面阐述阿里的核心价值主张；“因为信任所以简单；唯一不变的是变化”是从团队层面提供了行为标准；“今天最好的表现是明天最低的要求；此时此刻、非我莫属；认真生活、快乐工作”是从个体层面提出了对员工的工作要求。

核心价值观是企业及全体员工的行为准则，华而不实的表述是难以发挥效用的。企业应如阿里新“六脉神剑”一般，尽可能关照到企业、团队、个体三个不同维度，为企业和全体员工提供清晰的行为指引。

企业文化理念体系的萃取思路

明确企业文化理念体系的萃取要求后，企业还应在萃取内容和组织管理上形成清晰的思路。

（1）萃取内容的基本思路

在萃取内容方面，可以借鉴“挖掘和整理、弘扬或摒弃、提升和推动、创新或引入”的不同思路，如表 2–2 所示。

表 2–2 文化理念体系内容的萃取思路

思路维度	具体内容
挖掘和整理	从企业经营管理实践中或从企业家、员工身上，深入挖掘有价值的经营思想和经验，并将这些零散的经营思想和经验整理成系统的文化理念
弘扬或摒弃	结合经营管理实践、企业发展阶段、市场现状等，弘扬那些优良的文化理念，摒弃过时的、不合理的、不科学的文化理念
提升和推动	从可操作性和科学性方面，不断完善、升级已有的文化理念，同时有力推动优良文化理念的落地
创新或引入	结合企业发展战略和发展环境，不断创新文化理念；也可以结合实际，从外部适当引入行之有效的优良文化理念

脸书公司早期企业文化的形成就是遵循“挖掘和整理”的思路，深度提炼而成的。

2008 年，茉莉·格雷厄姆（Molly Graham）加入脸书，决定要为公司建立一个共同的愿景。为此，她在脸书内部发起了全员大讨论，让大家思考两个问题：“当公司发展壮大后，我们要成为一家什么样的公司？我们怎样对外描述在脸书的工作体验？”通过对员工建议的不断挖掘和整理，脸书提炼出了独特的“黑客文化”。

与此同时，茉莉·格雷厄姆还挖掘了脸书公司创始人扎克伯格身上的特质，将之作为企业文化的基因，因为她知道 80% 的公司文化是由创始人定义的。事实上，早在 2006 年，扎克伯格就列了一份“既是描述自己，也是描述公司早期文化”的清单。在这份清单中，罗列了诸如超高的智商、强烈的目的性、不断追逐成功、争强好胜、喜欢改变和颠覆事情、十分正直可靠等内容。这份清单和“黑客文化”共同奠定了脸书企业文化的基础。

除了通过挖掘创始人的个体特质来定义企业文化，我们还可以挖掘公司元老级人物、主要领导等人身上的特质。通过“挖掘和整理”这些个人特质形成公司企业文化后，企业还要根据时代的更迭和企业的实际发展经营情况，不断创新与优化企业文化。

（2）萃取组织管理

对于企业文化理念体系的萃取，除了应重视内容方面的设计，还应重视萃取文化理念时的组织管理。在这方面，企业宜遵循自上而下、全员参与的原则。

阿里巴巴在萃取新“六脉神剑”时，所遵循的便是自上而下、全员参与的原则。2018 年 8 月，阿里巴巴正式启动对“六脉神剑”的修订工作。“六脉神剑”的修订工作，自上层开始推动，合伙人、中层管理者、基层员工都被发动了起来，可以说是全体成员共同参与其中。

新“六脉神剑”的修订，经过了 5 轮合伙人会议和 467 名组织部成员激烈的讨论，全球各事业群不同司龄、年龄、岗位、层级的员工都参与了调研，收集了近2000条建议，新“六脉神剑”前后修改了20余稿之后，终于在2019年9月10日正式推出。

华为核心价值观的萃取也是采用了自上而下、全员参与的组织方式。

2008年，华为成立“核心价值观整理工作小组”，整理形成了2008年的6条讨论稿，并在华为内网“核心价值观讨论”板块上向全体华为员工征集意见。一直到现在，华为仍然在讨论其核心价值观，并积极吸取全体员工的意见。

全员参与是一个慢慢发酵、慢慢沉淀的过程，在一定程度上可以解决理念体系的“认知、认同”问题。因为，组织员工参与并采纳员工意见，这一行为本身除了体现出对员工声音的重视外，还能让员工更快、更好地接受和传播文化理念。

企业文化理念体系的萃取步骤

在进行企业文化理念体系萃取时，要按照“成立文化理念萃取小组—选定萃取范围—调查收集—分析整理—形成和发布文化理念体系”的步骤，分步开展萃取工作。

（1）成立文化理念萃取小组

任何工作都必须有人组织、有人负责，才能更见成效，企业文化理念体系的萃取也不例外。在着手开展萃取工作之前，要成立萃取小组专门负责，同时可以采用第1章提到的任务分解法和责任清单化法组织开展和管理工作。

（2）选定萃取范围

在着手开展萃取工作前，要选定萃取范围。萃取范围在萃取思路里就已经提到，最好是全员参与。阿里巴巴新“六脉神剑”的升级就选取了全球所有事业部中不同司龄、年龄、岗位、层级的员工参与。在实践操作中，如果企业成员不多，可以将范围覆盖到每个人。如果企业成员较多，难以覆盖所有时，就可以按一定比例，抽样调查不同司龄、年龄、岗位、层级的员工，尽可能实现广泛参与。

（3）开展调查收集

收集信息时，可以采用问卷法、访谈法、观察法、座谈法、资料分析法等方法。对不同层次的员工，可以采取不同的方法。其中，对高层及总裁级别的成员，主要采用一对一深度访谈法；对中层管理者，可以采用访谈、座谈、资料分析（包括各项管理制度、管理文件等痕迹资料）、问卷调查等方法；对基层人员，一般采用现场观察和问卷调查法。

（4）分析和整理调研信息

在调查收集工作结束后，要根据不遗漏、不重复原则，分门别类地整理好相关的记录、问卷、资料数据等信息。在收集和整理调研信息的过程中，要学会辨别各种信息是否与文化理念体系相关。对于与文化理念体系无关的信息，要过滤出去。

（5）形成和发布文化理念体系

当调研信息的分析和整理工作完成后，要根据愿景、使命、核心价值观的具体内涵，对所有信息进行提炼与归纳，并根据重要性排序进行筛选，形成企业的文化理念体系，并以书面形式定稿、发布。

2018年，S公司认识到企业文化建设的紧迫性和必要性，开始组织企业文化理念体系的萃取工作。

第一步，公司确立了该项工作由公司办牵头领导，人力资源管理部等部门协同组织进行。企业文化理念体系萃取小组全面负责企业文化理念体系萃取工作。

第二步，企业文化理念萃取小组初步选定萃取范围。考虑到公司的实际情况，萃取小组决定将高层、中层管理者全部纳入萃取范围，基层管理者和员工则从各个部门按照老、中、青三个年龄层次的人数比重，分别抽取一定比例的人员参与，并保证覆盖不同的岗位。

第三步，由企业文化理念萃取小组组织调研工作。第一，深度访谈高层管理者，了解高层管理者对公司的期望和看法，以及对企业发展历程和成功基因的阐述。第二，访谈中层管理者，了解中层管理者的见解和标杆员工的故事，同时分析整理从中层管理者处征集的管理制度、管理文件。第三，在基层管理者、基层员工中进行问卷调查，并通过公司论坛发起全员大讨论，广泛收集基层员工的意见和建议。

第四步，企业文化理念萃取小组分析和整理调研信息。通过整理访谈录音、分析调研问卷、梳理管理制度和管理文件等方式，深入筛选和识别与企业文化理念体系相关的信息。

第五步，形成和发布文化理念体系。通过对出现频率较高的价值理念进行整理和排序，企业文化理念体系萃取小组最终从愿景、使命、核心价值观等不同角度，确立了包含“客户至上、诚信进取”等内容的企业文化理念体系，形成了企业文化大纲并定稿发布。

S 公司通过分步骤地开展企业文化理念萃取工作，在全公司内部营造了浓厚的企业文化建设氛围，同时也让原本只存在于员工大脑中的模糊概念变得清晰和具体起来，有效地提高了全体员工对企业文化的认知和认同。

企业文化理念体系的萃取方法

在企业文化理念体系萃取的“五步法”中，最关键的是第四步和第五步，因为调研信息整理、文化理念提炼的准确性对文化理念体系的质量起着决定性作用。为了保证高标准、高质量地萃取文化理念，企业可以采用解析经营策略与活动、分解工作行为、进行价值排序等方法。

解析经营策略与活动，提纯文化属性

在理念萃取第四步的“分析和整理调研信息”中，企业要重点解析自身的经营策略和活动过程，提纯文化属性，打造与经营实践相适应的文化标签，

实现文化建设和经营实践的融合。

企业文化贯穿于企业发展的全过程，渗透于生产经营的各个方面，影响着企业战略的规划、管理制度的建立、员工行为的规范等。为了增强企业文化的导向和渗透功能，企业必须以自身经营状况、所在区域历史特点、人员构成、管理现状等为基础，打造出具有本企业独特个性、符合企业发展实际的独特文化标签，让文化建设与经营活动互为促进，具体步骤如表 2–3 所示。

表 2–3 提纯文化属性的步骤

步骤	具体内容
找到文化特点	仔细研究影响企业文化的因素（如自身经营状况、各专业工作情况、所在区域历史特点、人员构成、管理现状等），找到本企业的文化特点所在
提炼文化标签	结合资料分析的结果，对最具有特色或个性特点、符合时代要求的要素进行重点设计和提炼，为企业打造文化标签

2018 年，某国有企业全面开启文化理念的萃取工作。为了确保提炼的文化理念符合该企业的经营管理特色，企业文化理念萃取小组成员收集和整理了该企业的经营状况、制度流程、工作行为标准、管理现状等资料文件。通过资料分析发现，该企业近年来越来越重视标准化管理，其管理体系逐渐向目标科学化、责任清晰化、业务流程化、措施具体化的方向靠拢，对制度流程、工作行为、管理体系、考核评价机制进行了全面优化，已实现依程序履职、按制度办事。在 2018 年至 2019 年，该企业实现了 45 项业务标准化，13 项标准化管理制度落地执行，15 项管理流程优化，17 项创新实践高效落地。与此同时，该企业还不断优化整合营、配、调信息资源，建立了企业基础信息平台，用以统一数据标准，深挖大数据价值，实现信息共享。

萃取小组意识到：该企业这一系列的经营实践和管理实践无不体现了精益化管理的特点。而在基层员工调研中，萃取小组还发现：大部分员工已经感知到企业近年来越来越标准化和规范化，但是却不知如何用文化标签描述出来。为此，企业文化理念萃取小组决定将精益化管理作为企业文化标签之一。

随后，企业文化理念萃取小组进一步将企业精益化管理阐释为“三精三化”，精益化管理的文化标签也被写入最终成型的文化理念大纲中。

在文化大纲确立后，该企业开始全面推进企业文化宣贯和落地工作。

2019年年底，总经办在全公司发起调研，结果显示：大部分员工都对企业的精益化管理有了清晰的认知，该企业的经营绩效和管理水平也有了显著的提升。

该企业通过全面解析经营策略和活动，提炼了与之匹配的文化标签。这样，既使得企业文化得到了很好的宣贯和落实，又使得生产效益获得了显著的提高。在实践中，企业要想让企业文化建设取得实效，就要在文化理念萃取阶段避免企业文化与经营活动形成“两条线”的现象，努力实现二者的互相促进。

分解工作行为，提炼文化素质词条

在理念萃取第四步的“访谈整理和问卷调研整理”中，不宜直接提出诸如“您认为公司有哪些文化特质”这种比较宽泛、让人难以回答的问题，而应针对工作行为、工作流程、工作现状等情况进行有针对性的提问。这时候，就需要科学分解工作流程、工作行为等调研信息，反向提炼文化词条。

2016年，G公司在全公司范围内开展了企业文化调研工作，以期通过诊断企业文化现状，进一步推动企业文化建设。

一直以来，业务部是该企业的支柱部门，因此，该企业对业务部员工进行了重点调研，深度解析业务部员工身上体现出的文化素质特征。在分析业务部员工的工作行为时，他们发现了两个关键点：一是业务部员工十分关注客户需求，尽力解决客户问题，全心全意为客户服务；二是业务部员工会通过各种方式和途径，反复检查工作效果。

第一个关键点主要体现在五类具体行为上。一是业务部员工在任何情况下，都会耐心倾听客户的咨询、要求和抱怨，给予客户及时的回应，解决常规性的客户问题。二是会与客户保持沟通，确保当客户需要帮助的时候能随时提供服务，并对客户满意度进行定期调研。三是会把客户需求当成自己的工作任务，为此投入时间和精力。当常规的产品和服务不能满足客户需要时，他们会想办法为客户提供个性化的产品和服务。四是注重关注和了解客户的潜在需求，致力于开发符合客户需求的产品和服务。五是业务部员工为客户担任长期顾问的角色，为客户提供增值服务。

通过分析这五类行为，该企业提炼了“客户导向”的文化标签，并将其定义为：能够关注外部客户不断变化的需求，竭尽全力帮助和服务客户，为客户创造价值。

第二个关键点体现在四类具体行为上。一是业务部员工会按照既定的操作规范或上级指示开展工作，严格要求自己，较少出现错误。二是非常注重检查自己的工作，会主动通过多种途径，对资料和信息的真实性进行交叉验证。三是严格督促配合自己工作的其他人员，对其工作的各个环节进行多角度考查。四是学习并督促自己及他人掌握各种可以提升工作水平和改进工作细节的方法。

通过分析这四类具体行为，该企业又提炼出了“关注细节”的文化标签，并将其定义为：为了保证在工作中不出现错误或失误，而对自己和他人的工作进行反复监督和检查的能力。

该企业是通过分析业务部员工的工作行为，逆向提炼了“客户导向”“关注细节”的文化词条。这既契合公司实际，又为公司员工之后的业务实践提供了更为清晰的指引。

在整理和分析文化调研信息时，我们也可以借鉴G公司的做法，先将同一类的工作行为整理到一起，再通过综合解析，从工作行为中逆向提炼文化词条。

进行价值排序，确立核心价值观

通过理念萃取第四步的分析整理，通常会得到很多不同类型的价值理念，但并不是所有的价值理念都可以放到价值观念体系中。一方面，某些价值理念的内容表现为排斥、对立的关系，无法兼容，因而需要做出取舍；另一方面，各个价值理念的重要程度并不一致，某些内容之间甚至存在链条关系。

因而，在第五步中需要根据具体情况进行价值排序。

具体而言，要明确企业的价值体系，进而对其中的各个价值进行排序。其中，排在第一位的，就是企业的核心价值观。对于不同的企业，因其关注的重点不同，故在对客观对象进行价值判断时，结果也会千差万别。比如，你认为应该把客户放在第一位，他可能觉得股东的利益重要些；你的企业成功靠的是源源不断的激情和坚定的意志，他的企业可能是靠掌握技术而得以壮大……这些都是企业自己的判断，无关乎对错，关键在于这一判断与当时的环境要相匹配。

企业在对每项价值内容进行重要性排序时，要关注两方面的环境。其中一方面是企业内部环境，包括企业家的做事风格、员工的组成结构、职业化程度、企业所处发展阶段等；另一方面是企业外部大环境，包括世界经济走势、国家经济发展情况、行业发展格局、政府政策、市场潮流等。

国内外管理学界根据某些企业的实践经验，总结出了一些价值内容的排序定位理论。比如，人的价值高于一切；“为社会服务”的价值高于“利润”的价值；“共同协作”的价值高于“独立单干”的价值；“集体”的价值高于“自我”的价值；“保证质量”的价值高于“推出新品”的价值；“用户”的价值高于“技术”的价值；顾客第一、员工第二、股东第三，等等。这些理论不一定对所有企业都适用，但具有一定的参考价值和启发意义。

此外，在进行价值排序时，可以参照几点标准。第一，拟定的价值观要能成为全体员工每一天、每件事的最高精神指导原则；第二，要注重参考企业家或高层领导的人生理念和经营哲学；第三，要关照品质、员工、顾客、市场、诚信道德、社会责任等基本维度；第四，要与时俱进，符合时代精神。在表现形式上，尽量以词或短语的形式呈现价值理念，做到言简意赅。如果担心员工不能准确理解，还可以在价值理念后面附上相关的解释说明或配上相应的企业案例。

通过价值排序确定好企业价值理念体系后，即可确认企业全员对其的认可度。一旦这个价值体系获得了企业全体或者多数员工的一致认可，它会成为企业全体成员共享的价值观念体系，成为企业全体成员的行为标准。

企业文化理念体系的全员共识

在企业文化理念萃取的过程中，让萃取的理念体系获得全员共识也是非常重要的。因为，只有理念体系获得全员共识，企业文化建设“知”阶段的目标才能实现。

组织充分的价值观讨论和思想碰撞

我们之前在萃取思路中曾提到，“全员参与”是保障企业文化理念体系获得全员共识的重要手段。因此，在萃取企业文化理念时，要组织全员进行充分的价值观讨论和思想碰撞。

华为公司在企业文化建设中就非常注重引导全员进行讨论和思想碰撞。1995 年 9 月，华为公司发起了“华为兴亡，我的责任”的企业文化大讨论。在企业发展过程中，华为逐渐形成了自己独特的文化，华为人也常把“华为文化”这个词挂在嘴边，但是，华为的企业文化到底是什么？人们却又说不清楚。经过一番讨论，华为人提出了“有福同享，有难同当”的说法，但任正非并不认同，认为这是封建意识，这让不少干部和员工对华为文化感到非常困惑。为了解决这些困惑，让企业文化真正清晰起来，华为开始组织《华为基本法》的起草工作。

《华为基本法》的起草过程也是一个全员大讨论的过程。最初，中国人民大学的教授专家组对《华为基本法》的结构进行了深入的讨论，并将讨论结果提交任正非审核。根据任正非的审核建议，专家组拟定了基本法的概念框架。

接下来，起草专家小组开始对华为高层进行访谈。在充分吸收了华为高层领导的许多重要观点后，专家组发布了《华为基本法》第一稿。随后，任正非动员华为的干部员工参与讨论。华为的干部员工也以极大的热情投入到讨论中来，他们对基本法的结构、命题、表述、用语等都提出了各种修改建议和意见。有些员工直接批评："这第一稿根本就没什么逻辑性。"

《华为基本法》第二稿充分吸取了员工的建议，并在每一条前增加了主题词，提炼了主题句。讨论并没有停止，还在继续。《华为基本法》第四稿刊登在1996年12月26日出版的《华为人》报上，任正非要求华为员工要把《华为基本法》带给自己的家人看。于是，在那年的除夕之夜，许多员工吃完年夜饺子后，便拿出报纸将基本法的内容读给全家人听。

为了让《华为基本法》的讨论更为深入，华为公司想出了不少办法。华为中研部针对《华为基本法》中的一些关键命题展开了辩论会，吸引了众多华为员工的参与。经过1997年一年的讨论修改，基本法改到第八稿，基本定稿。华为公司二级部门经理以上的干部，每个人都认真地写下了自己最后的意见和建议。实际上，在最终定稿之前，华为内部仍然对其中几条内容存在争议。1998年3月，数易其稿的《华为基本法》终于面世。

《华为基本法》的筹备、起草过程历时三年。在这三年时间里，华为在内部展开了一次次浩大的价值观讨论和思想碰撞，让华为上下统一了认识，提高了凝聚力，找准了华为未来的发展方向。可以说，华为关于价值观的大讨论，在统一思想、凝聚员工等方面起到了不可估量的作用。任正非本人也对华为的发展完成了一次系统性的思考。

事实上，很多优秀企业在萃取企业文化理念时都会如华为一般，在企业内部进行充分的价值观讨论和思想碰撞，之前提到的阿里巴巴如此，联合金融公司也如此。联合金融公司在萃取企业文化理念时，发起了"联金文化邀您共建"活动，在全体员工中票选文化理念。

联合金融公司在创新、诚实守信、内部运营、团队精神、人才观、工作方式、学习进取、市场、客户等维度，初步提炼了一些文化理念后，在全公司范围内发起文化共创活动，邀请全体员工票选出最终的文化金句。

其中，"创新"维度有9条金句参与票选，"诚实守信、内部运营"维度各有5条金句参选，"人才观"维度有19条金句参选，"工作方式"维度有23条金句参选，“团队精神”维度有15条金句参选，“学习进取”维度有29条金句参选，“市场”维度有10条金句参选，“客户”维度有18条金句参选。对票选结果进行整理之后，联合金融公司最终确定了各个维度的文化金句，如表2-4所示。

表2-4 联合金融公司的文化金句示例

维度	具体表述
创新	永远有方案B
诚实守信	你有多守时，就有多靠谱
内部运营	防火防墙防BUG，爱国爱家爱Coding
团队精神	善待身边每一位同事犹如善待自己
人才观	能上能下，能进能出，唯才是举，唯能是用
工作方式	最强悍的竞争力只有两个字：行动
学习进取	快乐工作，享受生活
市场	科技创造价值，价值成就你我
客户	在成就客户中成就自己

联合金融公司“联金金句”的确立，是全体员工大讨论的结果。这次文化共创活动，使联合金融公司内部的文化建设氛围变得空前浓厚。在此过程中，员工充分共识了公司的文化理念，为文化落地奠定了坚实基础。

打造可以畅所欲言的员工心声社区

要实现文化理念萃取的“全员参与”，还可以在企业内部打造能畅所欲言的员工心声社区，让员工在交流中，对企业文化形成更透彻的理解。华为在企业内部专门开设了心声社区，任正非希望华为的心声社区能成为“罗马广场”。他还说：

“大家在上面‘胡说八道’，针对我们说的（话），有很多人来评头论足。我不需要知道马甲的背后是谁，但是我知道华为有人才。”

华为心声社区的打造，在一定程度上助力了华为文化融入华为人的血液之中。与任正非一样，马云也强调：“表达是一种态度，是一种力量，更是一种责任”。在阿里巴巴，阿里内网就是员工的心声社区。阿里内网开放透明，员工可以在内网实名发表建议、观点，畅所欲言。这也是阿里巴巴“因为信任所以简单”的文化体现。

2009年，阿里巴巴发生过一次匿名邮件事件。一名自称原阿里软件员工匿名写邮件给马云，提出了一些阿里软件犯过的致命错误，包括用人唯亲、用人随意、战线太长、焦急浮躁等。他希望马云只看信的内容，不追究其真实姓名，所以他在邮件的结尾处写道：“一些粗见，希望各位领导能与我一起寻找答案，和我进行邮件交流而不是花力气追查邮件作者。”

马云看了之后回信：“很认真地看了。本来不该回你，因为你（发的）是匿名信，违背了阿里透明开放的精神。但（我还是）想告诉你，因为不信任（会使）很多事没办法做好。假如你不信任，最好选择离开，因为你的这种心态会让大家都累。呵呵，这是真话。因为我不知道自己在和谁说话，但我选择说真话。”

看到马云的回信后，匿名作者回复道：“马总今天心情不好，还是怎么了？不就反映一个问题吗，有你这么说话的吗？总感觉不是你的亲笔邮件呀？”

马云继续回复：“这信是我回的，呵呵。我生气的不是你提的问题。因为阿里巴巴绝不怕提问题。而且阿里的问题比你看见的要多，要厉害，要严重。我生气的是，你作为阿里人，明知道我们不接受匿名信，还写信给我们干啥？因为信任所以简单。我们每个人需要从自己做起。假如你用真名真姓，我会认真告诉你发生了什么；而你不说自己是谁，我只能不把你当阿里人看待。再说一遍，我们不接受匿名信。”

马云和匿名作者的来回交战，引来了阿里内部员工跟帖十几页。[10]

阿里巴巴的这次匿名邮件事件，让全体员工对企业文化有了更加深刻的理解，同时也让他们明白阿里巴巴会时刻践行企业价值观，从而消除了在发表意见和建议时的顾虑。

---

10 赵先超．阿里巴巴与四十大道．北京：电子工业出版社，2018.

如华为、阿里巴巴一般，在企业内部打造员工可以畅所欲言的心声社区，这种做法可以极大地激发员工的主人翁意识，促使员工更好地认知并认同企业文化。

心理学家指出，人际交往是一个双方互动的过程，这个过程包括交往对象和交往情境。在交往过程中，如果你能深深地沉浸在对方的情绪状态中，完全能够感受到对方的心理感受，进而表达出对他的理解、关心、体贴和友爱，那么，对方就会积极地回应你，对你产生好感。

当员工感受到企业对员工参与文化建设持鼓励态度时，就会产生强烈的责任感、归属感和认同感，从而积极主动地参与公司文化建设，自觉实践公司文化理念。马云用强硬的态度回复了来自阿里内网的匿名邮件，这让所有员工都体会到了“阿里的文化价值观就是阿里人做事的底线”。此后，阿里员工更加认同并自觉践行阿里的文化价值观，积极主动地为阿里文化建设贡献力量。

运用口语化、故事化的形式解读核心价值观

运用口语化、故事化的形式去解读核心价值观，也是达成企业文化理念共识的重要方法。在这方面，海尔集团就表现得非常优秀。

海尔著名的兼并文化被口语化地表述为“激活休克鱼”理论。那么，什么是“激活休克鱼”呢？海尔引用了兼并红星电器厂的故事来进行解释。

原红星电器厂拥有3500多名员工，曾是中国三大洗衣机生产企业之一，年产洗衣机达70万台，年销售收入达5亿多元。但从1995年上半年开始，红星电器厂的经营状况每况愈下，出现资不抵债的境况。为了盘活公司3500多名员工的生计，青岛市政府决定将红星电器厂整体划归海尔集团。

红星电器厂作为老牌的洗衣机生产厂，其技术、设备、工人的熟练度是非常好的，这些企业硬件就是“鱼的肌体”，其肌体没有腐烂但效益低下，

这说明鱼处于“休克状态”。只要激活“休克鱼”，就能让企业再次走上正轨。

对于兼并红星电器厂一事，海尔上下都极为关注。海尔认为，红星电器厂失败的原因不在于技术和资金，关键在于企业管理不到位、人员凝聚力不强。于是，海尔开始在红星电器厂贯彻实施“企业文化先行战略”，用海尔文化统一企业思想、重铸企业灵魂，用无形的文化盘活红星电器厂。与此同时，大力引入海尔管理模式，提升红星电器厂的管理水平。随着海尔文化和海尔管理模式的大力推行，红星电器厂逐渐焕发生机，“休克鱼”被激活。

兼并红星电器厂的故事很好地解释了海尔的兼并文化——“激活休克鱼”理论。所谓的“休克鱼”是指犹如红星电器厂一般，硬件完善但管理不善，跟不上市场节奏的企业。在国内现行的体制下，如果企业想要走兼并之路，那就只有“吃”红星电器厂这样的“休克鱼”。

运用“激活休克鱼”的口语化表述，又辅以红星电器厂的兼并故事，可以让海尔的员工轻松理解并接受本企业的兼并文化。

除了兼并文化，海尔的品质文化也是大家熟知的。在解释品质文化时，海尔借助了“质量锤”这样的口语化表述，并附上了张瑞敏怒砸不合格冰箱的故事。这样口语化、故事化地解读企业文化，不仅强化了海尔员工对海尔文化的共识，就连社会大众也对这些故事耳熟能详，这使得海尔的良好形象在社会公众心中成功地树立了起来。

总之，运用口语化、故事化的方式解读企业核心价值观，可以使核心价值观变得容易理解、易于传播和评价，进而能够更好地让全体员工理解并认同这些核心价值观，奠定企业文化落地的基础。

第3章
制度与文化的融合

“欲知方圆，则必规矩。”在企业文化建设过程中，要充分理解文化与制度的共生关系，以文化理念为指导，建立或完善制度体系，通过“立规矩”让员工明白“哪些事能做，哪些事不能做”，用制度承载文化落地。

文化建设与组织发展

企业文化理念体系的萃取和共识工作完成后，我们可以着手推进制度建设。要做好制度建设，实现制度与文化的深度融合，我们必须认识到：组织的发展不是静态的，企业文化、组织制度都需要不断更新。

用鸡毛掸子拂去思想灰尘

在经济复杂化的大背景下，世界市场变化迅速。如果企业的员工死守着过去的经验和成就，不能开放进取，那么企业很难存活下去。因此，企业经营者必须鼓励员工勇敢地拿起“鸡毛掸子”，主动拂去自身思想上的灰尘，保持进步性，从而激发企业的活力。

多年来，华为公司始终坚持引入“鸡毛掸子”，帮助华为人摆脱陈腐观念和旧思维的束缚。任正非不止一次强调：“当外部环境发生变化的时候，当新的机遇来临的时候，谁固守《华为基本法》的教条，谁就是傻瓜。”

为了研究出更好的产品应对市场的变化，华为公司集结了中国 IT 领域近万名优秀人才，他们在华为公司里工作了很多年，在华为文化的熏陶下建立了自己的管理理念。所以，当 1997 年任正非走访了美国 IBM 等一批国际知名的高科技公司，决定进行大规模的变革时，这些 IT 人才因固有的价值观而对变革充满了质疑。

当年，任正非从美国 IBM 公司引进了先进的管理技术。许多华为人表示："要根据中国国情，根据实际情况进行改造，有选择地应用。"他们不认为"美国鞋"穿起来就合脚，甚至有人认为华为当时的管理流程优于 IBM 的管理流程，华为公司可以凭借以往成功的经验发展下去，无须改革。

华为人的自负，以及不能开拓思维来接受新文化的种种表现，让任正非很担心。在任正非看来，过去积累下来的精华理念固然重要，但不能故步自封，不要对一切新事物表现出抗拒。最后，任正非对那些安于现状的"聪明人"提出了严厉的批评，并多次在会议上推行新文化以及新的价值观，目的是让所有的华为人都能从心底里接受新的管理模式。

华为公司的轮值 CEO 胡厚崑曾说："信息产业的发展正在进入一个全新的阶段，信息技术对社会的全方位改造意味着一切旧的都将换成新的，这个过程正向我们展示无限的机会。" 变革很痛苦，但如果不变革，那么连痛苦的机会都没有。在新阶段来临之际，只有统一员工和管理者的思想，使得他们能够正确对待组织变革，主动融入变革中，企业组织发展才能呈现螺旋式的上升状态。

以文化建设引导组织变革

战略管理学教授约翰·彼得·穆尔曼认为，变革需要强有力的动力以及坚定不移的长期方向，这种动力和方向就深植于企业的文化价值观之中；而价值观作为企业最重要的基因，将为企业长期的成功埋下蕴含强大生命力的种子。华为公司的变革之所以能进行得如此顺利，就是因为它始终强调以核心价值观作为立足点，通过企业文化建设来拂去员工和管理者思想上的灰尘，进而有效减少了变革中的阻力。与华为公司一样，IBM 公司也注重将文化建设作为组织变革的基石。

IBM 公司为什么会盛极不衰？这里面有多方面的原因，但文化无疑是其中最重要的一环。在小沃森对 IBM 公司的文化进行了详尽阐述后，其文化理念被总结为“尊重个人、服务至上、追求完美”的“IBM 三原则”，而且一直被 IBM 公司奉为神圣且不可改变的文化原则。这也导致 IBM 的文化理念在很长一段时间内都未能与时俱进。

在郭士纳成为 IBM 公司总裁后，他对企业文化进行了与时俱进的变革。为了让 IBM 公司的员工能够有据可依地改变与时代不符的文化，并适应新时代的文化，郭士纳于 1993 年 9 月起草了 IBM 新文化的八个原则：（1）市场是我们一切行动的原动力；（2）从本质上说，我们是一家科技公司，一家追求品质的科技公司；（3）我们最重要的成功标准，就是获得客户满意和实现股东价值；（4）我们是一家具有创新精神的公司；（5）绝不要忽视我们的战略性愿景规划；（6）我们的思想和行为要有一种紧迫感；（7）杰出的和有献身精神的员工将无所不能，特别是当他们团结在一起，作为一个团队展开工作时更是如此；（8）我们将关注所有员工的需要以及我们的业务得以展开的所有社区的需要。

1994 年春天，IBM 公司在纽约市召开了首次高级管理会议。因为担心过于空洞的文化口号难以得到有效执行，郭士纳在会上提出了一些有助于把公司文化调整落到实处的行为变革要求，如表 3-1 所示。

表 3-1 IBM 公司的行为变革要求

变革前的行为	变革后的行为
公司自行推出产品	基于客户需求生产产品
按照公司自己的方式行事	以客户的方式行事
道德式管理	成功导向型管理
将决策建立在秘闻与神话的基础上	将决策建立在事实与数据的基础上
以关系为导向	以绩效和标准为导向
一言堂（政策性统一标准）	百花齐放、百家争鸣
对人不对事	对事不对人（询问为何而不是问谁）
良好的愿景甚至比良好的行为更重要	职责明确（总是能够解决问题）

续表

变革前的行为	变革后的行为
美国占主导	全球共享
规则导向型	原则导向型
只注重我的价值（个人主义）	注重我们的价值（集体主义）
分析停顿（讲求百分比的完美）	有紧迫感地做决策和采取行动（只要有八成希望即可）
缺乏创新	学习型组织
平衡式资金投入	重点型资金投入

这些细化的行为要求让员工认清了现实，明确了改变的方向，而且易操作。这些行为要求的变化，使 IBM 公司的员工统一了思想，达成了共识，员工被注入了勇往直前的新动力。

华为公司和 IBM 公司的做法充分印证了文化建设在组织发展变革过程中的重要性。如今，很多企业在引入外部咨询公司辅助开展组织变革时，都会从诊断、梳理企业文化基因，建设企业文化，统一员工和管理者的思想开始。如果人们新的态度和行为未深入根植于共同的价值观，那么，只要压力消失，人们的态度和行为表现就会出现退化。因此，要不断升级企业文化，引导大家去认识并推动变革。

文化发展与制度建设共促进

规范的制度是企业文化价值观得以传递和落实的保障。

贝索斯在亚马逊内部多次强调："良好的意愿是没有用的，建立可执行的机制才是关键。"要让全体员工协同一致推动企业发展，仅仅依靠文化价值观的宣贯还不够，还必须用制度来约束。为此，亚马逊内部建立了一系列制度来保障企业文化的落地。例如，为了真正实现"以客户为中心"，亚马逊建立了"按灯"制度，即一旦有超过两名客户投诉同一产品的同一问题，不管产品在市场上多么火爆，客户服务人员无须层层上报即可直接下架该产品，直到产品问题被解决后方可重新上架。

亚马逊以文化价值观为指导建立的“按灯”制度，强化了全体员工的客户服务意识，有效推动了“以客户为中心”的核心价值观的落地。

但是，好的制度永远都会是好的制度吗？其实不然。好的制度也必须根据企业文化理念的变化、企业的实际发展情况而与时俱进，才能实现与文化相互促进、共同推动企业向前发展的目标。

E 公司是一家服装公司，其在成立之初，走的是规模化生产的道路，在企业内部提倡“按标准做事”的价值观。为此，该公司制定了一套细致而严格的管理制度，对员工的全部行为均实施比较强的过程约束，并且配套了较为苛刻的惩罚措施。例如，车间人员每班时间只允许去厕所 2 次，如超过 2 次则按擅自离岗处理，等等。这套严格的管理制度一度助力公司的规模越做越大。

随着个性化服装需求的增长，该公司顺应形势，逐步调整业务战略，开始向定制化转型。公司招聘了很多思维活跃、富有创新力的员工，企业文化价值观也由“按标准做事”向“创意、创新”转变。但是，该公司却发现管理人员和员工的冲突日渐频繁，公司的人员流动率也居高不下。为了找出问题的根源，公司从外部引进了咨询机构进行全方位的诊断，诊断结论为：管理制度需要进一步革新，以适应公司新的文化。在咨询机构的协助下，该公司以新的文化理念为指导，将原来的刚性管理制度一分为二，除了在作业规范、质量控制等方面保留了必要的严谨部分外，在日常纪律、生活要求等方面均设计了以尊重人性为基础的“柔性化”管理制度，实行多条解决途径和迂回处理等方式，增加了问题解决过程的灵活性和机动性。通过对制度的改革与优化，员工逐渐增强了对公司的认同感，人员流动率也控制在了合理水平。

文化理念是制度建立的导向，制度建立是文化落地的保障。企业在权衡自身发展现状和外部管理环境，不断更新文化价值理念的同时，也要同步改革和优化企业管理制度，用制度来维护企业价值观的有效呈现，实现文化发展与制度建设的相互促进。

制度与文化相融相生

要实现文化发展与制度建设的相互促进，就要理解文化与制度的关系，避免文化理念与制度之间存在冲突，并依托管理制度使企业文化得以落地和强化，让制度与文化相融相生。

文化与制度之间存在着共生关系

文化与制度之间到底具备什么样的关系？我们可以通过以下案例来认知一二。

2013 年年初，国网长春供电公司面临向优质服务转型的关键阶段，提出“以客户为中心”的文化理念，全面倡导“用户无小事、服务无止境”，为用户提供优质服务。经过一年时间的实践，2013 年年底，公司在优质服务用户调研中却发现，用户对公司服务的评价大部分都是“服务质量和服务态度需要改善”。

为什么会得到如此反馈？营销部主任薛金龙百思不得其解。通过对员工的深度访谈，他发现：大部分部门和员工不能完全理解优质服务的工作要求，所以仍然按照从前的制度标准和服务态度开展工作，工作心态并没有实现从国企员工到服务者的转变，公司的优质服务转型面临着重重困难。

“为什么公司提倡的优质服务未能产生效果？究其原因，便在于‘以客户为中心’的标准不明，缺少与文化理念配套的管理制度。因此，必须要完善管理制度。”薛金龙暗暗思考着，并决定从完善营销部门绩效制度入手。为了解决绩效制度不完善、对员工的约束作用不强、没有统一规范的考核制度去管理优质服务工作等难题，薛金龙成了名副其实的“拼命薛郎”。他白天处理各类繁杂的工作任务，晚上则仔细研究公司的文化理念、管理制度，攻读各类相关论文，学习让文化理念与制度融合的各种方法。通过带领团队不断进行尝试，他最终制定了三级绩效考核制度——从农供电工作指标到 27 个同类型班组、133 个供电所内部对比，再到营销班组自主提升，实现绩效层层考核。与此同时，他还建立了服务体系的“问责、报送、约谈、考核”四机制。

通过对制度为期一年的试行，2015 年年初，公司在优质服务用户调研中发现，用户对公司的服务评价基本转变为“服务质量和服务态度让人满意”。

“能够实现用户满意，管理制度发挥了很大的作用。三级绩效考核制度和服务体系四机制是严格对照公司文化理念建立的。它们让‘以客户为中心’的文化理念固化到具体的制度条款中，让‘用户无小事、服务无止境’真正落实到员工的一言一行中。”薛金龙感慨道。

从薛金龙的经验中，我们也能得到一些启示：制度标准和企业文化是相融相生的。以企业文化为指导而建立的制度标准，会通过强制约束，使全体员工理解文化理念，进而形成习惯，促使企业文化落地。薛金龙正是通过建立与企业文化相适应的绩效制度，才使得员工的优质服务能力得到提升，最终实现了用户满意。

企业文化是“软约束”，制度标准是“硬约束”，二者相辅相成。企业文化是制度标准的“根”和“魂”，制度标准是企业文化理念的转化载体，是文化理念向行为转化的过程中不可或缺的一环，二者之间存在着协调共生关系，如图 3–1 所示。

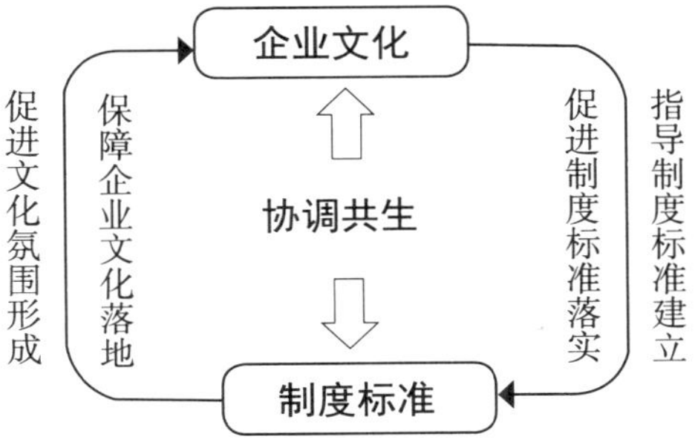

图 3–1　企业文化与制度标准的协调共生关系

在企业文化建设中，要深刻理解文化与制度之间的协调共生关系。斜坡球体定律便在一定程度上反映了文化与制度的这种共生关系。

斜坡球体定律指出，企业在市场上所处的位置，就如同斜坡上的一个球体。它受到来自市场竞争和内部员工惰性而形成的压力；如果没有止动力，它就会下滑。为了使企业在斜坡（市场）上的位置保持不下滑，就需要强化内部基础管理这一止动力。

正如斜坡球体定律所反映的那样，海尔集团能取得今日的成功，离不开文化的“牵引力”和制度的“止动力”。

海尔集团创造了“OEC”管理法，即将公司的工作落实到每一天每个人的每一项工作上，并及时检查调整。在此基础上，海尔集团倡导“永远以用户为是，以自己为非”的是非观。海尔人永远以用户为是，不但满足用户需求，还创造用户需求，不断否定自我、挑战自我、重塑自我。海尔集团的“OEC”管理法作为“止动力”，有效防止了海尔集团在市场中的位置下滑；而其独特的文化，则为其在市场上爬坡提供了强有力的“牵引力”。海尔集团的制度与文化的高效融合，使其始终能以变制变、变中求胜。

在制度标准建设的过程中，企业不妨学习海尔集团，建立与文化相匹配的管理制度，避免出现制度与文化“两张皮”的现象，有效发挥文化“牵引力”和制度“止动力”的作用。

依托管理制度，落地和强化企业文化

如果把企业比作一条河，那么企业文化就是河床，制度标准则是河堤。既然制度与文化是协调共生的，那么，在具体的管理实践中，制度又应如何配合文化，共同作用于员工的行为呢？

（1）制度是文化落地的有效保障

如果缺乏制度的土壤，文化就只能止于墙上和口号书册上，口号喊得再响也终究只是口号，落不到实处，无法对员工的行为产生影响。所以，一家企业倡导什么样的文化，就需要有相应的制度做保障，并在制度中呈现企业的文化诉求。

IBM 公司的核心价值观是“精益求精、高品质的客户服务、尊重个人”，其创始人汤姆·沃森曾规定：“员工上班必须穿黑色正装和白色衬衫。”最初，做出这项规定的出发点是为了实现“尊重客户，为其提供高品质服务”的目的。

随着时间的流逝，技术型企业的客户早已改变了工作时间的着装习惯，IBM 公司的白衬衫、黑套装的规定越来越与环境格格不入。为了体现出对客户的尊重，公司总裁郭士纳更改了这项制度，规定员工可以根据客户对象和会见场合，灵活选择着装。

制度是有灵魂的。它彰显着企业的文化价值观，清晰地传达出企业赞同什么、反对什么，引导和规范员工的行为。而文化不是空洞的标语和口号，必须从员工的行为中体现出来，因此又需要有制度来提供保障。

2019 年，任正非在哈佛商学院发表了名为《蓬生麻中，不扶自直》的演讲。他在演讲中指出，华为现在奋斗在一线的员工以 80 后、90 后居多，他们的价值观更加多元化、更强调自我、更难管理。华为要想有效引导和管理好他们，真正的挑战仍在于让价值观实现制度化，塑造一个有组织、有纪律、有理想的队伍。为此，华为一方面坚持以结果为导向来考核员工，激励员工做出贡献；另一方面不断扩大先进员工的比例，让先进员工成为多数而不是少数，从而在公司营造出积极向上的氛围。

华为通过制度的设计与贯彻，让员工成为有理想、守纪律的员工，同时也有效保障了华为文化得以一代代地传承和发扬下去。

（2）企业文化依托管理制度而得到强化

制度会通过“刚性规定”让员工形成习惯，潜移默化地让他们在思想上认可、在行动上践行，进而强化公司的文化氛围。

《华为员工手册》明确规定，员工不得迟到、早退，上下班要打卡。如果员工在一个月内经常迟到、早退，或上下班不打卡，又没有在工作时间考核表上签字，就会受到一定的处罚。这是华为公司为配合奋斗者文化而制定的规章制度。

一开始，很多员工会因为害怕受到处罚而去遵守规定。但多年后，他们会自觉遵守，而不再是因为害怕处罚。不仅如此，很多员工甚至会为了多做贡献而主动加班，这一点在华为的规章制度里是没有明确规定的。而随着员工长期心甘情愿地努力工作，华为的奋斗者文化的氛围也越来越浓厚。

华为的规章制度都是以华为文化为指导而制定的，它约束着华为人以奋斗者的标准要求自己。在制度执行的过程中，华为人慢慢地将奋斗者文化融入自己的血液中，自觉地成为了奋斗者。

避免文化理念与制度之间的冲突

要想实现制度与文化的融合，就要避免文化理念与制度之间的冲突。20世纪八九十年代，国内大多数企业所采取的企业家经验管理模式的弊端日益明显，与此同时，众多外资企业依靠制度管理获得了成功。于是，国内企业纷纷加快了制度建设的步伐，一些企业甚至直接移植了国外企业现成的管理制度。然而，这些企业中有很大一部分存在自身管理理念落后的情况，导致很多先进的管理制度在中国企业中出现了“水土不服”。

近年来，一些企业经营者和管理者开始认识到企业文化的重要性，再度掀起了引进国外先进企业文化理念、实施文化建设的风潮。然而，同之前盲目引进管理制度的情况极为类似，国外先进的企业文化理念因为在本土缺乏必要的制度支撑或与现行制度相悖，从而导致这些企业文化未能在经营管理中发挥预期的作用。

国内某通信公司在其核心价值体系中有“团队合作”的内容，倡导同事之间、上下级之间以及各部门之间要通力合作。但在公司实施制度优化革新的过程中，却引入了美国 GE 公司前 CEO 杰克·韦尔奇所倡导的“末位淘汰制”，规定以部门为单位实行周期性考核，在每一个考核周期中，不论部门的整体业绩如何，必须要有 20% 的优秀、75% 的合格和 5% 的不合格指标。对考核不合格的员工，要做降级处理，连续两次考核不合格的员工将被开除。该制度出台以后，公司团队合作的优良传统不复存在，同事之间不再互相关怀、互相帮助，而更多地是将对方视为竞争对手，造成同事关系极度紧张。

这样的例子在国内企业实施文化建设的过程中不胜枚举。如果无法避免企业所倡导的文化理念与现行制度之间的冲突，文化理念就很难得到贯彻落实。华为在发展的过程中很好地避免了这一点，其制度变革始终不会背离公司的核心价值观。

华为在创业初期主要面向农村市场，后来进入城市主流市场以后，要开始跟中国电信、中国移动等地市级、省级，甚至集团总部层级客户打交道。为了准确把握客户需求，保持敏锐的市场嗅觉和快速反应能力，华为意识到，企业必须激活人才，让干部在思想、能力上有所提高。

1996 年，任正非对彭剑锋和孙亚芳说：“公司进入城市市场之后，很多干部思想观念、能力跟不上，要引入竞争淘汰机制。”孙亚芳当即提出，她先带着市场部所有高管集体辞职，之后由彭剑锋带着专家组对所有人进行测评。这就是当年华为市场部集体辞职事件发生的背景。

在测评中，被选下去的干部——不管原来职位高低——都被派到基层，但却没有一个人闹事。此后，华为公司干部能上能下、工作能左能右、人员能进能出、待遇能升能降的“四能”机制正式推行开来。随后，华为采取了一系列职能优化措施，大大提高了公司的专业化管理能力，为后来引进 IBM 公司的管理体系、推行以客户为中心的组织运作模式奠定了基础。

华为公司的制度改革始终不曾偏离其核心价值观：在从不懂管理到实现管理专业化的过程中，华为人始终坚持将客户放在第一位，并且不断将奋斗者文化发扬光大。华为市场部集体辞职的案例，虽然颠覆了当时的用人观念，却为华为公司提高客户服务能力做出了重大贡献。在企业文化建设中，企业应学习华为的这种态度，始终保持制度与文化的统一。

跨越理论到制度的鸿沟

如要始终保持制度与文化的统一，我们就要让制度建设为企业信仰服务。通过分别梳理制度与文化、全面导入员工参与管理等途径，跨越从理论到制度之间的鸿沟，以有效规避制度背离文化的现象。

让制度建设为企业信仰服务

现实中，很多企业在制定制度时总是存在这样或那样的不足之处，例如制度不严谨、制度过于苛刻、不考虑自身实际情况而盲目从外部引入制度等。这些制度上的不足给企业带来了很多问题。

（1）制度不严谨

每个人都有可能为了自身利益而做出损害他人乃至集体利益的行为，而制度的不严谨、不完善会诱发人的私欲。

17世纪至18世纪，英国运送犯人到澳洲，是按上船时犯人的人数给私营船主付费的。私营船主为了牟取暴利，便不顾犯人的死活。由于每船运送人数都超负荷，生存环境恶劣，加之船主克扣犯人的食物，使得大部分犯人在中途便已死去。更残忍的是，有的船主甚至一出海就把犯人扔进海里淹死。

在一些企业中，管理制度不够完善，缺乏明确的产权划分，对合伙人和管理人员没有明确的职责约束，待企业稍有发展后，大家就将目光集中到权力占有和利益分配上，根本无暇考虑企业文化建设，更别说企业的持续、健康发展了。

（2）制度内容苛刻

如果制度内容过于苛刻，缺乏人情味，往往也难以引起人们的共鸣，执行起来也会困难重重。

比如，部分企业规定员工八点上班，迟到一次扣除全月奖金，迟到三次就开除。

甚至有一些企业对车间作业人员上厕所的时间都进行了规定，比如每班时间只允许上两次厕所，且每次不得超过 15 分钟，否则按擅自离岗处理。

如此苛刻的制度，要么会因为员工的强烈抵触而无法得到执行，要么会因为强制实施而造成员工流失率迅速攀升，自然也就失去了其保障企业文化建设成果的意义。

（3）盲目引进制度

如果有一套完善、先进的管理制度，并且能够被科学地执行，是否就能保障企业可持续、健康地发展了呢？答案显然不是。

某矿泉水公司为了提高企业的制度管理水平，从国外引入了一整套先进、系统的管理制度。引入这些管理制度后，该公司总经理称：“现在像我们这样的创新制度和平台优势，在整个行业里都是少有的，我们公司一定能蒸蒸日上。”

没想到，公司在引入这套管理制度之后的三年时间里，人才流失严重，经济效益也呈现下滑之势。“为什么会留不住人才呢？”公司总经理为了找到答案，花重金聘请了知名咨询机构的专家入驻，为公司做诊断。经过咨询专家的细致观察和调研，发现了其中的原因：该矿泉水公司虽然有着先进、完善的管理制度且能够被公正、合理地执行，但却是无根之本。因为这套管理制度与员工多年秉持的企业信仰是相悖的——从国外引进的这套制度注重“严苛管理”，而公司的文化基因却是“开放、自由”。

与该矿泉水公司的情况类似，上节内容中提到的某通信有限公司也是因盲目引入美国 GE 公司前 CEO 杰克·韦尔奇所提倡的“末位淘汰制”，使得制度与倡导的“团队合作”文化相悖，最终造成团队关系紧张。

两家公司的情况给予我们这样一个结论：即便企业有一套完善、先进且被科学执行的管理制度，也不能确保企业持续健康发展。如果不考虑企业实际情况，盲目引入外部管理制度，往往会使得制度“水土不服”。要让制度发挥效用，就必须确保制度是为企业信仰服务的。

既然制度要为企业信仰服务，那么制度就必须以价值观为核心，即将企业的价值观细化为具体的制度条文或操作程序，用以引导和规范员工的行为。在这种情况下，一旦价值理念得到认可，那么制度也会被遵照执行，而制度得以有效贯彻执行，又会让企业信仰更加被认同。

分别梳理制度与文化，取并集

如何将企业价值观融合进具体的制度条文中？我们需要分别梳理文化与制度，取两者之间的并集，实现文化与制度的融合。制度与文化梳理的思路如图 3–2 所示[11]。

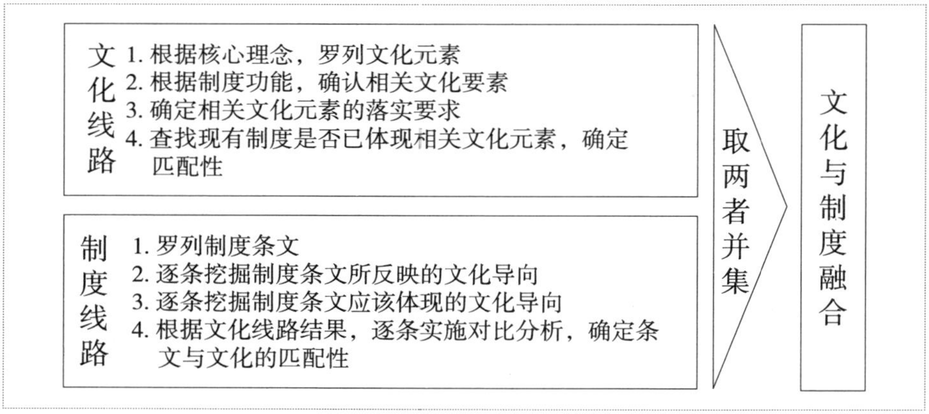

图 3–2　制度与文化梳理的思路

11 王祥伍，谭俊峰．华夏基石方法：企业文化落地本土实践，北京：电子工业出版社．

第一，在文化梳理方面，罗列本企业的文化元素并确认相关元素，明确每一项元素的落实要求，查找现有的制度中是否已体现出相关文化元素。第二，在制度梳理方面，罗列制度条文，逐条挖掘制度所反映的文化导向，并逐条对比分析，确认制度条文所反映的文化导向是否与企业文化要素相匹配。第三，取文化梳理结果与制度梳理结果的并集，保留与企业文化匹配的制度条文，改进与企业文化不匹配的制度条文，以实现文化与制度的融合。

创维集团成立于1988年，主要从事多媒体、智能电器、智能系统技术、现代服务业等四大业务。创维集团成立30多年来，为国家创收400亿元，已成长为家喻户晓的家电品牌。创维集团的成功，离不开管理者对管理创新的高度重视，以及对企业文化和企业制度建设的不断推进。

1996年，创维集团邀请陆强华加盟，出任中国区营销总部总经理。陆强华进入创维集团后，创造了“集中受控式”的独特营销模式，将财务和物流放到总部进行集权管理。在这套营销模式的辅助下，创维集团在短短几年时间里便实现了年销售收入的成倍增长。但是这一营销模式缺乏灵动性，且与创维鼓励创新、支持员工自主性的文化理念相冲突。对此，创维集团的创始人黄宏生决定：不换思路就换人。这也直接导致了后来陆强华的出走倒戈事件。

陆强华事件发生后，黄宏生在系统反思了公司的文化与制度之后发现：之前创维的中高管团队成员往往是从外部仓促引进的，这些人员的管理方式往往与企业文化相冲突。为了实现文化与制度的融合，创维集团系统梳理了公司的文化理念和制度体系，对文化进行了改造，即不再崇尚个人英雄主义和集权管理，强调团队合作和充分授权。

与此同时，创维集团还建立了与新文化理念相匹配的制度，即职业经理人制度和员工持股计划。第一，对所有关键岗位，不再直接仓促引进人员，而是必须经过一段时间的培养与磨合，再把人员放到关键岗位上去；并且，完善相关岗位合约，设立非竞争性条款、知识产权条款等内容。第二，发动创维员工购买集团股权，将“家族企业”变成“员工企业”。

经过对制度与文化的梳理与融合，创维集团走上了更加规范化的管理之路，不断创造佳绩。

创维集团在陆强华事件之后，系统梳理了制度与文化，对现有制度体系存在的问题进行了全面整改，系统升级了公司的制度体系，实现了制度建设与文化融合的要求。在企业的发展过程中，我们也应根据企业的发展阶段，遵循制度与文化梳理的基本思路，像创维集团一样不断完善企业的制度体系，跨越文化与制度之间的鸿沟，让制度始终为企业信仰服务。

全面导入员工参与机制

不管是建立制度还是完善制度，都不单是某个人或某个部门的事。在现实中，一些管理者比较“官派”，强调自己的权力和权威，喜欢发号施令，从不考虑员工的意见和建议。但是一个人的智慧总是有限的，即便身为领导者，其所能掌握的情况、所具备的实践经验也一样有限。而通过民主管理，充分发挥群众的积极性、主动性和创造性，企业便可以更轻松地解决管理制度与文化融合的难题。正如张瑞敏所言：“企业说到底就是人，管理说到底就是借力。你能够把许多人的力量集中起来，这个企业就成功了。”毛泽东也曾在中央工作扩大会议上严厉指出：“只要是大事，就得集体讨论，认真地听取不同意见，认真地对于复杂的情况和不同的意见加以分析。尽可能地慎重一些、周到一些。”

为什么要强调员工参与？我们可以用社会人假说来解释。美国心理学家梅奥认为，员工总是希望管理者能够满足自己的社会需要和自我尊重需要，能获得在不同程度上参加企业决策的机会。

社会人假说认为，员工在社会活动中不是孤立存在的，而是作为对某个群体有所归属的“社会人”，是社会存在，具有社会性需求。人与人之间的良好关系和组织的归属感，比经济报酬更能激励人的行为。“社会人”不仅有追求收入的动机和需求，而且在生活工作中还需要得到友谊、安全、尊重和归属感等。

因此，在适当的条件下，企业可以鼓励员工积极参与管理制度的建设和完善。保障员工在企业的发言权，可以满足员工的社会需要和自我实现的需要，进而有效提高员工工作的积极性、对工作的满意度以及对企业的忠诚度。而在以企业文化为指导建设和完善管理制度的过程中鼓励员工参与，可以起到非常积极的作用，如图 3–3 所示。

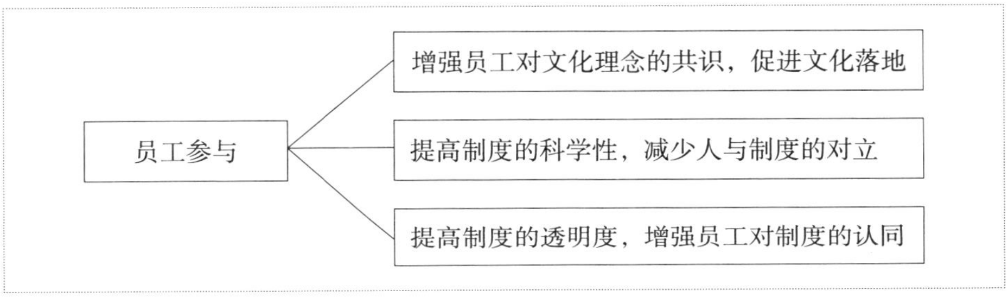

图 3–3 员工参与制度建立或制度完善的作用

在管理实践中，很多企业都十分重视员工参与。比如，字节跳动公司为了保证员工有充分参与的机会，在公司内部打造了“坦诚清晰”的信息高效流通文化。

字节跳动科技有限公司成立于 2012 年，如今全球员工已经突破 5 万人，并入选了“2019 福布斯中国最具创新力企业榜”。字节跳动之所以发展得如此迅速，离不开其独特文化的打造。在字节跳动的文化价值观中，最核心的一条就是“坦诚清晰”，通过信息的高效流动来创造价值，推崇“直入主题的提问、回答”。在线上，字节跳动内网有一个“头条圈”，每天有 1000 多条消息、5 万多条帖子，员工可以在里面畅所欲言，提出自己对公司的意见和建议。在线下，字节跳动会每两个月举办一次“CEO 见面会”，员工可以去现场参加会议或通过视频观看会议，会上张一鸣会实时回答员工的各种提问。此外，除了那些紧急的、需要立刻做出的决策之外，字节跳动的“重大决策”通常都会“搁 24 小时”，让更多的信息参与进来；即便对于已经过充分讨论的决策，也会等一天再对外公布决策内容。

字节跳动公司的内部员工参与制度，正是其践行文化价值观的表现，同时也让公司具有了巨大的向心力与前进力。尽管很多公司也如字节跳动公司一样认识到了员工参与的重要性，并开始实施，但有时也会存在运作不当的情况，最终不仅没有达到预期的目的，还伤害了员工参与的积极性。

某民营化工企业总经理让人力资源部规划企业文化建设，并解决企业制度与文化融合性的问题。为此，人力资源部组织专员逐条梳理企业制度，并制定了《制度改善建议》，提交总经理审核。《制度改善建议》中有一条指出：企业文化理念中强调“以客户为中心，及时了解客户需求变化”，但是该企业一直以来都未建立客户维护机制，这导致很多老客户因业务人员无法及时掌握其需求变化而流失。所以，该企业应建立合理的客户维护机制，并在制度条款中清晰地明确下来。

什么样的客户维护机制才是合理的呢？这位总经理对此也无法准确把握。为了使企业建立的客户维护机制既能维护客户又能得到员工的认同，总经理决定发挥员工参与的作用，让员工建言献策。在没有任何准备的情况下，他组织召开了公司全体会议，针对这一问题进行深入讨论。结果，大家在会上吵来吵去，始终无法达成统一的意见。总经理原本心中也无方向，此时更觉毫无头绪，于是一拍桌子说道：“这个问题就民主到这儿了，下面该我集中了。这个客户维护机制由人力资源部去拟定，拟定出来后大家严格执行。”员工们见状，现场再无一人吭声。但会后却有不少员工抱怨：“吵了半天，最后还是总经理一句话拍板，而且，人力资源部又不与客户打交道，他们拟出来的制度能有用吗？”

这场所谓的“民主参与会”不仅没有得到任何有建设性的意见，还让员工抱怨连连。

该企业就制度建立进行民主讨论，此举的出发点是好的，但由于操作不当，使得结果出现偏差。在建立和完善管理制度的过程中，企业应全面导入员工参与机制，广泛采集员工的意见和建议，这样才能确保最终构建的制度体系既能与文化融合，又能得到员工的认可和遵守。

值得注意的是，在实施员工参与机制时，企业也要吸取上述案例的经验教训，不能无目的地组织员工参与。这样的形式虽打着民主参与的旗号，实际却是领导者独断，导致员工参与收效甚微。企业应该尽可能避免领导者的“一言堂”，可以先就问题进行摸底调查，待了解多数人的真实想法后，再有方向、有目的地组织员工参与讨论决策，以提高讨论的效率。此外，也可以参考通用电气的做法，将“员工参与”以制度形式固化下来，保障员工参与取得实效。

用制度承载文化落地

了解了上述原则，跨越了从理论到制度的鸿沟之后，我们还要掌握系统地建立或完善制度的方法，用制度承载文化落地。

基于企业活动价值链，建立制度体系

为了确保企业文化落实到企业经营活动的各个环节中，企业可以系统梳理企业各业务流程的活动价值链，并基于企业活动价值链来建立或完善制度体系。

某乳制品公司在企业制度文化建设工作中，为了让企业文化落实到公司经营管理活动的各个环节中，系统梳理了战略与经营管理、财务管理、产品、大客户渠道、行政管理、监管、考核激励、门店、平台业务、渠道、人才管理、文化管理、消费者管理、组织管理等公司各个主要业务流程的关键价值活动。部分价值活动如表 3-1 所示。

表 3-1 某乳制品公司各主要业务流程的部分关键价值活动

主要业务流程	关键价值活动
战略与经营管理	组织战略解码
	经营目标制定与下达
	经营规划拟定

续表

主要业务流程	关键价值活动
产品	产品调研及竞品研究
	经销商政策
	终端政策
渠道	经销商合同拟定、审批
	经销商回款、调货
	产品铺市策略执行
门店	门店促销政策拟定
	门店赋能培训
	门店投诉处理
组织管理	流程体系优化
	优化组织架构
	责权利统一
人才管理	干部标准建立
	干部赋能培训
	人才梯队建设

该公司系统梳理了各个业务流程的关键价值活动后，根据“制度与文化梳理”思路，逐条对比分析了现有的管理制度，并基于文化融合，提出了对现有管理制度的改善建议。

与此同时，公司通过系统梳理各业务流程的关键价值活动后发现：部分业务流程的部分关键价值活动仍然是根据经验进行管理，并没有相关的制度规定。例如门店环节，不同地区、不同门店都有各自不同的管理制度，导致部分门店的客户满意度低。此外，在人才管理环节，公司一直倡导的人才理念是“以实干者为本”；但是公司干部标准却存在漏洞，人才激励性不足等问题导致部分部门的人才流失严重，甚至存在一些老员工在管理岗位上多年未做出相应贡献的现象。

通过系统梳理各关键价值活动的制度建立情况，这家乳制品公司不仅发现了现有制度与文化之间的冲突点，也发现了公司在哪些业务流程的哪些关键价值活动中存在制度缺失，这为公司完善现有管理制度提供了依据。

在企业文化建设实践中，我们可以借鉴上述公司的做法：系统梳理各业务流程环节的关键价值活动，以企业文化理念为指导，找出各业务流程环节现有管理制度的改善点；同时，检验各业务流程的各关键价值活动是否都有统一的、对应的制度要求，并针对制度缺失情况，对照公司文化理念去建立和完善相应制度，以提高公司的管理水平。

将企业文化融入人力资源制度中

在企业各业务流程中，人力资源管理是其中的重要一环，企业文化必须渗透到人力资源管理的各项工作中去。华为公司提出的“以客户为中心，以奋斗者为本”，就是其人力资源管理制度的出发点和根本点。

华为公司“价值创造、价值评价、价值分配”这三大核心人力资源管理理念，所体现的都是华为公司“以客户为中心，以奋斗者为本，长期艰苦奋斗”的核心价值观，如图 3-4 所示。

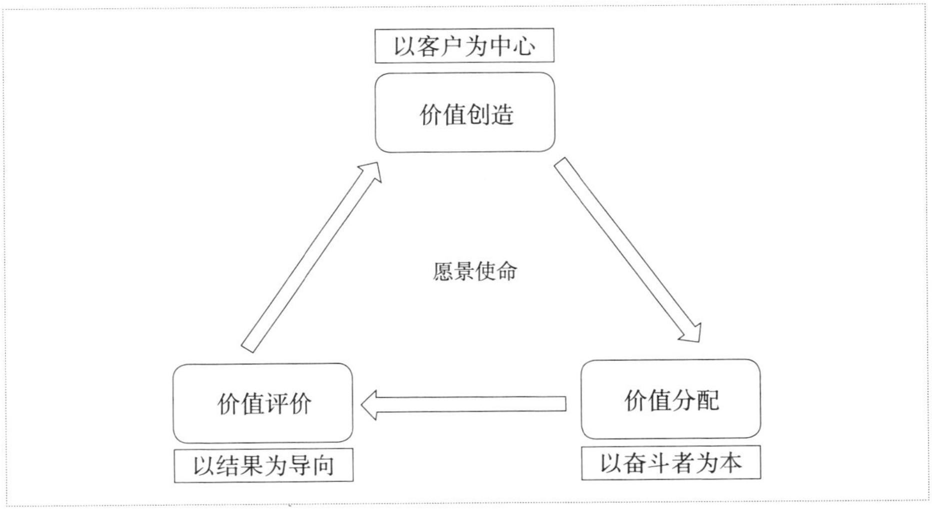

图 3-4 华为公司围绕核心价值观建立的人力资源管理制度

华为公司一直主张，招聘人才是为公司创造价值的，人力资源管理政策要挖掘员工潜力，让员工最大限度地为客户、为公司创造价值。因此，华为公司的组织绩效、个人绩效、战略管理等制度都是围绕着“以客户为中心”设立的，以充分激发员工的积极性和价值创造能力。

在此基础上，华为公司一贯主张对员工的贡献做出公正、公平的评价。华为公司的价值评价是以“责任结果”为导向，并制定相应的职位评价、任职评价、绩效评价制度。

对员工做出公正的评价后，华为公司会据此对员工在薪酬、奖金等方面进行合理的分配。华为公司一贯的原则是不能让奋斗者吃亏，对评价高的员工要给予更多的奖励。因此，华为公司的薪酬管理制度、福利分配制度、人才发展制度等都是围绕“以奋斗者为本”而制定的。

华为公司以“价值创造、价值评价、价值分配”为核心的人力资源管理制度具有其独特性，是高度适合华为人奋斗的管理模式，其分配向优秀者倾斜的政策更是鼓舞了无数华为人义无反顾地奔赴战场。除此之外，华为公司一直在打破稳定的人才结构，使之不断优化，以便为组织注入活力。为了促进优秀的年轻人才快速进步，华为引入了破格提拔机制。

在 2017 年华为市场工作大会上，任正非针对华为管理体系的建立与人才提拔的机制发表了一番讲话。这次讲话的内容主要围绕“如何建立一支有纪律、有生气的队伍，以及如何培养成千上万的优秀接班人”的主题而展开。在会上，他还表示：“公司决定今年破格提拔‘4000+ 人’，我们让优秀人员快速成长，但是以责任结果考核干部的政策不变。”

人力资源管理制度是与员工利益紧密连接的。人力资源管理需要承担的不仅仅是简单的人才管理，而是要将全体员工紧紧团结在一起。人不可能永远不变，而华为公司能在长时间统一员工的思想，靠的是华为文化的强大影响力，这其中自然也少不了人力资源政策的承载。

将文化渗透到各业务流程中

系统梳理企业活动价值链、将企业文化融入人力资源管理制度，目的在于将文化渗透到各业务流程中。将文化渗透到各业务流程中，可以使每位员工都严格按照统一的制度标准做事，解决工作标准不一的问题，让员工从复杂、烦琐的工作中解放出来。此外，制度标准是文化落地的载体，如果制度与文化之间存在冲突，那么企业的文化理念也很难在员工层面落地。

南京某研究所一直大力倡导“严谨细致”的文化理念。几年前，该研究所在接待新员工时，先是由各部门的秘书到培训教室领回自己部门的新员工，然后再由各部门的秘书分别预定会议室，为自己部门的新员工讲解工作要求和流程等。当所有部门在同一时间都在做这个事情的时候，在会议室预订等问题上就会出现冲突，影响接待工作的效率。

为此，很多新员工都非常疑惑：“我们研究所不是倡导严谨细致的文化理念吗？为什么一个简单的会议室预订问题，都这么混乱？”发现了新员工的疑惑后，该研究所行政部高度重视，组织所内秘书们整合各部门经验，制定了接待制度标准，并把新员工接待工作统一到了文秘服务台。根据制定的《员工接待制度》，仅由一位秘书即可按照统一的标准做好全部接待工作，而各部门不必重复劳动，从而节省了大量人力。与此同时，行政部在研究所内部大力宣导《员工接待制度》，并特别强调：本研究所会坚定不移地贯彻落实“严谨细致”的文化理念，今后将会在管理实践中不断完善各管理流程中的管理制度；同时，鼓励每位员工积极发现制度与文化理念的矛盾点，并对此提出完善制度的意见和建议。

该研究所的这一系列举措不仅让接待工作变得井然有序，同时也让全体员工特别是新员工进一步认知了“严谨细致”的文化理念。

该研究所通过建立《员工接待制度》，使“严谨细致”的文化理念进一步渗透到员工接待流程中。但是，如果该研究所此后不严格执行《员工接待制度》，那么其员工接待工作也不会得到实质改善，其文化理念也很难落地。对于企业来说，并非建立了一套能够覆盖各流程、各活动价值链的制度体系后就万事大吉了；如果制度得不到严格执行，那么制度就形同废纸。

周锦润是某跨国公司中东地区部的总经理。初到中东地区部之时，为了顺利地开展工作，他首先对该公司的经营管理情况做了全方位的调研，结果发现，公司内部管理制度缺乏，员工对自己应承担的责任、拥有什么权力、工作找谁配合等都没有形成清晰的认识。为了提升公司的管理水平，周锦润以总部各项管理制度为蓝本，并结合中东地区的实际情况，建立了系统的中东地区管理制度，并在全公司范围内印发。

半年后，周锦润在总结工作情况时发现，公司的内部管理情况并没有得到什么改善，员工还是对自己的责权不清楚，仅凭“经验”办事。他在调查后发现，当初制定的制度印发下去以后，各部门都没有严格宣传和执行，制度变成了一纸空文。

在实践中，我们遵循科学的方法，建立了一套与文化理念相匹配的制度之后，还要想办法避免出现这种“制度成空文”的情况。“铁规”要“生威”，关键在执行。在制定制度后，要辅以各种手段来确保制度得到严格执行。

严格执行制度规范

如何确保制度得到严格执行？我们可以通过明确行为禁忌，用制度确定下来；参照热炉法则，保障制度权威等手段，让建立的“铁规”生威。

明确行为禁忌，用制度确定下来

为了保证制度得到严格执行，企业必须在具体的制度体系设计工作中，对“行为禁忌”予以明确，并为此设置清晰的“惩戒或处罚”规定，以制度的形式确定下来。

M 制造企业一直以来都十分强调安全生产，制定了《安全生产管理办法》，并督促各部门按照制度的相关规定指导生产行为。在制度试行的三个月时间里，该企业组建了安全督察小组，定期入车间检查安全生产行为。督察小组在检查中发现，很多员工由于安全意识较差，并不严格执行《安全生产管理办法》，甚至在督察小组多次提醒后仍然没有改善，个别员工甚至多次表示：“我不照着做也没事，反正也不会把我怎么样。”

为了确保所有人员认真贯彻《安全生产管理办法》的相关规定，有效杜绝违章行为，确保安全生产，该企业制定了《违反安全生产管理制度处罚办法》，以制度形式将“行为禁忌”明确下来。在《违反安全生产管理制度处罚办法》中，该企业还将各类违章按情节轻重做了细分，并制定了相应的处罚措施，如表 3-2 所示。

表 3-2 《违反安全生产管理制度处罚办法》的部分处罚条款

处罚标准	具体行为
违章个人罚款 50 元，查一人次并罚部门 300 元	◆进入生产现场，劳动用品佩戴不全 ◆生产现场安全通道未保持畅通 ◆在生产作业现场嬉戏、打闹、玩手机、接听电话、吸烟
违章个人罚款 100 元，查一人次并罚单位 500 元	◆危险区域内未按规定悬挂警示标志 ◆未经安全教育培训或安全教育培训不合格即上岗操作 ◆带无关外来人员进入生产作业现场
违章个人罚款 200 元，查一人次并罚单位 800 元	◆高空作业不系安全带 ◆检修电器设备或高压线时不验电 ◆使用喷枪时枪口对人

后来，安全督察小组在例行检查的过程中发现，员工的违章违规行为明显减少，很多习惯违规的员工也因为担心受处罚而变得自觉起来，员工安全生产意识逐渐提高。

制度的有效执行不能单纯依靠员工的自觉，而应以制度的形式明确“行为禁忌”，让员工感受到企业在维护制度方面的决心。

当然，不管是制度本身还是“行为禁忌”，都应该是充分透明的。在制定过程中，企业应鼓励员工参与决策，充分征求工会或员工代表的想法和建议，以最大限度地体现民主和公平原则。制度制定后，也要充分公示——公开张贴、分发手册或组织专门学习，以增强制度的公开度和透明度，让制度宣传深入人心，保证相关制度得到顺利推行，并降低制度执行成本。

参照“热炉法则”，保障制度权威

明朝政治家张居正曾说：“天下之事，不难于立法，而难于法之必行；不难于听言，而难于言之必效。”有制度而不落实，这比没有制度的危害更大。制度的生命力在于执行，只有真抓实干，不打折扣，不搞变通，不做选择，对违反制度规定的行为持“零容忍”的态度，才能维护制度权威。

（1）遵循热炉法则的基本原则

为了严格执行制度，我们可以参考管理学中的“热炉效应”。“热炉效应”也称“热炉法则”，是指企业中的任何人触犯规章制度都要受到处罚。它是由于触摸热炉的行为与实行惩罚之间有许多相似之处而得名。它形象地概括了违反制度的行为处理原则，包括一致性、公平性、即时性和警告性。

第一，警告性原则，即当我们看见火红的热炉时，即使不用手去触碰也能知道炉子是热的，是会灼伤人的。制定规章制度，就是希望通过规章制度对员工予以警示。

第二，一致性原则，即每当你碰到热炉，肯定会被热炉灼伤。这是在要求管理者和员工都言行一致。规则的制定不是一纸空文，而是要能够真正起到作用；只要违反规则，就一定会受到惩处。

第三，即时性原则，即当你碰到热炉时，立刻就被灼伤。及时奖惩才能使奖惩生效。如果员工犯了错误，却要过好久才得到惩罚，员工就会忘记犯错之初所产生的内疚感，惩罚也就达不到效果。

第四，公平性原则，即不管是谁碰到热炉，都会被灼伤。就像商鞅变法时实行的原则一样，不论是平民百姓还是王侯将相，谁犯了错误都要受到惩罚，只有这样才能以理服人。

管理者如果能在管理中坚决执行热炉法则，那么企业很快就会受益。

（2）杜绝“法不责众”心理

管理者绝不能有“法不责众”的心理。当出现员工集体破坏制度的行为时，绝对不能姑息纵容。管理者一旦受到群体行为的绑架，顺从“法不责众”的社会心理，那么虽然能够求得一时的稳定，却会留下更大的隐患，导致制度丧失其权威性。

李玉琢在进入华为公司之前就职于四通公司，他曾碰到过员工集体罢工的事情。那是改革开放初期，李玉琢刚接任四通公司生产部部长，本想摩拳擦掌大干一番，谁知在首次发工资的第二天，就赶上了工人罢工。

原来，公司前一天晚上举办文艺晚会，新员工和老员工聚在一起，互相打听起了工资。新员工发现，在公司工作了两三年的员工比自己的工资多了将近一半。这让他们觉得不合理，于是撺掇生产部其他人一起罢工。李玉琢赶到车间，苦口婆心地劝说了两个小时，但工人们仍不复工。

李玉琢冷静地分析了整个事件：老员工每月工资为两三百元，新员工第一个月工资不超过 150 元。但相比那个年代的其他企业，四通公司给新员工提供的待遇并不低，而他们未来的工资水平也有很大的上升空间。况且，参与罢工的大部分员工是不愿丢了现在的工作的。

于是，李玉琢果断宣布：公司不会给他们加一分钱。如果在半个小时之内还有员工不复工，就坚决予以开除。

最后，大部分员工都回到岗位继续工作。几个带头闹事者还想继续煽动、讨个说法，李玉琢立刻宣布将这几个人开除。这一举动镇住了其他员工，顺利地化解了这场风波。

案例中，很多员工对自己的待遇是满意的，参与罢工不过是受到了从众心理的影响。而带头闹事的人，也是因为“法不责众”的侥幸心理作祟，才会撺掇众人“举事”。李玉琢的处理方法有效避免了事态的进一步扩大及此类事件的重复发生，其“枪打出头鸟”，开除带头闹事员工的做法，也为企业维护制度权威提供了宝贵经验。

当然，除了“枪打出头鸟”及对带头犯规或犯错误较严重者给予重罚，对于“跟风”参与闹事的员工也不能随意放过。在具体处理时，可视违规严重的程度，对这部分员工予以适当的处罚和警告。

近年来，香港康恩堂制药公司的管理混乱不堪，员工经常迟到早退，在工作期间做一些与公司无关的事情，更有甚者无视企业的制度和纪律，做出一些危害公司利益的行为。

原来，公司虽然制定了严格的制度，但是各级管理者缺乏执行力。他们只是将纪律要求和违纪处罚规定进行了通告，之后便不再关注；即使员工出现违纪行为，管理者也睁一只眼闭一只眼，并未按纪律要求予以惩罚。

在了解了以上情况后，公司开展了为期30天的大调整活动。对于不作为的管理人员，公司做出了罚款或者降级的惩罚，并直接开除了3名情节较为严重的管理者。同时，公司对员工的违纪行为也进行了惩处，对违纪员工给予记过、罚款乃至开除的处理。

（3）在实施热炉法则的同时，与员工有效沟通

除了必要的惩罚性措施，企业管理者还应该及时与员工进行沟通，明确企业的立场和底线，告诉他们如果今后还发生类似的情况，企业将严惩不贷。参照热炉法则，管理者与员工进行沟通时，可遵循以下几个原则。

一是尽可能迅速反应。

如果违规行为发生同与员工沟通间隔的时间过长，则会减弱沟通效果。在员工出现违规行为之后越迅速地进行沟通，员工就越容易将沟通内容与自己的错误联系在一起。

二是行使权力的一致性。

在与员工进行沟通时，要公平地对待每一位员工。如果跟员工沟通时“看碟下菜”，员工就会对管理者的行为动机产生怀疑，也难以产生理想

的沟通效果。

三是对事不对人。

与员工进行沟通时，沟通内容应该指向员工的违规行为，而非员工本人；应该是陈述事实，而不是做出判断或评价。

火炉是没有情感、不讲情面的，无论谁上前触碰，都会受到伤害。管理者要维护制度的公平性，避免破坏制度的行为产生。

严防“破窗效应”，涵养制度生命力

在参照热炉法则对违反制度的行为做出处理时，除了要避免“法不责众”的心理，还要严防“破窗效应”。

20 世纪 70 年代，美国斯坦福大学的心理学家詹巴斗进行了一项试验。他找了两辆一模一样的汽车，把其中的一辆摆在苹果公司总部所在的帕罗阿尔托的中产阶级社区，而另一辆则停在相对杂乱的纽约布朗克斯街区。

他把停在布朗克斯的那一辆汽车的车牌摘掉了，并且把顶棚打开。结果，这辆汽车在一天之内就被人偷走了。而放在帕罗阿尔托的那一辆汽车，一个星期都无人问津。后来，詹巴斗用锤子把那辆车的玻璃敲了个大洞。

结果呢？仅仅过了几个小时，这辆汽车就不见了。

以这项试验为基础，政治学家威尔逊和犯罪学家凯琳提出了“破窗效应”理论。

“破窗效应”理论认为：如果有人打坏了一幢建筑物窗户的玻璃，而这扇窗户又得不到及时维修，那么别人就可能受到某些示范性的纵容去打烂更多窗户。久而久之，这些破窗户就给人造成一种无序的感觉，而在这种公众麻木不仁的氛围中，犯罪行为就会滋生、猖獗。

同样，在制度管理中，如果有人打碎了制度规则的第一扇窗，那么接下来管理者就不得不面对千疮百孔的局面了。卡耐基有句名言：“对于一个上班迟到的人来说，你如果不惩处他，那么工厂里其他的人就都有了迟到的理由。”一旦有一次“例外”和不公平的情况发生，便会有接二连三的“例外”和不公平的情况发生。于是，“例外”和不公平就会成为惯例。在制度落实的过程中，对于影响深远的“小过错”，以“小题大做”的态度去处理，正是及时修好“第一扇破窗户”的明智之举。

阿里巴巴有一个传统：中秋节为员工家人准备月饼，且每位员工都能分到一盒。2016年，阿里月饼的造型非常可爱，受到广大员工的欢迎，不少员工希望能再多买几盒送给亲朋好友。为此，阿里巴巴在内部发起了“抢月饼”活动，将为数不多的余量月饼通过内网以成本价向阿里员工销售，并临时开发了预订页面。在这个活动中，公司的4名程序员使用脚本，多刷了124盒月饼。此事在阿里公司内部迅速发酵。为了维护企业文化，阿里内部决定“挥泪斩马谡”，以行为不符合公司“价值观”和活动规则为由，开除了这4名程序员。

阿里“月饼门”事件在网络上也引起了广泛讨论。有网友认为，只是几盒月饼的事，员工只是抱着“被抓住也不会怎么样”的孩子心态而已；而阿里巴巴采取这么严厉的处理方式可能会伤了士气和人心。

对此，阿里巴巴表示：游戏都有规则，偶然总有必然。无可奈何是因为万事都有底线。很遗憾，但祝愿他们的未来更好。

一件在网友看来仅是“小孩抢月饼”的小事，阿里巴巴却对当事人做出开除的严肃决定。阿里巴巴的处理方式正是以事实告诉所有员工，规则和诚信是底线，对“走灰色途径薅羊毛”的行为是“零容忍”的。这也让阿里巴巴的所有员工得到了警示，有效防止了“破窗效应”。

在制度执行的过程中，除了像阿里巴巴一样“小题大做”、严防“破窗效应”，管理者还要以身作则，先律己、再律人。正如松下幸之助所说：“好的企业一定有好的管理规范，但最能使员工感受到它巨大的、校正自己不规范行为的约束力的，不是一本本的规范，而是各级管理者的以身作则。”

土光敏夫担任东芝电器公司的总经理之初，公司的经营状况并不佳。经过调查，土光敏夫发现：东芝电器公司内部有着严重的官僚化气息，奢侈、浪费之风严重。为了倡导节约的精神，土光敏夫亲身示范，向公司上下展现了自己的节约作风。

一次，公司的一位董事想要参观一艘名为“出光丸”的巨星游轮，他们事先约好了见面的地点，土光敏夫在规定的时间内到达。这位董事随口说道：“社长先生，抱歉让您等了。我看我们就搭您的车前往参观吧！”土光敏夫回答说：“我并没乘坐公司的轿车，我们去搭电车吧！”这件事情很快传遍了公司上下，员工都知道了社长在用实际行动践行公司制定的节约制度。此后，东芝电器公司内部便很少出现浪费公司资源的事情了。

在制度规范的落实中，如果管理者自身忽视制度规范，那么制度本身的约束力就会大打折扣。只有公司管理者以身作则、以身垂范，才能带动全体员工自觉践行规章制度。

第 4 章
员工行为自觉的强化

若要实现企业文化理念从“知”到“行”的转变，企业就要将价值观转化为员工行为规范，并适配到具体岗位，明确哪些是提倡行为，哪些是反对行为。在此基础上，再借助行为考核、员工自我约束和有效的团队管理，来强化员工的行为自觉。

将价值观转化为员工行为规范

为实现企业文化从“理念认同”到“行为自觉”的转变，企业除了要以文化理念为指导建立或完善制度体系外，还要将价值观转化为员工行为规范，明确哪些是提倡行为、哪些是反对行为。

将价值观行为化，划定行为红线

要将价值观转化为员工行为规范，就要将价值观行为化，划定行为红线，让员工采取正确的行为。华为公司在获取巨大成就后，公司管理层也曾出现过惰怠现象。针对这一情况，华为公司在干部会议上讨论并列举了十八种典型的干部惰怠行为，要求干部杜绝这些行为。

十八种干部惰怠行为如下：

（1）安于现状，不思进取；（2）明哲保身，怕得罪人；（3）唯上，以领导为核心，不以客户为中心；（4）推卸责任，遇到问题不找自己的原因，只找周边的原因；（5）发现问题不找根源，头痛医头，脚痛医脚；

（6）只顾部门局部利益而不顾整体利益；（7）不敢淘汰惰怠员工，不敢拉开差距，搞“平均主义”；（8）经常抱怨流程有问题，从来不推动流程改进；（9）不敢接受新挑战，不愿意离开舒适区；（10）不敢为被冤枉的员工说话；（11）只做二传手，不做过滤器；（12）热衷于讨论存在的问题，从不去解决问题；（13）只顾指标，不顾目标；（14）把成绩透支在本任期，把问题留给下一任；（15）只报喜不报忧，不敢暴露问题；（16）不开放进取，不主动学习，业务能力下降；（17）不敢决策，不当责，把责任推给公司；（18）只对过程负责，不对结果负责。

在将价值观行为化的实践中，企业可以借鉴华为公司的做法：基于企业核心价值观，审视企业是否明确提倡或反对某些行为，划定行为高压线，让员工明晰企业所提倡或反对的行为。

谷歌公司在2000年创业之初，就把“不作恶”（Don’t be evil）的企业文化写进了其行为准则中，坚持“不作恶，也可以赚钱”的理念。多年来，谷歌公司凭借着“不作恶”的行为红线在海内外圈粉无数。“不作恶”也深深烙印在每个谷歌员工的身上，大家都自觉以“不作恶”来审视公司决策和自身行为。2018年，谷歌公司宣布为美国五角大楼提供人工智能技术，为军事无人机提供技术支持。这个决定直接导致超过4600名员工联名上书抗议，以及多名员工提出辞职。员工认为，“该决策打破了谷歌‘不作恶’的行为红线”。

谷歌公司此次员工“抗议”事件的发生，正是“不作恶”的行为准则深入人心的表现。

除了明确罗列公司的提倡行为和反对行为，企业也可以将对应的现实案例作为参照，以强化员工的认知。如果这些案例与员工的工作是密切相关的，那么往往能起到很好的示范或警示作用。近年来，越来越多的企业开始重视以实践案例来教育和引导员工的行为。

2019 年，笔者在给美纳多健康服务有限公司做咨询服务时曾注意到，美纳多也在企业文化建设的过程中，引入了案例教育来规范员工行为。美纳多将员工工作中表现出的那些与企业文化和制度相悖的行为视为“企业病毒”，并建立了“企业病毒库”。“企业病毒”是美纳多公司的“高压线”，它明确了企业“不要什么”。美纳多的“企业病毒库”是全员结合自身的业务实践，写出与企业文化和企业制度相悖的“病毒”，再通过系统整理汇编而建立的。

为了增强引导效果，公司将“病毒”拍成视频，给“病毒”取名、下定义，以生动有趣的形式向全体员工展示出来，并定期组织员工进行学习。

美纳多公司通过建立“企业病毒库”，明确了员工行为禁令，净化了员工的成长环境，也让企业文化深入人心。在企业文化建设过程中，企业可以参考美纳多公司的做法，将价值观行为化，划定行为红线，并结合员工实践中的典型案例，将企业倡导或反对的行为以生动的形式呈现出来，以强化引导效果。

建立行为信条，强化行为养成

为了推动价值观转化为员工行为，企业还可以建立“行为信条”，将文化理念的“抽象语言”转化为员工感觉亲切且方便使用的“行为语言”，以便员工实现行为转化。

国网江苏公司在国内首次提出了“行为信条”的概念。“行为信条”是基于公司价值理念，源于员工共同实践，并得到员工普遍信奉的行动指引。“行为信条”相当于公司文化理念和员工行为规范之间的纽带，即其上承文化理念，下启行为规范。

2015 年，国网江苏公司为了推进核心价值观落地，成立了企业文化建设“信条”研究小组，每月开展学习和调研。2018 年 11 月，经过历时 3 年的研究、试点、实践、推广，该公司的研究成果《让核心价值观在企业落地生根》刊登于人民日报理论版上。

该公司建立“行为信条”时，首先由各单位班组长牵头，组织全体成员或部分核心成员通过集体座谈、个别交流等形式进行讨论，整理出班组工作中的优秀经验、重点事件等，初步形成“行为信条”征集的重点；然后，下发至班组，面向全体员工进行针对性征集。在此基础上，班组长召集全体员工对前期征集的“行为信条”进行讨论，通过自评、互评、商议结合的方式不断优化调整，直到这些信条得到绝大多数员工的认可。在最终确定的“行为信条”中，明确提出了公司倡导的行为，引导员工在行为发生前做出正确的价值判断，主动遵守行为规范。行为信条是区别于文化价值理念、行为规范、行为口号的，如表 4-1 所示。

表 4-1　行为信条与价值理念、行为规范、行为口号的对照

价值理念	行为信条
以客户为中心，专业专注，持续改善	保证每一个数据的真实性
	有话好好说，有事抓紧办（营业班）
	应修必修，修必修好（抢修班）
行为规范	**行为信条**
供电抢修人员到达现场的时间一般不超过：城区范围 45 分钟；农村地区 90 分钟；特殊边远地区 2 小时	快让客户的灯亮起来
行为口号	**行为信条**
你用电，我用心	不跟客户争吵（营业班）
百年大计，质量为本	拧紧每一颗螺丝
节约光荣，浪费可耻	节约每一张纸、每一度电

表 4-1 显示，“以客户为中心，专业专注，持续改善”是公司核心价值观，凝练度高、覆盖广、具有一定抽象性；将其落实到具体单位和工作中，就变成了诸如配电抢修班的“快让客户的灯亮起来”的行为信条。但是，“行为信条”直观地告诉员工要干什么或不要干什么，不像行为规范那么具体，将“快”细化到“45 分钟”“90 分钟”“2 小时”等量化指标，也不像行为口号那般过度凝练、艺术化表达。

“行为信条”是文化价值观与行为规范之间的“变压器”，是特定群体

在实践中形成的共识，是众人认可的行事准则。它区别于文化价值观那种抽象的“质”的表述，也区别于行为规范那样冰冷的“量”的表述，其表现形式更为灵活，语言通俗易懂，易于传承和推广。[12]

国网江苏公司深入员工群体和生产经营实际而制定的行为信条，解决了“员工对核心价值观情感认同度不强、核心价值观与业务日常融合度不深、基层员工对核心价值观实践度不高”的问题。行为信条制定的本质是遵循“知、信、行”的行为规律，将抽象的价值理念结合基层实际情况，表达为易学、易懂、易做的行为指引，以此督促员工行为的养成。国网江苏公司对试点单位的调查结果显示，超过 60% 的员工认为“行为信条与自己的工作关系紧密，管用且实用”。

建立系统、严密的员工行为规范

成功的企业大都拥有一套系统、严密的员工行为规范，用以引导和约束员工的行为。以恒大公司的员工行为规范为例，为了让员工持有更端正、更积极的态度，引导员工行为，恒大公司制定了一套《员工行为规范》（简称“十六字方针”）。这套规范涉及员工的穿着礼仪、精神面貌、道德品质等各个方面，是恒大公司各级管理者和全体员工共同遵守的行为准则。

华为公司在员工行为规范方面提出了更高的要求。针对管理者，华为特别制定了《干部改进作风的八条要求》；针对员工，华为制定了《华为十六条军规》，希望通过这种形式让员工不触碰道德底线，把更多的精力投入企业建设的工作之中。

华为公司《干部改进作风的八条要求》的具体内容如下：

1. 我们绝不搞迎来送往，不给上级送礼，不当面赞扬上级，把精力放在为客户服务上。

---

12 江苏省电力有限公司企业文化建设“信条”研究小组．“行为信条”建设的探索与实践［J］．中外企业文化，2018(07):60-63.

2. 我们绝不动用公司资源，也不能占用工作时间，为上级或其家属办私事。遇非办不可的特殊情况，应申报并由受益人支付相关费用。

3. 我们绝不说假话，不捂盖子，不评价不了解的情况，不传播不实之词，有意见直接与当事人沟通或报告上级，更不能侵犯他人隐私。

4. 我们认真阅读文件、理解指令。主管的责任是胜利，不是简单的服从。主管尽职尽责的标准是通过激发部属的积极性、主动性、创造性去获取胜利。

5. 我们反对官僚主义，反对不作为，反对发牢骚、讲怪话。对矛盾不回避，对困难不躲闪，积极探索，努力作为，勇于担当。

6. 我们反对文山会海，反对繁文缛节。学会复杂问题简单化，六百字以内说清一个重大问题。

7. 我们绝不偷窃，绝不私费公报，绝不贪污受贿，绝不造假，也绝不允许我们当中任何人这样做，要爱护自身人格。

8. 我们绝不允许跟人、站队的不良行为在华为形成风气。个人应通过努力工作、创造价值去争取机会。

《华为十六条军规》的具体内容如下：

1. 永远不要低估比你努力的人，因为你很快就需要追赶他（她）了。

2. 如果你的声音没人重视，那是因为你离客户不够近。

3. 最简单的是讲真话，最难的也是。

4. 你越试图掩盖问题，就越暴露你是问题。

5. 造假比诚实更辛苦，你永远需要用新的造假来掩盖上一个造假。

6. 公司机密跟你的灵魂永远是打包出卖的。

7. 从事第二职业的，请加倍努力，因为它将很快成为你唯一的职业。

8. 在大数据时代，任何以权谋私、贪污腐败都会留下痕迹。

9. 不要因为小圈子，而失去了大家庭！

10. 如果你想跟人站队，请站在客户那队。

11. 忙着站队的结果只能是掉队。

12. 那个反对你的声音可能说出了成败的关键。

13. 如果你觉得你的主管错了，请你告诉他。

14. 讨好领导的最好方式，就是把工作做好。

15. 所有想要一夜暴富的人，最终都一贫如洗。

16. 遵纪守法，磨好自己的豆腐，发好自己的豆芽。

华为公司认为，仅仅依靠企业文化还不足以对人的行为形成良好的约束力；只有逐条列举，并对违反条例的员工有相应的惩罚制度，才能更加有效地管理好员工的行为作风，培养出企业最需要的人才。

建立行为规范的方式一般有两种。一种是系统演绎式，即以核心价值观为起点，将核心价值观置于系统的工作场景中进行行为演绎，从而得出系统的行为要求。比如，阿里巴巴的员工行为规范就是从“六脉神剑”的核心价值观出发，结合典型的工作场景进行系统演绎而形成的。另一种是重点归纳式，即以现实工作中出现的典型问题或典型的不良行为为起点，对典型问题和典型不良行为出现的地方按照核心价值观的要求予以纠正和规范。华为公司的《干部改进作风的八条要求》就是通过重点归纳法形成的。此外，毛泽东针对人民军队行军作战过程中出现的问题，曾专门提出了纪律规范《三大纪律八项注意》，这也是重点归纳法的典型。

三大纪律：一切行动听指挥；不拿群众一针一线；一切缴获要归公。

八项注意：说话和气；买卖公平；借东西要还；损坏东西要赔；不打人骂人；不损坏庄稼；不调戏妇女；不虐待俘虏。

重点归纳法可以有针对性地对现实问题进行规范，是对症下药的良方。但由于实际情况具有复杂多变性，需要根据变化了的实际情况不断进行调整、完善。企业的理想做法是先按照系统演绎法制定出一套全面的行为规范，以此为基础，再根据企业发展变化的实际情况和典型问题，对员工的具体行为进行重点规范。

不同企业的行为规范在具体呈现形式上有很大的差别。有些企业的员工行为规范十分详细，连握手、问候这样的小细节都做了明确规定；而有些企业的员工行为规范却相当精简，只有短短几十个字。进行差异化处理，要根据企业员工的职业化水平来定。如果员工的职业化水平较高，就不需要事无巨细地做出规定，只需对特别重要的事情和可能引起混淆的事情进行强调和诠释即可。如果员工的职业化水平还处在较低阶段，则有必要事无巨细地制定员工行为规范。

员工行为规范要适配到具体岗位

员工的行为信条和行为规范的建立，帮助企业构建出“文化价值理念—行为信条—行为规范”的文化落地路径。不管是行为信条还是行为规范，都需要与具体岗位适配，以具体岗位承载文化价值理念的落地。

将文化理念分解到各工作岗位

要使行为信条和行为规范适配到具体岗位，企业可以采用上一章提到的“基于企业活动价值链建立制度体系”的方法，基于文化价值理念，来系统梳理各业务流程、各岗位的关键价值活动。表 4–2 中以“产品交付”和“售后服务”为主要业务流程做了一个示范。

表 4–2　将文化价值理念落实到具体岗位示例

主要业务流程	文化理念要素	关键价值活动	销售岗位	运营岗位	渠道岗位	人资岗位	财务岗位	行政岗位
产品交付		1						
		2						
		3						
售后服务		1						
		2						
		3						

在编制行为信条或员工行为规范前，企业可以借鉴表 4–2 中的做法，根据文化理念要素，系统梳理各业务流程和各岗位的关键价值活动，确保文化价值理念落实到各具体岗位。为了厘清各岗位的关键价值活动和行为要求，企业可以通过问卷调研的方法，收集各岗位、不同类型的行为数据进

行多方面的分析。

在问卷设计中，以下几道问卷题目可供参考。

1. 您所在的岗位工作任务有哪些？

序号	工作任务 / 模块	子任务 / 要点	工作要求	体现的文化理念要素

2. 针对您填写的工作任务和对应的工作要求，有无具体的事例来说明您或您的同事通过遵循这样的行为要求完美地处理好了工作？请举出两件典型事例。（请具体交代事件背景、过程、人物、结果等）

事件 1：____

事件 2：____

3. 公司提倡的文化价值理念与您的工作岗位有哪些关联？请举例说明。

4. 您在工作岗位上实践了公司倡导的哪些文化价值理念？请举例说明。

问卷中的第一题是通过岗位任务和工作要求，提炼岗位的行为要求。第二题重在了解行为要求在工作实践中的体现，并征集相应的典型案例。第三题和第四题重在了解员工对文化价值理念和本岗位工作关联性的认识程度。以上题目只是一个参考。实践中，企业可结合第 1 章介绍的问卷设计要点，根据实际情况再行设计相应的调查问卷。

除了问卷调查法，企业还可以采用行为事件访谈法收集各岗位人员的行为数据，进行统计分析后得出相应的行为信条或行为规范。

此外，为了提高问卷调查和行为事件访谈结果提炼的适用性和有效性，企业可以组织领导者、咨询机构顾问、各岗位的部分负责人、负责提炼与推广应用行为规范的相关人员等，建立专题讨论小组，定期开展专题小组讨论，确保对岗位行为要求的理解和提炼不偏颇。

解码行为数据，编制行为指引

通过问卷调查、行为事件访谈等方法收集了相应的行为数据后，我们就可开始对零散的调研信息进行解码了。在进行行为数据解码时，可遵循四个原则，即聚焦价值导向、聚焦重要事件、聚焦经验传承、聚焦关键行为，如表 4–3 所示。

表 4–3 行为数据解码的原则

维度	具体要求
聚焦价值导向	着重分析核心价值观对各岗位日常关键工作的行为要求
聚焦重要事件	聚焦与各岗位相关的重要事件，通过分析事件背后的行为，提炼行为要求
聚焦经验传承	聚焦员工在专业工作中的经验做法和问题解决方式，提炼行为要求
聚焦关键行为	反复研讨与各岗位专业工作密切相关的关键行为，明确提出所倡导行为或所反对行为的判断标准

笔者曾给国金黄金公司做过调研分析，通过聚焦“以客户为中心”的价值理念要求，调研了国金黄金公司业务岗位和管理岗位的不同人员，并遵循“聚焦价值导向、聚焦重要事件、聚焦经验传承、聚焦关键行为”的原则，解码了零散的调研信息，得出了相应的岗位行为要求，部分示例如图 4-1 所示。

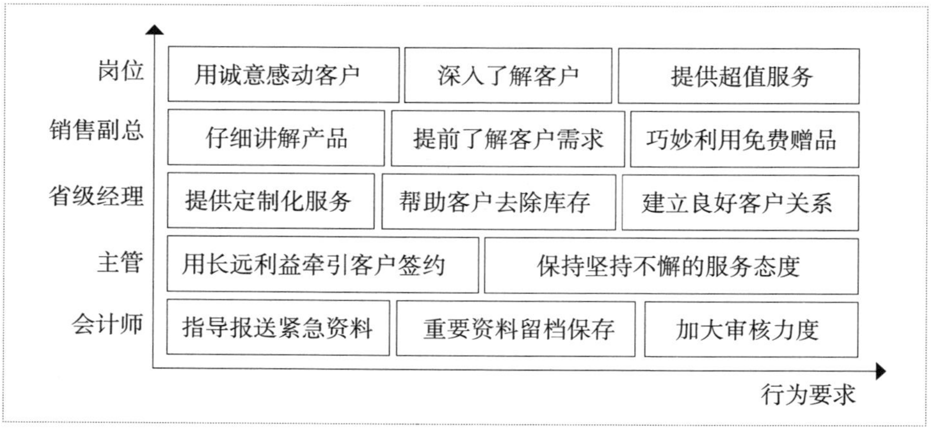

图 4–1 国金黄金公司调研信息解码

最终的岗位行为要求都是从被调研员工所提供的具体工作场景中提取的。比如“用诚意打动客户”，其中一个提取场景是“有一次客户投诉产品问题，要求与我们停止合作。我通过多次真诚的拜访道歉，找出问题点，针对性地加以解决，并保证不会再出问题，拿出足够的诚意最终打动了客户”。再如“仔细讲解产品”，其中的一个提取场景是“当给客户讲解产品的时候，我一般是先跟着客户的思路走，先从客户的思路中了解客户的想法，然后再对症下药”。通过这样聚焦员工的具体工作场景，提出场景背后所反映的行为要求，再进行综合整理，最终得出了国金黄金公司的岗位行为指引。

从大量零散的调研信息中解码出同类工作场景背后所反映的关键行为要求，这是一种有效的信息解码方法。除此之外，企业也可以重点关注某个重要事件，提炼该重要事件背后所反映的行为要求。

国网江苏公司的行为信条“拧紧每一颗螺丝”，就来源于南京首座智能变电站 110kV 柴山变电站投运过程中的一个事件。在南京首座智能变电站——110kV 柴山变电站投运前的主变验收工作中，由于螺丝固定工作未做好，工作人员花了数个小时的时间去查找问题，险些导致送电延迟，给公司造成严重的负面影响。在电网运行中，任何一点疏忽与误差都有可能造成严重的后果。为此，国网江苏公司从这次事件中提炼了“拧紧每一颗螺丝”的行为信条，确保电网的安全稳定运行。[13]

在解码零散的调研行为数据时，企业可以参考国网江苏公司的做法，聚焦对公司影响较大、比较典型的重要事件，通过分析重要事件背后所反映的行为要求，提炼行为指引。

建立岗位行为指引编制的保障机制

为了保证岗位行为指引建立的科学性、推广应用的有效性，企业还应在

13 国网江苏省电力有限公司《基于国网价值落地深植的员工行为习惯养成的探索和实践》课题研究成果。

掌握提炼行为指引方法的基础上，建立相应的保障机制，为行为指引的建立和应用保驾护航。

国网江苏公司之所以在行为信条建设方面取得了一系列成绩，离不开其一系列的保障机制，包括责任落实机制、专业辅导机制、评价表彰机制、推广应用机制。

其中，责任落实机制是指落实各级党组织书记在行为信条建设中的第一责任和各专业部室、基层班所相关负责人的直接责任，并发挥各级单位企业文化建设领导小组和办公室的作用，层层推动，保障行为信条建设的有序推进。

专业辅导机制是指组建由基层党组织书记、党建部门和相关领域的专业人员组成的专业辅导团队，保证行为信条建设的准确性和有效性。

评价表彰机制是指公司定期组织各类行为信条的征集汇总、评选发布，从“是否契合价值理念、是否聚焦关键工作、是否获得员工认同、是否能够约束行为、是否易学易懂”等方面，对行为信条做出评价，并对优秀的实践单位进行表彰。

推广应用机制是指以道德讲堂、文化论坛、发布会等为载体，组织对较为成熟的行为信条进行发布推广，以点带面，逐步建立完备有效的行为信条体系。[14]

在组织编制岗位行为信条或岗位行为规范时，企业要重视相关保障机制的建立，落实相关单位、相关人员的责任，以科学有序的管理保障员工行为规范与具体岗位的适配性，强化员工行为自觉，促使企业价值理念在各业务线、各岗位、各人员中得以落地并深植。

14 国网江苏省电力有限公司《基于国网价值落地深植的员工行为习惯养成的探索和实践》课题研究成果。

借力行为考核强化行为自觉

建立了行为规范后，还要注重行为规范的考核。正如第 3 章所说，没有被强有力执行的制度最终只会成为“纸老虎”“稻草人”，行为规范也是如此。因此，企业要借力行为考核，强化行为规范的执行效果。

将员工行为标准客观量化

马云曾说：“价值观不是虚无缥缈的东西，是需要考核的，（如果）不考核价值观就没用。企业文化是考核出来的，如果企业文化只是贴在墙上，不知道如何考核，这样的企业文化就没什么意义。”阿里巴巴的业绩考核是与价值观联系在一起的，每年的年终奖发放、职位晋升都与价值观考核相挂钩，实现了价值观考核的“虚事实做”。

以之前的“六脉神剑”考核为例，阿里巴巴价值观的各项内容都被细化成 5 个行为等级，代表 1 分 ~ 5 分，如表 4–4 所示。

表 4–4 阿里巴巴“六脉神剑”量化考核标准部分示例

考核项目	评价标准				
	1	2	3	4	5
客户第一	尊重他人，随时随地维护阿里巴巴形象	微笑面对投诉和受到的委屈，积极主动地在工作中为客户解决问题	与客户交流过程中，即使不是自己的责任，也不推诿	站在客户的立场思考问题，在坚持原则的基础上，最终达到客户和公司都满意	具有超前服务意识，防患于未然
团队合作	积极融入团队，乐于接受同事的帮助，配合团队完成工作	决策前发表建设性意见，充分参与团队讨论；决策后无论个人是否有异议，必须从言行上予以完全支持	积极主动分享业务知识和经验，主动给予同事必要的帮助，善于利用团队的力量解决问题和困难	善于和不同类型的同事合作，不将个人喜好带入工作，充分体现“对事不对人”的原则	有主人翁意识，积极正面地影响团队，改善团队士气和氛围
拥抱变化	适应公司的日常变化	面对变化，理性对待，充分沟通，诚意配合	对变化产生的困难和挫折能自我调整，并正面影响和带动同事	在工作中有前瞻意识，建立新方法和新思路	创造变化并带来绩效的突破性提高

续表

考核项目	评价标准				
	1	2	3	4	5
诚信	诚信正直，言行一致，不受利益和压力的影响	通过正确的渠道和流程准确表达自己的观点，表达批评意见的同时能提出相应建议，直言有讳	不传播未经证实的消息，不背后不负责任地议论事和人，并能正面引导	勇于承认错误，敢于承担责任，客观反映问题，对损害公司利益的不诚信行为加以严厉制止	能持续一贯地执行以上标准

阿里巴巴在进行价值观考核时，先让员工对照价值观的考核细则给自己的表现打分，再由部门主管根据员工的具体表现打分。如果任意一项价值观的得分在 1 分以下，则无资格参与绩效评定，并被扣除全额奖金。

像阿里巴巴这样将价值观量化并进行考核的做法，可以有效保障行为规范发挥其效用，让员工明白“什么是正确的做事方式，什么是错误的做事方式”，使他们能够深入浅出地理解公司的文化价值理念。

和阿里巴巴一样，华为公司也将文化价值观作为行为导向并纳入考核内容。华为公司对文化价值观的考核采用的是关键事件法，以关键事件来衡量是否会有一个很好的考核结果。在华为公司，从管理者到清洁工，都在贯彻落实行为考核标准。

华为公司的员工都要进行考核，从管理层到司机无一例外。华为的司机多数是从公司保安转岗过来的，而保安大多都是退伍军人。不管是什么职位，在华为，一旦被录用，就要接受新员工培训。很多客户对华为司机的印象是，不仅形象好，车里环境也始终保持得一尘不染、空气清新。无论客户级别是高是低，他们的服务质量都不会变。开车时，他们注意力集中，情绪稳定，这些都体现了华为公司对司机的要求。

华为司机的工作表现，充分体现出华为的企业文化对员工行为的影响之深。当然，这也是因为华为始终严格实施制度管理。在华为公司对司机的行为考核中，有十几项内容，其中对工时的计算、工钱怎么拿、休息时间的安排等都有详细的规定。此外，司机还要接受各项礼仪培训，并须严格遵守公司的各项规章制度。

在行为考核的管理要求下，华为公司的员工在工作中不断深入理解华为文化，并将华为文化体现在日常行为细节中。这种价值观行为考核，倒逼员工以行为标准规范自身行为，使每个人都带有企业文化的 DNA。在企业文化行为规范考核中，企业可以借鉴阿里巴巴和华为的做法，对准企业价值理念体系量化员工行为标准，对员工进行行为考核，并让管理者也能贯彻落实行为考核标准。

将价值观考核作为干部选拔标准

除了对员工进行价值观行为考核，企业还可以将考核结果作为干部选拔的标准，让文化价值观行为考核结果与干部任用挂钩。

如今，华为公司已经是一个拥有 19 万名员工的庞大企业，其业务遍及 170 多个国家和地区，服务 30 多亿人口。每个国家和地区都有大量的干部（管理人员），这些干部从哪里来？这些干部要怎么培养？华为公司给出的答案就是：用核心价值观来培养。华为公司要求所有干部：不以上级为中心，而以客户为中心开展工作，以“为客户创造商业价值”作为个人和团队的关键绩效目标；保持艰苦奋斗精神，尤其是在思想上艰苦奋斗，工作充满激情，有干劲，不懈怠；坚持自我批判，善于听取各种不同意见，心态开放，不封闭。

2006 年年初，华为公司内部召开了一次干部大会，会上丰富和发展了干部选拔的四象限内容，对干部进行四象限评价。其中，选拔对象为品德好、认同文化和价值观、责任结果好、有领导能力的干部，如图 4-2 所示。

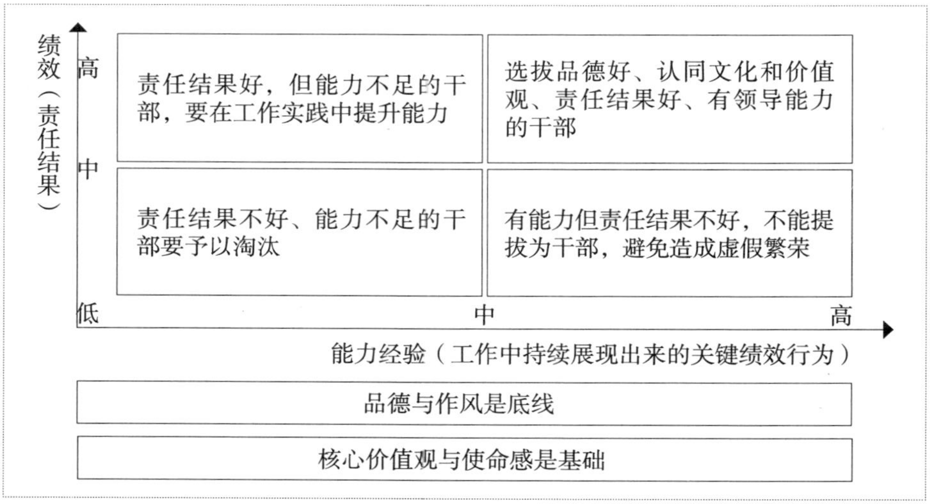

图 4-2　华为公司的干部管理四象限

一直以来，华为公司都将核心价值观作为干部任用的基础，其干部管理制度背后的立法精神正是华为的价值观。

华为公司将核心价值观考核结果作为干部选拔任用的基础，这让华为的干部在任何情况下都能在价值原则问题上准确把握方向，自觉践行核心价值观。

华为荣耀（手机品牌）总裁赵明曾讲过这样一个故事。

2015 年，为迎战“618”购物节，华为荣耀团队做好了赢的充分准备。但谁也没有想到，荣耀团队遭遇了一场突如其来的考验。“618”购物节前夕，载有一批荣耀手机的集装箱货车在运输途中，发生了一起极为罕见的轮胎自燃事故。该集装箱车内的手机没有被烧到，多数手机连包装都是完好无损的，只有一小部分手机受到了高温的影响。质量部门判断，这些手机中的绝大多数可以使用至两年后，但不能百分百地确保全部手机都没有问题。

怎么处理这些手机？这些手机共 17 000 多部，价值约 2000 万元；而且，这些都是当时正热销的手机型号，市场上经常处于缺货状态。当时有团队成员提出，对这批手机予以降价销售，并向消费者说明情况，以减少损失。

但荣耀的管理团队认为，华为的文化一直以来强调的都是以客户为中心，为客户创造价值。这就要求荣耀无论处于哪个发展阶段，其产品品质都应该是被放在第一位的。对品质的严格要求，是以客户为中心的根本，保证品质才是真正对客户负责。最终，荣耀的管理团队做出了销毁手机的决定。

荣耀销毁 2000 万元手机的事情很快传遍了圈里圈外，而荣耀"以客户为中心，重视品质"的好声誉也为"618"打了一场很好的前战。"加 1 元送 1 年维保"的优惠活动，更是成为荣耀品质的又一个砝码。在那一年的"618"购物节上，荣耀成了线上销售冠军。

华为公司干部对核心价值观原则的坚守，维护了华为公司的品牌形象，为华为公司赢得了良好的声誉。而从源头来讲，恰恰是因华为公司能将核心价值观考核与人员任用结合起来，才促使华为人时刻谨记核心价值观的行为要求，自觉肩负起企业文化践行和传承的责任，在面对价值原则问题时也能经受住考验。华为公司的做法值得我们借鉴。

行为考核要落到对结果的考核上

在以行为考核强化员工行为自觉的过程中，要特别注意：企业可以对关键行为进行考核，但是不能事无巨细地考核，或只为了考核作业流程，而应把行为考核落到对结果的考核上。

海底捞一直提倡"服务至上、客户至上"的理念，为顾客提供"贴心、暖心、舒心"的服务。在海底捞等位时，如果顾客有需要，服务员会提供擦皮鞋、修指甲一类的服务；还会为顾客提供水果拼盘、饮料或扑克、象棋等娱乐用品，以供顾客打发时间。用餐的时候，如果顾客戴着眼镜，服务员会为之提供绒布；如果顾客是长发披肩的女士，服务员会为之提供束发的橡皮筋；如果顾客带了手机而没有带包，服务员会为之提供专门包手机的塑料套……服务员的脸上始终带着得体的微笑，总是在第一时间满足顾客的要求，给顾客一种宾至如归的感觉。

海底捞一直因优质服务而备受顾客好评，但是在海底捞也出现过“过度服务”的问题。海底捞的联合创始人施永宏曾讲过一件事：当海底捞服务员看顾客的水杯没水，要给顾客加水时，顾客可能说我不要了，喝不下去了，浪费了。但是服务员仍然可能趁顾客稍不注意的时候，“哗”地一下就给加满了。很多顾客也反映过此类问题。

“我对海底捞的味道很满意，但每次去海底捞用餐时总觉得每个服务员都随时盯着我，期待我提出需求，这让我感觉压力很大。”

“有天晚上我突然想去吃火锅，就一个人去了附近的海底捞。在我吃饭的时候，一共有三个服务员问我为什么一个人吃火锅。吃完我去做手部护理，阿姨又问我为什么一个人吃火锅。其实一个人吃饭没什么，但是这么来回问下来，实在让人开心不起来。”

“在海底捞，经常有服务员来搭话，我们很客气地说‘不需要’后，我和朋友就隔着火锅，一直在回忆刚才的话题说到哪里了。”

为什么会出现“过度服务”的问题？为什么好的文化理念转化成员工行为时会变形？

原来，海底捞员工在接受培训时会学习很多服务流程和标准，比如顾客进店之后多少秒内要接待、怎么接待，怎样递毛巾、倒水、送眼镜布，中途毛巾要换几次，水杯的水建议低于 50% 的时候就添加，但是不能加得太满……后来，这些周到细致的服务也变成了海底捞的特色。但是，当绩效经理把这些细致的培训要点一一罗列成绩效考核要点后，“过度服务”的情况便出现了。

在行为考核上，企业不能简单地把培训要点当成考核要点，而要把重点放在对核心指标的监控上，也就是对关键行为进行考核，并把考核重点落到对结果的考核上。

引导员工进行自我约束

要想强化员工行为自觉，除了通过规章制度、行为规范考核等“硬约束”影响员工的行为和表现，企业还要鼓励员工自律，融合自律与他律，促使价值观行为化，并逐渐养成一种习惯，进而变成员工的素养。

组织员工自律宣誓

规则和制度是一种他律的形式，是从外部约束条件上让员工不敢懈怠。而要从源头上约束员工的行为，则更要强调自律的作用。华为公司十分重视员工自律的作用，会定期组织员工进行自律宣誓，增强员工的自我约束能力。自律宣誓虽然只是一种形式，但却是一种积极向上的形式。华为公司通过组织自律宣誓，在企业中营造了一种良好的工作氛围，起到了潜移默化的良性作用。

2005 年，华为公司召开了 EMT 民主生活会。在会议上，EMT 成员达成了共识：公司最大的风险来自内部。作为公司的领导核心，EMT 成员需做到正人先正己。因此，会议通过了《EMT 自律宣言》，并要求在此后的两年时间里，逐渐覆盖各级主管干部，以此强化干部的自律意识。

2007 年，华为公司举行了首次《EMT 自律宣言》宣誓大会，任正非等 9 位 EMT 成员集体举起右手，庄严宣誓。当届轮值主席郭平指出：“创业容易守业难，堡垒最容易从内部攻破，我们要时刻保持清醒，强化干部自我监管和组织监管机制的建设，保持干部队伍的廉洁和奋斗，只有这样，公司才有可能长久活下去。”

之后，华为公司的自律宣誓实现了常态化，除了高层人员集体宣誓外，也会举行部门专项的集体宣誓。

2015 年 9 月 7 日，华为 14 支战略预备队在战略预备队誓师典礼上集体宣誓。其中，解决方案重装旅的誓言为：“我们郑重承诺：我们以全新的视野，洞察商业本质，传递价值主张，助力客户成功。我们以顽强的意志，在战争中学战争，提升交易能力，主动多打粮食。我们以优秀的品格，让忠诚创造价值，肩负庄严使命，锻造商业领袖。我们接受训战洗礼，超越过去，百炼成钢、百战成将！精兵壮，炮火强，重装出击打胜仗！”

2017年1月11日，华为公司举行“干部工作作风宣誓大会”，董事会成员、监事会成员、各BG总裁、地区部总裁和产品线总裁分别宣誓，宣誓的誓言为《干部改进作风的八条要求》。

2019年2月13日，华为固网生产准备部管理团队在松山湖南方工厂B区R4-M02会议室举行干部工作作风自律宣誓。华为的日本代表处、韩国代表处等各代表处也相继完成干部工作作风自律宣誓。

有人认为，华为的自律宣誓只是少部分人在台上宣誓，大部分人在台下见证。事实上，华为的自律宣誓是自上而下、全员参与的。华为取得今天的成绩，离不开每个华为人的努力。近年来，越来越多的企业开始组织自律宣誓活动。

2017年，远东控股集团颁布《自律宣言》，并将宣誓活动制度化，要求各部门、各子公司于每周一晨会进行宣誓。远东控股集团的《自律宣言》内容丰富、条款严明，涉及价值理念、道德品质、思想作风、工作方法等各个方面，彰显了公司的“和灵文化”内涵。《自律宣言》的颁发和制度化执行，体现了远东控股集团对自律品质和自律文化的高度重视，有效强化了员工的自律意识和工作作风。

2019年1月5日，比亚迪公司举行了高层管理人员廉洁自律宣誓仪式。会上，比亚迪公司的董事长兼总裁王传福带领各位副总裁，各事业群CEO和COO，各事业部总经理等高层管理人员进行廉洁宣誓，并签署了《比亚迪高层管理人员廉洁自律承诺书》。王传福同时强调：“关于廉洁自律的承诺不能流于形式，要落到实际行动中去。”

通过自律宣言，企业可以在内部打造一个透明的民主监督环境。员工在宣誓的同时，将自己的责任和义务透明化。自此，员工往往会自觉遵循自己公开发表的誓言，让自己的行为与之相符。华为公司、远东控股集团、比亚迪公司的自律宣誓，使员工在践行文化价值观方面的动机和责任都得到了加强，这是值得广大企业学习的。

坚持每日行为复盘

在企业经营中，每个管理者和员工即使在自律和他律的双重约束下，也会或多或少地出现错误，因此要坚持自省。稻盛和夫认为“抑制自己的邪恶之心，让良心占领思想阵地”的过程就是反省。

稻盛和夫在“六项精进”中提到的第三项是：“要每天反省。”他认为，一天结束以后，回顾这一天，进行自我反省，这是非常重要的。比如，今天有没有让人感到不愉快？待人是否亲切？是否傲慢？有没有卑怯的举止？有没有自私的言行？回顾自己的一天，对照做人的准则，确认言行是否正确，这样的“作业”十分必要。

稻盛和夫回忆称：“自我反省是我每天的必修课。很惭愧，我还做不到每天都反省，但一旦意识到自己当天还未反省，就会马上去做。在自己的言行中，如果有值得反省之处，哪怕只有一点点，也要改正。”

海涅说：“反省是一面镜子，它能将我们的错误清清楚楚地照出来，使我们有改正的机会。”的确，自我反省可以使人迅速发现自身行为中的不足之处，并给自己一次改正的机会。

1997 年，任正非在华为公司内部的一次讲话中强调：要不断地检讨今天，规划明天。任正非说：“毛泽东同志说过，人类历史就是一个不断从必然王国走向自由王国的历史，人类必须不断地总结经验，才能有所发明、有所创造、有所前进。各级干部、各个部门都必须不断地检讨今天，规划明天；要紧紧围绕目标，不断优化自己的工作。”

任正非认为，坚持“吾日三省吾身”，认真总结自己的成功经验和失败教训，通过对以往的实践进行回顾和反思，才能分清真伪和是非。他极力推崇事后总结，曾当着华为人的面尖锐地指出：“一个不善于总结的公司会有什么前途？”

稻盛和夫和任正非都如此强调“自省”的重要性。可见，要实现全员行为自觉，上至管理者下至普通员工都要重视行为复盘，特别是在发生错误的时候。

在行为复盘时，应重点考虑四个问题：原本应该怎么做？实际发生了什么情况？为什么会发生这些情况？下次将怎么做？在复盘时，可以将25%的时间用于思考前两个问题，25%的时间用于思考第三个问题，50%的时间用于思考“下次将怎么做”的问题。

一般而言，开展复盘行动时可以遵循以下步骤，有序推进。

（1）明确行为要求和行为规范

很多企业或员工对行为进行复盘时，往往一开始就分析问题。实际上，先明确行为要求和行为规范才应是复盘的第一步，因为，唯有复盘者明确了行为要求和行为规范（即正确的做法），才能确认实际情况与制度规范之间的差距。

（2）明确实际发生的情况

这一步的重点在于了解实际发生的情况。如果该错误行为涉及的人员较多，人们可能会给出不同的说法——因为每个人看到的事实都不甚完整，又加入了本人的主观看法，便容易导致说法不一致。为了解决这个问题，我们要尽量调取监控、过程文件等客观信息数据，来掌握实际发生的情况。此外，应尽可能地在行为发生后不久就立即复盘，以免因时间过久导致参与人员记忆模糊。

（3）分析问题产生的原因，并提出解决方案

明确了以上两个问题后，接下来就要找到问题发生的根本原因，对搜集到的信息进行条分缕析，找出准确的答案。通常，找到问题发生的原因之后，就能找到解决问题的思路。

（4）总结归纳

在这里，总结归纳主要是针对行为的优化方案。在实践中，有些错误的行为是比较典型的。这些经验和教训是可以在日后的工作中被多次参考和

借鉴的，因而有必要对其进行梳理和总结。

（5）学习与分享

行为复盘的目的主要是为了让提炼出来的经验和教训转化到后续的行动中，因此，可以对比较典型的场景进行推广与学习，让其他员工借鉴。

做好自我行为督查

行为复盘后，我们还要对照行为优化计划进行自我督查，以确保计划执行到位。“人人欲战，则所向无前”。如果每个人都能自觉遵循行为规范，落实自身的责任，那么企业文化基因便能融入每个人的血液之中。

朱成被华为公司派到海外一线干了 4 年，回国后，他又被领导安排去无线营销（Marketing）质量部工作，负责质量管理和手机无线上网（MO）业务管理等工作。这个工作安排让朱成有点慌——因为他对此项工作完全不熟悉，仅从同事口中听说过。但是，他还是接受了公司的安排。

到新部门工作后，同事将资料的目录共享给他，就让他接手工作了。就这样，朱成成为了 Marketing 体系的资料专题组长和资料组负责人。上岗后的第一次工作汇报，朱成是按照自己的思路进行的，结果挨了一顿批评，领导认为“他没有按照项目化运作的方法办事”。

汇报结束后，朱成对当天领导的批评进行了复盘。他意识到，要做好这项新的工作，就需要先学习新的行为规范。就这样，朱成在之后的工作中不断督促自己学习行为规范，并按照新的行为规范处理每一项工作。几个月后，在一次 Marketing 体系于深圳召开的 MO 工作研讨会上，朱成负责进行资料部分的研讨和引导。他的发言既继承了前人的成果，又提出了自己的观点，获得了大家的一致认可。

朱成之所以能在短短几个月里迅速取得成绩，是因为他能自我督促，认真学习和落实新的行为规范。为了达到行为自觉的目的，企业全体员工都应如朱成一般重视自我行为督查，不断改进自身行为。

在进行自我行为督查时，如果发现了自己的错误行为，就要从这次错误中吸取教训，以便日后不再犯同样的错误，在错误中成长。

3M公司前总裁杜雷尔就曾说过：“3M可以说是一个始自‘错误’的公司，我们始终认为，发展新事业时错误是不可避免的。”3M的创新理念总结实化到3个M，分别是：错误（Mistake），宽容（Magnanimity），风险管理（Managed-risk），这3个词归根结底都与错误有关。

不过，虽然3M公司允许员工犯错误，愿意为员工承担犯错误造成的损失，但是，公司对可原谅或值得鼓励的错误是定有标准的。杜雷尔的话还有下半句：“但我们必须强调的是，这个失败必须是史无前例的。3M允许任何一个‘第一次的失败’。但员工必须学会总结失败与错误，决不能再犯同样的错误。”

在做好自我督查的过程中，每个人都要时刻嘱咐自己：“同样的错误属于你永远只有一次。”在第一次错误发生之后就要做好总结工作，避免“一错再错”。通过一次次进行自我行为督查，个体的行为问题会不断得到改善，价值观行为化水平也会持续不断地提升。

以有效的团队管理促使行为一致

团队对于团队成员来说，就如同土壤之于植物，植物若生长在贫瘠的土壤上，是无法结出丰硕的果实的。因此，我们要用有效的团队管理来引导员工行为，使其与价值观保持一致。

保证沟通顺畅，避免“漏斗效应”

在团队中，如果没有充分的沟通，往往很难达成对规则的共识。沟通的重要性在团队管理中不言而喻。但是，并不是说只要沟通就能达成共识，而是唯有有效的沟通才能达成共识。那么，为什么在实践中会出现无效沟通？为什么员工会出现理解偏差？管理学中的“漏斗效应”可以对此做出解释。

漏斗效应是指信息传递会呈现出一种像漏斗一样，从上到下逐渐衰减的趋势。对于信息传达者而言，虽然其心里计划传递 100% 的信息，但却可能因语言、环境等因素影响而导致所要表达的信息漏掉 20%。这意味着传递出来的信息只剩下 80%。而这 80% 的信息传入信息接收者那里时，又由于认知水平、知识背景、理解能力或外部环境等因素影响，只剩下信息的 60%。信息接收者在听到信息后，再经过加工理解，只剩下 40%。等他们执行的时候，可能就只剩下信息的 20% 了。这种漏斗效应广泛存在于人际交往、职场管理的各个方面。

通过“漏斗效应”不难看出，信息从发出到被接收的过程中，有很多重要的内容可能被过滤掉了。除了信息发出者的信息传递方式，外界环境对信息传达的影响、信息接收者的主观因素等也对信息获取产生着影响。因此，沟通中最重要的部分就是要保证接收者能够准确地接收信息。

（1）使用简单易懂的语言

在企业或团队中，为了确保沟通效果，宜采用简单、易懂的语言，使员工更易于接受，切忌使用过分的修饰。第 2 章曾提到的“运用口语化、故事化的形式解读核心价值观”的做法就非常有助于员工准确接收信息。

贝索斯在亚马逊内部建立了独特的“亚马逊沟通法”，他借助格言在亚马逊内部传递企业文化，比如“每一天都是第一天”“过程代替结果”“高速决策”等。这些简洁精炼的格言，既有助于员工记忆，又可以有效减少信息在传播过程中引起误解的概率，从而使员工明确知晓企业提倡什么和反对什么。

纵观华为、阿里巴巴等知名企业的员工行为规范，其语言表达也和亚马逊的“格言”一样，是十分通俗易懂的。

（2）建立系统的内部沟通渠道

要让沟通变得简单，除了在语言上做出努力，还应建立系统的内部沟通渠道，让员工能充分了解企业对员工的行为要求。

摩托罗拉公司为了将信息准确传达给员工，建立了包括“上行沟通、下行沟通和平行沟通”在内的完整沟通系统。

在上行沟通方面，摩托罗拉公司借助员工协调会议和意见箱制度，为员工提供了参与公司管理的机会，也使得上级管理者能了解员工的意愿，以便做出更好的决策。

在下行沟通方面，摩托罗拉公司采用的是主管汇报会的形式，它类似于管理层的述职报告会。二者不同的是，述职报告面对的对象是公司董事会，主管汇报面对的对象是全体员工。

在平行沟通方面，摩托罗拉组织的员工大会也是比较有特色的。它是一种平等职级之间的沟通形式。例如，部门主管与部门主管之间，科员与科员之间，大多是不同部门间职级相当的员工。这种平行沟通的方式有效弥补了上行沟通与下行沟通的不足。

除了以上的正式沟通渠道，公司还开辟了其他一些非正式的沟通渠道。例如，摩托罗拉总裁和各级管理者会通过“每周一信”等进行沟通。此外，摩托罗拉所有管理者办公室的门对于员工都是绝对敞开的，任何员工在任何时候都可以直接进去与任何级别的上级管理者平等交流。

在这种沟通模式下，摩托罗拉公司的各方信息均能及时传递到位。

企业管理者不妨借鉴摩托罗拉公司的做法，建立多元化的沟通渠道，实现沟通“零距离”，确保行为规范能被自上而下地传达到位、理解到位，同时也让公司能及时掌握员工对行为规范的意见和建议，不断修正、完善行为规范。

营造良好氛围，强化“场化效应”

沟通“零距离”的实现，在一定程度上有利于营造良好的团队氛围，而积极的团队氛围又会促进团队行为一致。在进入公司前，每个人都有不同的成长背景、教育经历或者工作经验，这些不同之处又形成了每个人不同的价值观和行为方式。当拥有不同价值观和行为方式的人相遇时，会产生什么样的化学反应？当个人融入群体后，其价值观和行为方式会受群体环境的影响而与之一致吗？心理学家西奥多·纽卡姆通过一个心理学实验给出了答案。

20 世纪 30 年代，美国在推行新政。凡是改革，总是有人支持、有人反对。纽卡姆想要研究的就是这些持有不同态度的人是如何发生态度转变的。所以，他以贝宁顿商学院的学生为对象，进行了实验研究。

当时，到贝宁顿商学院上学的学生，家庭条件都很优越；受到父母的影响，他们的态度应该是反对新政推行的。而贝宁顿商学院的校风一直以来都是崇尚自由的，这与这些学生的态度是相反的。纽卡姆想要知道的是：当这些对新政有着不同态度的学生进入学校学习后，他们的态度是否会受到学校环境的影响而发生改变？

在实验中，纽卡姆采用了调查问卷、档案调查、访谈法三种研究方式。经过漫长的跟踪研究，他发现：随着学生在校时间的变长，学生对待新政的态度会由原来的保守反对向自由主义的风格发展。而且，学生在校时间越长，这种改变的倾向越明显。

纽卡姆的实验结果表明，群体环境会对成员产生影响。对于大多数人来说，随着他们在群体中所处时间的增多，他们的态度和行为会逐渐朝着与群体一致的方向发展。为什么会产生这样的变化？群体心理学把这种现象称为“场化效应”，即某个个体本来是不具备某种特征的，而一旦进入某个群体后，就会被这个群体所产生的心理场磁化，从而产生个体之前并不具备的个性特征行为。

在团队管理中，场化效应无处不在。对个体而言，团队具有巨大的感召力，团队的气氛能够在一定程度上影响员工对团队的依赖感和信任程度，还会影响员工的态度和行为。因此，企业要营造良好的团队氛围，让每个成员都能在团队的影响下遵守行为规范。那么，应该如何强化团队氛围，增加团队的“场化效应”呢?

（1）净化团队风气

团队的风气会严重影响团队成员的行为。我们可以通过赏罚分明、员工关怀、为员工创造沟通交流的机会等措施，营造良好的团队风气。与此同时，要及时对危害团队风气的行为做出处理。

（2）制定明确的规则、程序

制定明确的规则和程序，可以有效解决员工在从事工作时发生的冲突。通常情况下，可以通过制定纪律规范、惩罚措施等形成一个较为完整的制度体系，以保障良好氛围的形成，强化员工的行为自觉。

在特斯拉，“设计和加强正确的企业文化”一直是埃隆·马斯克的重要工作。2020 年 3 月，美国知名科技新闻平台《商业内幕》曝光了特斯拉的最新员工手册。这份员工手册的开头写道：“我们是特斯拉，我们改变世界，我们愿意重新思考一切事物。”而且，手册还向员工宣讲了强烈的抱负、职业道德准则与行为规范等多个方面的内容，例如“‘没人告诉我’这个理由，在特斯拉绝对行不通”“‘你迟到了’是孩子们在学校里经常听到的一句话，但特斯拉不是学校”。此外，特斯拉还在员工手册中介绍了薪酬制度、休假制度、用餐及休息时间等日常管理规范。这份员工手册既有法律要求，又有实际要求，有效反映了特斯拉的企业文化，让员工的行为有据可依。

当员工工作中的一切行为都有据可依时，员工会感到“这是一种公正、安全的氛围”，其心态会更为平和、客观。

（3）制造积极的同侪压力

同侪压力是指团队中一部分人的行为对另一部分人所造成的压力感。制造积极的同侪压力，能够在无形之中形成一种积极的工作氛围。这种压力约束不仅可以减轻员工对明文规定的反感程度，而且可以进一步促进规则的形成。企业可以通过培育、宣传“标杆人物”，使之在行为上做出“表率”，通过同侪压力让其他员工见贤思齐。

准确管理团队中的“从众效应”

制造积极的同侪压力，让越来越多的人向“标杆”看齐，就会产生“从众效应”。从众效应体现为个体主动与群体保持一致的行为。

（1）从众效应产生的原因

为什么会产生从众效应呢？我们可以从动机、群体特性、行为环境三个主要方面来加以论述。

第一，从动机方面来讲，个体出现从众行为的原因主要有两个。一种动机是个体想要被团队接纳和免遭他人拒绝。

心理学家杰勒德在一次从众实验中发现，那些抵抗着从众压力、坚持独立判断的个体，往往会产生焦虑不安的情绪。这种情绪来源于个体害怕被其他人排斥和不接纳。

这种害怕被排斥的动机是出于情感需要。而另一种动机则来自认知需要，即人们常说的一种观点——听大家的准没错。实际上，我们进行是非判断的标准之一就是看其他人是怎么想的。如果我们看到多数人在某种场合做某件事情，往往会断定这样做是有道理的。

第二，从群体特性的角度来看，群体规模、群体一致性、群体凝聚力等都会影响从众行为发生的可能性。心理学家研究发现，群体的规模越大，群体的一致性越高，群体的凝聚力也就越强。这个时候，群体中的个体所承受的从众压力就会越大，个体出现从众行为的可能性就越大。

比如，在 100 个人的团队里，99 个人持 a 看法，而只有 1 个人持 b 看法，那么这个人就会感受到极大的压力；而假如 85 个人持 a 看法，那么那些持

b 看法的人的压力就会小很多。

第三，从行为环境的角度来看，比如个体在群体中地位的高低、个体的公开反应以及个体的事前承诺等，都会影响从众行为的发生。心理学的研究指出，个体在公开场合下更容易出现从众行为。

（2）根据“从众效应”的利弊，正确管理团队中的“从众效应”

从众效应是有利有弊的。

第一，团队中的从众效应可以增强一个团队的凝聚力，使团队成员更加团结。因为从众效应会使团队成员倾向于采取一致的行为和态度。第二，从众效应可以增强团队中管理者和团队规范的权威性，使团队规范得到团队成员的遵守和维护，从而保证团队运作井然有序。

但是，从众效应也会降低团队成员的独立判断能力。在部分“别有用心”的人的影响下，还可能会使团队中的多数人走向极端，最终导致“一粒老鼠屎坏了一锅汤”的结果。

所以，我们要正确管理团队中的从众效应。具体而言，我们可以采取以下 3 种方法。

一是及时赞扬遵守行为规范的成员。

团队管理者可以强化团队制度和行为规范，及时鼓励和赞扬那些遵守团队制度和行为规范的团队成员，以此影响团队成员的从众行为。

二是利用从众效应所产生的示范作用。

要想利用从众效应所产生的示范作用，将员工行为引导至组织需要的方向，那么就要找出团队中的带头人。带头人通常要选择工作干劲足、效率高、行为符合规范、人际关系好的员工。这样的员工很有号召力，常常是众多员工学习的典范。

三是建立积极、有效的监督机制。

通常，群体行为都是由少数人的行为发展而来的，很多对团队产生消极影响的群体行为在最初都是有迹可循的。而完善的监督机制可以尽早发现员工行为中存在的问题，及时加以解决，从而避免个别消极行为因员工的从众心理而发展成群体行为。

第 5 章
标杆人物的示范引领

推进企业文化建设和落地，要发挥好领导和标杆人物的示范引领作用，规范和落实对标杆人物的选树、培育工作，深化对标杆人物的学习和宣传活动，完善标杆人物培树的保障机制，促使标杆人物批量涌现。

领导者是企业文化推行的动力之源

沙因在《企业文化与领导》中强调："领导者的重要才能就是影响文化的能力。"人与文化之间的连接点就是领导者的领导力，领导者是企业文化推行的动力之源。

发挥企业家的领袖作用

在谈到一些知名企业的时候，我们往往最先想到的是它的创建者和重要领导者（即企业家）曾说过什么样的话；在企业或社会的关键时刻，他们又做了些什么，等等。这个时候，企业家就代表了整个企业的形象。比如，通用电气公司的杰克・韦尔奇、松下电器公司的松下幸之助、索尼公司的盛田昭夫、微软公司的比尔・盖茨、海尔集团的张瑞敏、联想集团的柳传志、华为公司的任正非、阿里巴巴集团的马云、格力电器公司的董明珠等，这些企业家的一言一行、一举一动，无不向外传达着自身企业的文化。

身为企业形象代言人的企业家，自然应该担负起对内对外传播企业文化的职责。一方面，他们要牢牢地控制和掌握对内对外传播的文化内容、传播方式和传播方向；另一方面，他们要把企业的文化同自身的言行统一起来，通过自己的行动来传递企业文化。比如，海尔张瑞敏砸冰箱，就是企业家利用自身企业家的身份和影响力来传播海尔文化的典型案例，它让海尔人和消费者深刻体会到了海尔“真诚”做事的企业文化。

马云多年来一直活跃在各大重要的论坛和公开场合之中，发表各种演讲，以此来传播阿里巴巴的文化价值理念。毫无疑问，马云始终是阿里巴巴的使命、愿景、价值观的最忠实守护者和宣导者。

2014 年 9 月 19 日，阿里巴巴集团在纽交所举行隆重的上市敲钟仪式。这场仪式有些别开生面：敲钟人不是马云，也不是合伙人或者员工代表，而是淘宝产业链上的八方代表，包括卖家、买家、客服、快递、模特、农民网商、国外网商和服务商。马云在仪式开始前发表公开讲话称：“今天我们融到的不是钱，我们融到的是信任，是所有人对我们的信任，客户的信任、时代的信任、投资者的信任。未来，我们要坚持感恩这个时代、感恩互联网、感恩中国、感恩中小企业。”

将上市最重要的时刻交给 8 位普通人，这是马云在用行动告诉世人：阿里巴巴是一家懂感恩、重承诺的公司。

2019 年 9 月 10 日，54 岁的马云卸任阿里巴巴董事局主席，由现任 CEO 张勇接任。马云在告阿里内部书中强调，从“为公司未来负责，也为自己负责”这个角度来说，应该让公司里更年轻、更有能力和才华的人来担任领导工作，继续传承“让天下没有难做的生意”这个伟大的使命。马云宣布退位，一时在网络上掀起千层浪。这也让广大网友和所有阿里人看到，阿里巴巴是一家重视人才的公司，阿里巴巴不是马云的阿里巴巴，阿里巴巴鼓励更多有才能的人出现，将阿里的使命传承下去。

企业领导人作为企业和品牌的生动名片，其言行具有标杆力量。

任正非是华为文化的重要构建者，华为人的精神或多或少可以在任正非的身上找到影子。比如说，他要求员工艰苦奋斗，而他自己 70 多岁了依然坚守在岗位上；他要求员工要务实，不要讲究排场，他自己出差时也是坐飞机经济舱，打出租车。在他的身上，真真切切地体现出了华为的核心价值观。

任正非始终坚持过简朴的生活。在华为，员工经常可以在员工食堂看见任正非和员工们一起吃工作餐。2016 年 4 月，曾有人在上海虹桥机场遇到 72 岁的任正非排队等出租车。

在大众的意识中，像任正非这样的大企业家，出门都应该是有司机、保镖接送的。但对于任正非来说，坐出租车、坐飞机经济舱、到职工食堂吃饭是他多年保持的习惯，他的骨子里始终保持着艰苦奋斗的传统。

对外，任正非还是华为文化的布道者，总能在关键时刻讲好华为故事。

在当前中美贸易关系紧张的国际背景下，任正非一改以往低调的作风，从幕后走到台前，代表华为为华为发声。2019 年 1 月，任正非在接受央视采访时表示："我一定要让客户理解我们，一定要让 19 万名员工理解我们，团结起来奋斗，渡过这个困难的时期。" 2019 年 9 月 26 日，在对话人工智能专家，被问及近期担任华为发言人的成绩如何时，任正非表示："我要把华为的真实情况向世界传播，让世界知道华为活下来了！"

据悉，自 1987 年华为创办至 2018 年，任正非接受媒体采访总共不超过 10 次，但是，在华为公司目前面临困难的时期，他却频频接受公开采访，这正是在发挥其企业家的影响力。他用行动鼓励华为人团结起来渡过难关，有效增强了华为人打赢这一战的信心和决心，同时，也让外界了解了真实的华为现状，树立起良好的华为形象。

可以说，企业家的一言一行都有着强大的影响力。在企业文化建设过程中，企业家要如张瑞敏、马云、任正非一样，始终如一地承担好践行和传播企业文化的责任，对内感召团队，对外传播企业形象。

发挥领导者的示范效应

企业文化的传递往往是上行下效的，如果高层不能以身作则，那么也难以要求员工遵守企业文化。著名管理学家帕瑞克曾说："除非你能管理'自我'，否则你不能管理任何人或任何东西。"要想让广大员工遵守企业文化，就要让他们看到企业管理者是如何带头遵守的。

在联想集团内部一直有一条不成文的规定：举行20人以上的会议时，不得迟到，否则要被罚站1分钟。在这1分钟里，所有人都会严肃地注视着你；待1分钟过后，会议才重新开始。

第一个被罚的人是柳传志原来的老领导。被罚站的时候，老领导紧张得汗流浃背，柳传志也十分紧张。他对他的老领导说："您先在这儿站1分钟，晚上，我去您家站1个小时。"

柳传志本人也被罚站过3次，其中一次是因为被困在了电梯里。当时，电梯在上升途中出现了故障，柳传志咚咚地敲电梯门，希望有人听到，能帮自己请个假。结果没找到人，他被罚了站。

对此，柳传志表示："在企业中，每个人都像一个个阿拉伯数字，比如10000，前面的'1'是有效数字，后面的'0'都是因为有了'1'才被赋予了意义。管理者就是那个'1'，不管身后是什么人才，如果管理者这个'1'做不正，企业也会被带歪。"所谓"上梁不正下梁歪"，说的就是这个道理。一个经常迟到又总是提前下班的领导者，他在管理员工时又怎么能挺直腰杆呢？

"君子之德风，小人之德草。草上之风，必偃。"如果领导者在倡导文化理念时，其本人不能以身作则，那么，领导者的权威和制度的执行力都会遭受损伤。

过去，A公司在员工考勤方面不很严格，员工常常以交通问题或其他事情为理由而迟到。为了整治公司作风，领导开始要求严格执行考勤纪律；

同时，又特别强调“得到公司特许的人可以不打卡”，然而对于“什么人在什么条件下可以获得特许”，却只字未提。

员工认为，早上交通拥堵，因意外情况而迟到几分钟，这是很正常的事。所以，严格考勤让员工们抱怨多多。而公司领导经常打着特许的幌子行迟到之事，这让员工更为不满。大家在背后议论纷纷。

事实表明，领导者的规则意识和行为在很大程度上影响着员工对规则的执行效果。如果领导者带头违反规定却没有受到惩罚，那么员工则会纷纷模仿或放弃对自我行为的内在管控。只有领导者在行为上起到示范作用，才能更有力地约束员工的行为。

俗话说：“火车跑得快，全靠车头带。”因此，领导者在文化建设的过程中必须以身作则，时刻注意自己的行为以及所有能被员工看到的表现，这样才能为员工树立积极的榜样，让员工学习和实践好的行为。华为、阿里巴巴、联想等优秀企业，无一不是通过领导者以身作则来推进文化层层传递的。

抓好基层管理者的文化职责

除了高层领导者以身作则，企业还要抓好各基层团队的直接管理者在文化传递和执行方面的责任。基层管理者对文化的宣贯，直接影响着团队成员对企业文化的理解和遵守。因此，基层管理者要承担起践行和传播企业文化的重任。当团队对企业文化有误解时，还应该担当起指导员的角色，并且勇于承担责任。

在华为公司，基层管理者是一线团队的第一责任人，基层管理者在工作中做任何事情都要对团队负责。因此，作为企业文化宣贯的第一责任人，基层管理者也有义务让员工感受到企业的文化、核心价值观与员工行为的契合要求，坚决处理与文化相悖的行为。

2008 年，在郑波担任华为广西南宁代表处助理期间，有一名客户经理玩忽职守，不求上进。经过慎重考虑后，郑波将其开除。该客户经理出于报复心理，在天涯论坛上发帖，详述郑波的作风问题。

当时有人劝郑波，给那名客户经理在考核中打一个B即可，这样自己就不会遭到投诉。但郑波在代表处的行政管理团队（AT）会议上坚持开除该员工，并在会上陈述该员工业绩表现较差，经常不去见客户。后来，AT团队认可了郑波的决定，对该员工进行劝退。但是该员工不肯接受劝退，将郑波投诉到了公司党委。公司派人到南宁调查后，确认了该员工在绩效以及商业行为准则（BCG）方面的真实情况，随后也认可了郑波的决定。

后来，郑波回忆起这件事时坦陈，如果当时给该员工调换部门，那么自己会省去不少麻烦；但是这对公司里的那些奋斗者是不公平的，也不符合公司的文化，所以他坚决不容忍这样的人。

基层管理者是公司文化忠实的践行者，如果对违反企业文化的人予以纵容，那么就会损伤奋斗者的积极性。华为公司强调管理者的责任心，并让管理者有危机感，就是因为如果管理者做不到对团队负责、对企业负责、给予员工公正的待遇，那么华为文化也就成了摆设。

作为基层管理者，遇到问题时要与上级领导进行沟通，以便能够更好地向员工传达企业政策或目标。同时，要确保对员工的指导有效率、有效果，避免形式主义。华为公司禁止召开各种形式主义的会议。任正非在2010年产品与解决方案（PSST）体系干部大会上讲话指出：

我们不要太多形式主义的东西，要减轻员工的负担，让员工有更多的时间聚焦工作，要减少会议、减轻考核。会议多，是因为主管自己不知道怎么办，心中无主意。我认为，主管要想清楚了再去做，谋定而后动。要做到心中有数，当你（心中）没数的时候可以与上级主管沟通。考核不要看亮点，找亮点的过程其实就是对程序的破坏。

华为选拔管理者注重一线经验，这是因为那些有过亲身经历的管理者才真正知道从哪些方面入手去传递企业文化是最适合的，并且能够让企业文化落到实处。华为公司的做法值得我们学习和借鉴。

标杆引领是文化落地的重要途径

示范和传承企业文化除了要发挥领导者和管理者的作用，发挥标杆人物的引领作用也是一种重要途径。艾伦·肯尼迪在《企业文化》一书中将英雄人物列为企业文化的三大要素之一，可见标杆人物的重要性。

标杆如何对他人产生影响

以有形的人为载体，将抽象的文化理念具体化，潜移默化地传达企业文化特征，进而引导员工的思维和行为，这是企业文化落地过程中的重要方式。而最能体现企业文化的人莫过于企业所树立的标杆人物，他们就是企业文化的人格化体现。企业中的标杆人物往往是在某一领域有着突出表现、堪为表率的员工，这些人对群体的影响力是不容小觑的。

社会心理学家阿尔伯特·班杜拉在他的观察学习理论中强调了标杆的作用。他认为，通过对标杆的设置和控制，能够达到强化他人某种行为的目的。

班杜拉找来一些孩子进行实验。他将他们分为两组，让他们分别看一段录像。甲组孩子看到的是录像中一个大孩子打玩具娃娃，之后一个成年人奖给了这个孩子一些糖果；乙组孩子看到的也是一个大孩子打玩具娃娃，但打了一会儿就有个成年人进来，并把这个孩子打了一顿。

接下来，班杜拉把看完录像的孩子分别带到观察室中，里面有一个录像里的玩具娃娃。结果发现，甲组孩子会学着录像中的大孩子打娃娃，因为他们认为得到奖励的行为是值得重复的；而乙组孩子很少有人去打娃娃，因为他们知道那个行为是会受到惩罚的。

实验的结果证实了班杜拉的预想：即便一个人本身没有受到奖励和惩

罚，但若其周围标杆的行为受到了奖励和惩罚，那么也会对这个人的行为产生一定的影响。换句话说，一个人的行为无论是积极的还是消极的，都是从别处学习来的，而这个学习的过程就是“标杆化”的过程。

通过上述实验，班杜拉提出了“标杆激励理论”。这一理论解释了很多企业每年都要评选先进模范人物并进行大肆宣传和表彰的原因。标杆激励对所有员工都是一种心理激励：对标杆人物而言，成为标杆是一种压力；对先进者而言，标杆是一种刺激；对普通者而言，标杆是一种指引；对后进者而言，标杆是一种挑战。

那么，标杆人物是如何对他人产生影响的呢？班杜拉指出，标杆引领的本质是引导他人观察学习，即人们通过观察标杆所表现的行为和结果，得到某种认知表象，并以之指导自己的行为，减少不必要的错误尝试。

观察学习有四个特征。

一是观察学习不一定具有外显的行为反应。人们可以通过观察标杆的示范行为，在自己尚未有明显行为表现之前学会如何去做，从而避免产生不必要的错误。

二是观察学习并不依赖于直接强化。人们往往能在观察标杆的示范行为时就学习到复杂的行为过程，不用通过亲自体验去强化。

三是观察学习具有认知性。人们通过观察标杆示范行为的表象来指导自己的行为，其中也包含对行为本质的认知过程。

四是观察学习不等同于模仿。观察学习是从标杆行为及其结果中获得信息，有可能包含模仿，也有可能不包含模仿。

通过标杆引领引发的观察学习，决定了观察学习者在大量的示范事件面前观察什么、知觉什么、选取什么、实践什么。因此，为了正向影响观察者的选择，保证标杆人物的示范引领效果，企业就要明确：该选什么样的标杆？怎么培育和宣传标杆？

明确标杆人物选树思路

为了选出合适的标杆人物，企业要厘清标杆人物的选树思路。实践中，最常见的方法是按职能部门进行分类塑造，从采购部门、生产部门、销售部门、财务部门、人力资源部门、研发部门中，分别挑出表现与企业价值观高度契合的员工，用他们的行为事迹和优秀业绩来鼓舞和激励同一部门的员工，以期提升员工整体的职业化水平。以销售标杆的塑造为例，很多企业的销售部门都会制定销售业绩排行榜，将表现出色的季度、年度榜首评为销售标杆，在部门内营造出争先创优的工作氛围。

也有一些企业从文化的角度出发，按照企业的愿景、使命、价值观等核心文化的内涵来树立企业标杆，比如将具有做人厚道、做事地道、积极传承和发扬企业精神、勇于创新、忠于职守、团结上进等品质的员工树为标杆。

在标杆人物选树的过程中，通常要结合企业需求实际，交叉运用多种方式。需要注意的是，选树什么样的标杆直接影响着观察者的学习认知结果。因此，在标杆选树时必须对企业价值理念进行全面把握，确保选树的标杆契合公司的文化理念。与此同时，还要遵循一定的选树原则，如表 5–1 所示。

表 5–1　标杆人物选树原则

原则	具体描述
看得到、摸得着	标杆人物的选树要深入员工群体，根据员工的身边事，选取员工的身边人
信得过	选取的标杆人物一定要在某方面有出众之处，群众基础强，有权威性和说服力
学得到、做得来	选取标杆人物时不能在同一个人身上聚集太多优点，应尽量选择最突出的某方面来展示，使员工觉得标杆人物与自己的距离并不遥远，有学习的可行性和可操作性

国网天津市公司为了正确树立标杆，坚持“有广度、有高度”的选树思路，多层级梯队化培育标杆人物。

第一，确保培养范围有广度。通过收集各基层单位、车间和班组一线的先进、优秀员工信息（包括在企业内部和社会上获得的各个方面奖项和荣誉，以及广为称赞叫好的敬业、奉献故事等各类“闪光点”），确保标杆人物选树工作可以百分百地覆盖公司的每一级机构、每一名员工。

第二，确保重点选树有高度。在标杆人物选树目标上，要“高低结合”，既要培养重大先进典型，使之成为大众标杆，也要逐级培养各级各类示范标杆，让各级员工感受自己距离标杆人物并不遥远。在重大先进典型人物的培育上，重点培养代表社会价值取向、体现时代精神、工作能力出众、广大干部群众评价高、具有重大典型成长潜质的突出典型。[15]

在标杆人物选树工作中，国网天津市公司的做法是值得参考的。企业可以在契合文化价值导向的大前提下，深入基层一线去挖掘和选树标杆，推选出员工身边“看得到、摸得着、信得过、学得到、做得来”的标杆人物。

从心理根源上来说，这种做法是基于在向标杆学习的过程中人们所具有的一种普遍心理：当一个人在某方面比我优秀时，我会去欣赏他；当他在两到三个方面都表现得出类拔萃时，我会崇拜他；但当他有太多的方面比我强大时，我会觉得对方是个天才，只能仰望而难以学习和效仿。如此，也就失去了向标杆看齐的作用。

因此，在选树标杆人物时，企业应以企业文化价值理念为主线，从普通员工身边多层面、多角度地去挖掘和选树不同岗位、不同类型的标杆人物，做到“百花齐放”，以激发多层面、各专业员工的积极性，让员工充满信心、满怀希望地向标杆人物学习，真正做到“思想上有触动、行动上有自觉、灵魂上受洗礼”。此外，选树标杆人物之后，要对之进行深度培养，确保标杆人物“立得住、叫得响、过得硬”。

建立各级各类标杆人物资源库

明确了选树标杆人物的基本思路后，企业还要确保标杆人物覆盖各级各类人群，让每个人都能找到学习的目标。“感动中国”人物的评选就覆盖

15 赵亮，施学谦等．新时代先进典型培育研究实践．中国电力新闻网，2019.

了不同行业、不同类型的人员。

2019 年 11 月 20 日，《感动中国》节目组公布了感动中国 2019 年度人物候选人，其中包括默默坚持 30 多年爱心公益路的王娅、以拼搏精神赢得五连冠的中国女排、坚持用爱心和智慧温暖矫正艾滋病在押人员的毛卓云、为乡村教育奉献 40 多年的叶连平、凉山木里县森林火灾牺牲的四川森林消防员、首创“文化大篷车”的宁夏话剧团、盲人中医师朱丽华、见义勇为徐前凯、“信义奶奶”窦兰英、“敦煌的女儿”樊锦诗等 21 位候选人。

感动中国始终秉承“公平、公正、公开”的原则，评选出各行各业、不同类型的标杆人物，让全国人民都能找到学习的目标。企业在评选标杆人物时，也要坚持多样性原则，让每一个员工都觉得自己通过努力可以成为故事的“主角”，形成“人人参与”的良好氛围。

为了充分整合各类标杆人物资源，强化标杆人物选树的工作管理，企业可以建立分级分类的先进典型资源库，对最能有效传播核心价值观、最能展示和提升企业形象、最能教育和引导员工积极向上的标杆人物进行分级建档，全面掌握标杆人物情况。

国网临汾供电公司为了把好“储备关”，创建了名人档案，弘扬传承名人精神，打造国网名人档案品牌。第一，明确名人档案的建档对象和档案收集范围；第二，确定了整理过程、整理方法和整理规范；第三，定制了美观、实用、达到永久保存条件的档案装具，编制了科学的分类排列、装订方法。通过扎实的档案前期收集工作和后期的整理归档，确保了名人档案收集整理工作的顺利进行。为了加强名人档案馆的系统化管理，公司还制定了名人档案管理方案，从名人界定、部门职责、建档对象、收集范围、管理利用等方面，对名人档案进行规范管理，以此促进公司档案管理制度的不断完善。

在建立各级各类标杆人物资源库的过程中，企业不妨参考国网临汾供电公司的做法，以“名人档案”的形式管理好标杆人物，充分发挥标杆人物的示范辐射作用。

在进行标杆人物分级分类时，企业可以从标杆人物的影响程度入手，如表 5–2 所示。

表 5–2　标杆人物资源的分级分类

类别	具体内涵
先进典型	从各个层面弘扬企业文化价值理念，事迹突出，具有一定影响力、感召力、示范性和代表性，在一定范围内被宣传学习的先进集体和个人
重大典型	事迹特别突出，影响非常广泛，得到广大干部员工普遍认可，纳入公司统一管理或由公司组织宣传学习的先进典型

除了按照影响程度划分外，还可以按照“类别”划分，比如创新先进人物、道德楷模、劳动模范、销售精英、诚信个人、工匠达人等。在进行“类别”划分时，最好结合企业文化价值理念倡导的行为规范进行划分，以确保文化理念的全面“人格化”。

在选拔各级各类标杆人物组建标杆资源库时，企业要明确规定评选标准，坚持自下而上、民主评议、公开、公平、公正、兼顾各方的原则，来开展标杆人物的推荐评选工作。为了保证标杆人物评选的科学性和有效性，最好以制度的形式将评选程序固定下来，制定如《标杆人物评选和管理办法》等管理制度。

规范和落实标杆人物的培育

做好标杆人物“挖掘选树”环节后，企业要规范和落实标杆人物的培育，善于发现标杆人物的“闪光点”，抓住其精神实质进行深入提炼，制定系统的培养措施，让标杆人物“立得住”。

实施精准定位的培育

每一个标杆人物，无论其影响大小、层次高低，都应该是企业文化价值理念的体现者。企业要深入提炼标杆人物的精神特质，开展精准定位的“种子培育”，确保每一个标杆人物都“能扎根、种得活，能结果、有成效，能繁殖、可复制”。

（1）深入提炼精神特质

在企业建立的各级各类标杆人物资源库中，每一个标杆人物都应有其独特的精神品质和事迹。企业要从标杆人物的事迹中充分把握其精神特质，进行深入提炼，打造标杆人物的“专属名片”。

2019 年 9 月 5 日，第七届全国道德模范座谈会在北京举行，国家电网公司张黎明获评第七届全国道德模范之一。大家在研究了所有获奖者的事迹后发现，每一个人都有其独特的精神品质标签，比如坚守初心的光明使者张黎明，好妻子、好母亲、好儿媳央宗。

张黎明扎根电力抢修工作一线 32 年。电力抢修工作对人员的技术水平要求很高，为了提升技术水平，张黎明在平常没任务的时候会独自沿着辖区巡查，把沿途的线路和周围的环境情况用图纸画下来。32 年下来，他累计巡查线路 8 万多公里，绘制线路地图 1500 多张，练就了一手事故诊断的“绝活儿”，完成故障抢修作业近 2 万次。不管哪里出了故障，他只要大致了解周围的环境就能准确判断故障的位置和性质，被同事亲切地称为“活地图”。多年来，张黎明坚守“点亮万家”的初心，践行工匠精神，在专业上精益求精，因此被誉为“坚守初心的光明使者”。

20 年前，央宗的丈夫遭遇了一场意外事故，双臂高位截肢。面对丈夫的残疾，央宗不离不弃、无怨无悔地照顾了丈夫 20 年。虽然日常工作繁忙，照顾丈夫也很辛苦，但央宗从不忽视对儿子的教育。在央宗的影响下，儿子年纪虽小，却是一个有孝心、有爱心的好孩子。在周末的时候，央宗还会去婆婆家帮婆婆做饭、做家务，陪老人聊天。20 年来，央宗用最真挚的心和一点一滴的付出温暖着全家人，被大家称为“好妻子、好母亲、好儿媳”。[16]

---

16 国家电网有限公司官网 http://www.sgcc.com.cn/html/sgcc_main/col2017021449/2019-09/07/ 2019 0907090722504388409_1.shtml.

同样是标杆人物，张黎明和央宗有着完全不一样的事迹，他们影响和激励其他人的“点”也有所不同。因此，在介绍标杆人物时，企业要充分结合他们各自的精神品质和感人事迹，深入提炼属于他们自己的“标签”。企业在培育标杆人物的时候，可采用这样的方法：明确标杆人物的特质，有针对性地提炼其精神品质，打造每个人独有的“名片”，以强化他们的示范引领效果。

（2）“量身定做”培育路径和方向

不同的标杆人物，其精神特质也有所不同。企业要抓住他们所具有的精神内涵，为他们“量身定做”培育路径和方向。比如张黎明是蓝领工匠的杰出代表人物，国家电网公司在 2011 年成立了以张黎明名字命名的专业工作室（张黎明创新工作室），张黎明带领团队成员先后开展技术革新 400 余项，获国家专利 140 余个，其中 20 多项成果还填补了智能电网建设的空白。在张黎明的带领下，一批又一批“蓝领创客”涌现，有效地提升了企业人才队伍的水平。而对待央宗这样的标杆人物，企业可以在生活上给予其关心，解决其生活上的困难，同时鼓励其他成员学习央宗的善心、孝心、爱心。

在培育标杆人物时，企业要对标杆人物开展个体综合分析，为标杆人物“量身打造”培育路径和培育重点方向，在促进标杆人物思想境界和工作水平全面提高的同时，也激励其他员工见贤思齐、争做先进人物。

赋能和表彰标杆人物

规范和落实标杆人物的培育，其实质是给已经表现突出的标杆人物再赋能。这会使标杆人物所创造的价值更加可观，使每一个标杆人物随着时间的推移而更具有示范力和感染力。

任正非认为，英雄是能够继续提升的。给英雄赋能，英雄就会变得更加伟大，同时也会为企业做出更大贡献。2014 年 12 月 25 日，在华为第四季度区域总裁会议上，任正非说道："自古以来，英雄都是班长以下的战士。那么英雄将来的出路是什么呢？我们把他们送到需要的地方去奋斗，让他们当'准将'，准备当将军，应该加快对这部分人的循环赋能。如果不让他们变得更优秀，如果所有华为的英雄都只能在好地方做代表，流不动，那么将来我们就是死水一潭。"

给"英雄再赋能"，可以采取很多措施，包括组织经验交流大会、推行轮岗制度、鼓励其下一线锻炼等。只有通过不断对标杆人物赋能，进行深入培养，这些人员才能与时俱进，从而始终"立得住"。

除了为标杆人物赋能外，企业还要给予标杆人物肯定和赏识，以多种形式表彰"英雄"。第一，在肯定和赏识的作用下，标杆人物的自信心与责任心会得到有效激发，此后会以更高的热情投入工作，不断发掘自身潜力。第二，表彰"英雄"实际上是企业树立模范的过程，其潜在的语境是："这名员工做了什么事，体现了一种怎样的精神，我们应该向他学习。"这种表彰"英雄"的做法，能让员工"看得见"标杆，从而充分发挥了标杆人物的示范、辐射、传承作用。

任正非在2014年的一次讲话中强调："所有细胞都被激活，这个人就不会衰落。而激活细胞的办法很简单，那就是对跑到最前面的人，给予他奖励。"华为公司为了鼓舞士气，让英雄辈出，特别设立了金牌奖、"明日之星"奖等，表彰为华为公司做出突出贡献的英雄。每一次评选都是按照公平、公正、公开的原则进行的，由员工自行讨论标准，采用民主投票的方式。每次评选活动中，各部门至少有25%的员工可以获得金牌奖、"明日之星"奖。评选结束后，各部门会举行隆重的颁奖仪式，对获奖者进行表彰，并记入员工荣誉档案。

2017年至2018年，国网吉林省电力有限公司为树立典型、表彰先进，充分发挥先进典型的模范带头作用，共命名表彰了各类先进集体（组织）581个，各类先进个人938人次；公司及所属单位共获得国家级荣誉162项，行业荣誉166项，地方荣誉185项；公司各级干部员工共获得国家级命名表彰 20 人次，行业表彰 169 人次，地方表彰 126 人次，在公司内部形成了良好的示范引领作用。

2019 年 1 月 16 日，海尔集团在创新年会上对获得金网奖、金锤奖、金榕树奖三大金奖及 CEO 特别奖的创客进行了表彰，以此鼓励更多员工将创新融入全流程解决方案中。

企业要创造“英雄”，更不能忘了“英雄”。我们要像华为公司、国家电网公司、海尔集团这些优秀的企业一样，以各种方式来表彰“英雄”，让这些“英雄”成为员工心中的标杆人物，以激励更多的人争当“英雄”，在企业内形成积极传承、传播和践行企业文化价值理念的良好氛围。

蒙尘的英雄也是英雄

对于标杆人物，并不是要求他们十全十美。任正非说：“完美，就抑制了许多英雄的成长。什么是英雄？一段时间内做出了突出贡献，这个人就是英雄。”企业要有容忍失败的胸襟，对失败抱持新的态度，因为失败的经验也是宝贵的财富。田涛在《不完美的英雄也是英雄》一文中写道：

华为的英雄是多种多样的，在最佳时间段以最佳角色做出最佳贡献的人，都是华为编年史上的英雄。也许他们中的少数人是“冲动”驱使下的“瞬间英雄”，之前与之后都不光彩夺目，那有什么关系呢？我们不能因此而淡忘英雄们曾经的功绩，并进而否定英雄。

容忍个性，褒奖英雄，是任何一个成功组织持续扩张的前提。当组织中到处晃动着高倍数的显微镜时，图灵式的天才将会被湮灭，有缺陷的英雄将会弃甲而去。组织领袖们的责任就是构建跑道，确定规则与秩序，让乔伊娜们奋不顾身地在无障碍的空间与时间里去竞跑，去冲刺冠军。

2016 年，华为公司推出了一组广告，其中一则广告的主题人物是美国已故短跑名将弗洛伦斯·格里菲斯·乔伊娜。但乔伊娜曾有“服禁药”

的传闻，所以，这则广告引发了人们的争议。对此，华为公司解释道，没有证据表明乔伊娜服用过禁药。任正非则回应道："为什么要把煤洗得白白的？"

任正非强调华为要承认英雄，蒙尘的英雄也是英雄。正如鲁迅所言："有缺点的战士终究是战士，完美的苍蝇终究是苍蝇。"

华为公司在交钥匙工程时期，面临着新业务进入的压力和海外市场初期要实现较高的客户满意度的要求。当时，只要一出现客户投诉，华为就换项目经理，这直接导致了华为公司在一段时间内几乎没有符合要求的项目经理可用。

后来，华为逐渐认识到，如果项目经理一犯错就换人，那么华为就永远无法培养优秀的项目经理。随后，华为公司针对被投诉的项目经理制定了新的评价标准。新标准显示了"看绩效贡献，不以一时成败论英雄"的客观评价。由此，华为公司的项目经理才得以一批批地培养起来。

华为有不少项目经理在成长的过程中被客户投诉过、被公司审计过、被公司批评和惩罚过，但这些人最后都成为了优秀的项目经理，有些人还获得了项目金牌奖等荣誉。

华为公司的高层领导者并没有因为项目经理被投诉就完全否定他们的工作，反而给了他们更多的机会，从而让一批又一批优秀的项目经理成长起来。任正非要求华为的管理者不能随便使用"失败"这个词，要使用"探索"这个词。他在一位主管的检讨邮件上批示："没有常胜将军，没有失败就没有胜利。失败是成功之母。"

在培育标杆人物的过程中，企业要适当给予英雄犯错的环境，不要因为一次失败就否定他们的成绩。没有"无菌"的环境，更没有"无菌"的人。选树标杆人物并非选"圣人"，只要他们在某段时间内做出过最佳贡献，那么他们就可以成为"标杆"；而企业的责任就是要认可其贡献，创造有利于标杆成长的生态环境。

深化标杆人物的学习和宣传

在选树和培育标杆人物后，企业要运用多种手段，深化对标杆人物的学习和宣传。通过打造学习弘扬载体、开展多维立体化宣传、营造人人争优的氛围，让标杆事迹传得快、传得广，增强行为引领的效果。

打造标杆人物的学习载体

树立起了标杆人物，就树立起了员工学习的对象，为员工明确了工作标准。为了确保标杆人物的精神品质及先进实践得到有效传承，企业要打造标杆人物的学习载体，促进个人对标标杆，主动改进行为。

（1）广泛开展学习活动

为了引导广大员工争做典型人物，企业可以通过编制学习手册，开发学习课程，组织学习竞赛、征文、演讲、事迹报告会等形式，在企业内部广泛开展标杆学习活动。

前文中提到的张黎明是一位时代楷模。为了鼓励各行各业的人对标张黎明，看齐争优，培育出更多“黎明式”人才，张黎明先进事迹报告会在北京举行。2018 年 6 月 27 日，国网天津市电力公司滨海供电分公司（以下简称滨海供电公司）配电抢修工人张黎明本人、其同事、社区居民和媒体记者代表等共 5 人在报告会上做了报告，中央企业和首都国有企业干部职工代表、各界群众代表等共 700 多人参加了报告会。通过事迹报告会，张黎明的事迹被越来越多的人所熟知，张黎明的形象深入人心，越来越多的人加入了“向张黎明看齐”的队伍。

除了通过事迹报告会了解和学习张黎明，国网天津市电力公司还编制了《对标黎明手册》，针对黎明精神特质，在领导干部、党员、员工等不同层面形成了对标标准，促使各级人员结合每一个具体指标，对标个人的工作，主动改进不足。与此同时，依托国网天津市电力公司党校策划黎明主题精品课程，制作领导干部、青年后备干部、管理人员、班组长及青年员工等 5 类人群必学课程以及人民网公开慕课，形成了包含“黎明成长”主题党课、“黎明故事”语言微课、“黎明铸魂”系列课程以及“黎明笔记”培训考核、“黎明急修”案例微课、“黎明创新”仿真微课等 18 万字、18.5 小时的书面及视频课程。此外，国网天津市电力公司还以全体共产党员为竞赛主体，围绕党员“三亮三比”以及党员责任区、示范岗建设，在重点工程、重大保电等日常工作中开展“黎明杯”系列竞赛。

为了推动全体成员广泛学习标杆人物，企业可以借鉴国网天津市电力公司的做法——通过开发标杆人物专题课程、编制标杆人物对标手册、开展系列学习竞赛活动、举办标杆人物事迹报告会等丰富多样的学习形式，引导和激发广大员工以先进模范人物为标杆，积极践行企业文化价值理念，形成“人人学习标杆、人人争当标杆”的良好氛围。

（2）利用多种形式开展实践学习

除了广泛开展学习活动，企业还可以通过打造学习工作室、组织实践活动等形式，推动实践学习，引导广大干部职工学习并争做标杆，从自己做起、从实践做起、从现在做起。

张黎明是国家电网公司上下重点学习的标杆，公司特别成立了“张黎明共产党员服务队”，推动“黎明 + 实践”活动，探索实施电力应急抢修“黎明行动”，推行一流营商环境“黎明承诺”等工作，并全面开展志愿服务。与此同时，把“张黎明创新工作室”打造成为提升员工队伍整体素质的重要基地，推动实施科技创新、职工创新、青年创新、专利申报等创新活动，让一批批技艺精湛、素质过硬的“蓝领工匠”涌现。

在打造学习载体时，企业可以借鉴国网公司的做法，打造类似工作室、服务队等载体形式，推动标杆学习长效化，避免出现标杆学习“昙花一现”的现象。

多维立体化宣传标杆人物

在打造学习载体的基础上，企业还要借助多种途径宣传标杆人物，讲好“标杆故事”。在标杆人物宣传时，要遵循一定的要求，如表 5–3 所示。

表 5–3 标杆人物宣传要求

要求维度	具体内容
提高公信力	立足标杆人物的真实事迹，以真实的、朴素的、鲜活的人物形象去传达企业文化价值理念，以事实服人
增强感染力	借助故事等生动鲜活的语言形式，把标杆人物的“闪光点”讲生动、讲明白、讲透彻
扩大影响力	借助权威的宣传平台，借力“互联网 +”新形式，向全体员工传达标杆人物事迹

在遵循上述宣传要求的基础上，企业还应探索多维化、立体化的宣传途径，如表 5–4 所示。

表 5–4 多维化、立体化的宣传途径

宣传途径	具体描述
内部阵地宣传	借助企业文化长廊、宣传看板、LED 宣传屏、企业内刊等企业内部宣传阵地，开展标杆人物事迹的传播活动
网络宣传	借助公司官网、微信、微博、QQ 等网络宣传平台，综合运用 H5、VR、短视频、图文、Flash 等新技术形式，掀起网络宣传热潮
文艺宣传	利用纪录片、舞台剧、报告文学、话剧、曲艺等多种文艺形式，多角度、立体化地宣传标杆事迹
社会传播	利用志愿服务、户外宣传牌等社会公益性的宣传途径，在社会上宣传标杆事迹

国网公司通化供电公司为了鲜活生动地宣传标杆事迹，建立了有效的传播体系。一方面，公司利用电力杂志、公司内部网络、内刊、微信群以及面向社会的各种媒介和途径，让标杆人物事迹得到迅速、广泛的传播。另一方面将标杆故事改编成小品、情景剧等文艺作品，通过声、光、电等多媒体手段，把“身边的故事”演出来，使之动起来，达到了寓景于情、寓教于乐的效果。

“以身教者从，以言教者讼。”通过多维、立体化的宣传途径将抽象的企业文化价值理念用生动鲜活的人物、事迹展现出来，将单纯的企业价值理念宣教转化为具体形象的示范，这种做法能有效地增强企业文化宣传的效果。值得注意的是，标杆人物的宣传不可出现一阵风主义、形式主义，而应建立长效的宣传机制，扎实推进，以充分彰显典型的感召力、凝聚力和带动力。

借仪式感营造创优争先的氛围

为了更好地营造标杆学习的效果，企业还应注重打造颁奖仪式感，以此激发员工斗志。

华为每年的颁奖礼有很多，而且对优秀员工的表彰仪式都很隆重。发奖发到头晕，拿奖拿到手酸，鼓掌鼓到手痛，这是华为人对华为颁奖仪式的形容。任正非曾强调：“要花点钱做一些典礼、发奖仪式上的精神激励，一定会有人记住的，这就是长期对他的自我激励。” 华为《人力资源管理纲要 2.0》也提出：“要用好、用活荣誉仪式与荣誉信物，通过正向积极、感人至深、催人奋进的荣誉表彰仪式，让优秀的组织与个人获得更大的荣耀感，让荣耀感进一步激发出组织与个体更大的责任感，让个体性‘一枝先秀’的标杆引导出群体性‘百花齐放’的奋进”。

华为为什么如此重视仪式感？心理学的峰终定律可以做出解释。[17]

峰终定律指出：如果在一段体验的高峰和结尾人是感到愉悦的，那么对整个体验的感受就是愉悦的。

仪式感的直接作用就是强化峰终定律，通过极具震撼力和影响力的形

17 华夏基石企业管理咨询有限公司．洞察：华夏基石管理评论［M］．中国财富出版社，2019.

式，能有效调动大家的激情，进而强化人们对整个体验的感受，提升激励效应和带动效应。华为颁奖典礼所形成的仪式感不只激励着被表彰者，还传递着华为精神。仪式感让获奖者和观众都激情澎湃，有效增强了团队力量，激励着每个人争当英雄，从而形成“比学赶超”的文化氛围。华为公司通过打造颁奖典礼仪式感来激励人人争当英雄，这种方式是值得我们学习和借鉴的。

完善标杆人物培树的保障机制

要让标杆人物的选树、培育、学习和宣传工作实现规范化、长效化，企业需要完善标杆人物的保障机制，通过建立上下联动的组织实施机制、建立沟通协调汇报机制、创造有利于成长的生态环境，来确保培育效果。

建立上下联动的组织实施机制

“火车跑得快，全凭车头带”。实施标杆人物的选树，企业必须做好两件事。第一要加强组织领导，强化顶层设计，成立推动工作的相关领导小组，统筹决策、组织、监督各项工作的推行，确保资源合理调配。第二，明确各单位、各部门的详细职责分工，以系统化、专业化管理，厚植标杆人物选树、培育、宣传的土壤，使标杆人物选树、培育、宣传工作能够落到实处并取得实效。

为了进一步加强先进典型选树管理工作，国家电网公司制定了《国家电网公司先进典型选树宣传管理办法》，明确相关部门、相关单位的职责分工。

国网党委统一领导先进典型选树宣传工作，各级单位分工负责先进典型发现、培育和宣传推广工作。

国网政工部负责统筹管理先进典型选树宣传；指导公司各级单位抓好各类、各层级先进典型的选树宣传工作；策划重大典型选树，加强重大典型管理，组织开展向重大典型学习活动；做好向上级单位推荐工作。

总部各专业部门负责培育本专业先进典型，推荐本专业重大典型。国网办公厅、安质部、人事部、人资部、监察局、工会等部门根据工作职责，对重大典型进行审核。国网外联部负责统筹先进典型宣传，并策划重大典型主题的传播活动。

各省（自治区、直辖市）电力公司、直属单位以及其所属单位负责本单位先进典型的发现、培育和宣传工作；向公司推荐重大典型；落实公司党委的统一部署，组织开展“向重大典型学习”的活动。

在明确各单位、各部门职责分工的基础上，企业要建立上下联动的参与机制，公司层面强规划，二级单位保落实，一线层面重执行，让标杆人物选树、培育、宣传任务自上而下地层层分解，落实到位。

国网天津市电力公司为了顺利推进先进典型培树工作，建立了公司层面、基层单位层面、科室及车间层面“上、中、下”三级联动机制，以保障先进典型培树的深化落实。

第一，在公司层面做到“培树有规划”。公司层面负责重大先进典型培育工作规划，编制先进典型培育“核心任务清单”，根据公司工作实际情况对工作规划进行修编，保证规划始终紧跟时代主题、符合时代要求。

第二，在基层单位层面做到“培树有计划”。基层单位按照公司党委统一规划的大纲内容及要求，结合本单位的具体机构设置，制定并落实重大先进典型培育工作计划、先进典型梯队培育工作计划，细化每年、每季度、每月、每周培育计划，并负责对本单位培育工作计划执行情况的定期总结上报。

第三，在科室及车间层面做到“培树有执行”。全公司每个科室及车间按照基层单位工作计划，结合具体业务特点和人员构成，深入细化执行先进典型培育工作，积极落实培养计划安排，密切跟踪培育对象在先进典型培育机制下的成长动态，及时向上级做好信息反馈。[18]

---

18 赵亮，施学谦等 . 新时代先进典型培育研究实践 . 中国电力新闻网，2019.

在标杆人物的培树工作中，企业可以参考国网公司的做法，建立组织领导小组，明确各单位、各部门的推行责任，实施上下联动的推进机制。比如，在公司层面做好主题主线清晰、符合公司实际情况的标杆人物培树计划，各二级单位在贯彻公司部署的前提下细化标杆人物培育计划，在一线层面上强化对计划的落实。

建立沟通协调汇报机制

任正非曾不止一次告诫华为管理层，想要决策顺利推行，就必须学会运用沟通的力量，使企业成员之间能够顺畅交流。沟通对于企业的重要性不言而喻。

在盛世华联公司曾发生过这样一件事。公司销售部接到一位客户的电话，要求追加一批产品。销售部及时通知了生产部，但只是简单地说："按上次的样子做。"生产部迅速找出当时为这位客户设计的产品设计图，按图开始赶工。

然而就在即将完工时，销售部却突然要求生产部停工。原来，此前由于该客户要货时间紧，经协商，客户同意选用部分库存产品。没想到，客户对库存产品的设计更为满意。所以，客户此次追加的是与库存产品一致的样式。最后，生产部不得不调整尺寸，员工再次赶工。而因两个部门之间的沟通不到位，公司蒙受了很大的经济损失。

被誉为"现代管理学之父"的彼得·德鲁克曾说过："企业执行力不佳，其中最大的问题源自沟通。"盛世华联公司的这个事件也说明了在执行过程中沟通到位的重要性。那么，应该如何沟通呢？管理培训专家余世维指出："沟通从来都不是单行的，需要有人询问，也需要有人回答，要让沟通双向进行。"

关于"沟通"，余世维用了一个很平常的词语"回报"来表述。余世维所说的“回报”是“回头报告”的意思，也就是说，甲对乙有要求，乙要对甲有反馈。管理不是单行道，而是双向道。所以，甲对乙一旦有要求，乙对甲要不断地回报。这样，甲便可以了解乙在做什么；万一出现差错，也来得及修正。

余世维在管理企业时，非常重视“回报”沟通：任何人对他有要求，他马上就对人家有回报。如果员工还没有养成这个习惯，余世维就时刻盯着他，直到他养成这个习惯。

余世维认为，上面的人紧盯下面的人回报，一环扣一环，钩子才不会脱开。总经理不必关心粽子里包的是什么馅，这是部门经理的事；但是要确保一根绳子拿起来，下面就得串着九个粽子。若员工没有养成及时回报的习惯，那么上司就要随时紧盯，直到他们养成这个习惯为止。余世维这种严格要求的“回报”机制，使企业的沟通变得及时、到位。

在标杆人物的培树工作中，企业也要重视双向沟通的重要性，以便及时了解计划落实的情况。企业建立了上下联动的组织实施机制后，如果不注重沟通反馈，那么就很有可能造成“对上层的规划执行不到位、对下层的执行情况监控不到位”的情况。那么，应该如何进行及时的汇报呢？华为人对于这个问题有着十分明确的回答。

在华为公司，所有员工都被要求定期向自己的项目负责人汇报工作进度。在汇报进度和做出相应反馈的过程中，他们至少应该确保自己的汇报中涉及“A、I、D”三个方面的内容。

A 即英文“Action（行为）”的缩写，指反馈自身哪些事情做得好，哪些事情做得不好。

I 即英文“Impact（影响）”的缩写，指这些好或不好的行为所产生的影响。

D 即英文“Desired Outcome（希望的结果）”的缩写，指接受反馈者可以通过哪些办法来更有效地完成自己的工作。

在标杆人物培树过程中，企业应该建立覆盖全员、全过程的沟通汇报机制，切实加强各级单位、全体员工之间的沟通与协调，做到事事有回音、件件有落实。进一步讲，要确保重要工作及时得到上级领导的指示，保障重要节点工作推进得有条不紊。

创造有利于成长的生态环境

为了做好标杆人物培树工作，企业要创造有利于先进典型持续成长的生态环境，健全竞争和激励机制，持续释放先进典型的示范带动作用。

在实践中，企业可以从四方面入手，保障标杆人物的批量涌现。

（1）制度上激励

为了激励广大员工积极创先争优，解决“因为约束不愿成为标杆”的问题，企业可以从制度上进行激励，用制度保障标杆人物的涌现。

中国中车公司为了激励员工成为标杆，把所有人都变成了标杆，然后实施“积分”管理，明确工作标准，细化测量指标，强化日常考核。如果在日常工作中有人出现不符合公司行为规范的行为，就实施扣分、降级处理，最后积分第一名的员工成为最佳标杆人物。

中国中车公司通过“积分管理”，既解决了“员工因受约束而不愿成为标杆人物”的问题，又促使全员自觉遵守员工行为规范。在为标杆人物的成长创造良好生态环境时，广大企业可以借鉴中国中车公司的做法，通过明确的制度要求，来激励全员创优争先。

（2）思想上关爱

在思想上，企业要给予标杆人物必要的关爱，加强对标杆人物思想状况的了解，尽可能为他们提供思想教育、心理疏导等方面的帮助。必要时，还可以为标杆员工配备思想导师，引导他们始终不忘初心，保持良好的心态和言行。

（3）生活上关心

在生活上，企业要关心标杆人物，关注他们的生活状况，对生活困难的标杆人物进行帮扶，让他们感受到来自企业的温暖。

为了给标杆人物建功立业营造更好的环境和条件，国网延边供电公司建立了暖心的帮扶体系，真诚地帮助标杆人物解决工作、学习、生活中的实际问题。公司在全公司工会系统建立了工会领导干部与标杆人物联系制度，通过走访座谈、节假日慰问等多种形式，定期向标杆人物宣传有关的帮扶政策；通报工会的重要工作与活动事项；了解标杆人物的工作、学习、生活等情况；听取标杆人物的意见、建议，等等。

在生活上关心标杆人物，既可以为其解决后顾之忧，同时也可以向其他员工呈现企业重视标杆人物的决心，以激励全员争优。

（4）工作上扶持

企业要为标杆人物的成长搭建舞台，为他们提供施展才华和发挥作用的空间，促进他们全面发展、健康发展。同时，也要在精神鼓励和收入待遇上加以适当考量，以提高激励效果。

第 6 章
企业文化培训管理

要想强化全员对企业文化的认知认同和行为自觉，实施系统、持续、有针对性的培训是关键环节。具体而言，企业要着力打造企业文化培训内容体系，组织多样化的培训，培养强有力的师资队伍，并加强培训效果管理。

培训是文化落地的关键环节

企业文化能否得到全员的理解、认同和遵守，进而内化成员工的行为自觉，这在很大程度上取决于培训是否到位。

企业文化培训要系统、持续地开展

培训涉及企业文化建设落地的各个环节，前面章节提到的制度建立、行为自觉强化、标杆人物引领等各环节都涉及培训。企业文化培训是指企业通过长期开展思想教育活动，使全体员工对企业的价值观、行为方式等形成共识。企业文化的共识过程反映着员工态度转变的过程。因此，教育培训不能盲目和随意，其首要目的是转变员工对企业文化的态度。

态度蕴含着个体对事物的主观评价，并由此产生相应的行为倾向。态度包含认知、情感和行为意向三个部分，如图 6–1 所示。

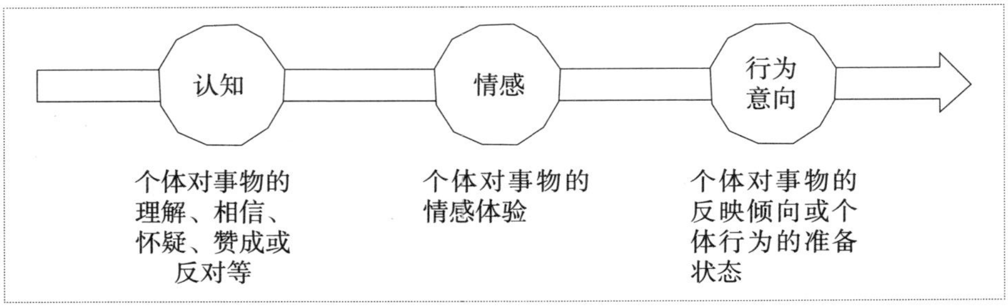

图 6-1　态度的结构

态度会给个体的行为提供必要的信念，是决定行为的潜在动机。员工对企业文化态度的转变并不是一朝一夕的事，而需要通过长期、系统的教育培训来增强员工对文化理念的认识和理解，促使其在过程中产生良好的情感体验，并随之产生积极的行为反映。实践中，一些企业在进行企业文化培训时，往往会陷入“一阵风主义”、内容不一、“救火式”培训等误区，如表 6-1 所示。

表 6-1　文化培训的误区

文化培训误区	具体内容
“一阵风主义”	一时兴起，把文化培训当成某个阶段的任务
内容不一	文化培训内容脱离业务实际，说一套做一套
“救火式”培训	出了问题之后才想起来开展文化培训

“一阵风主义”和“救火式”培训缺乏系统性，虽然成就了一时的热闹之象，但是却无法得到员工的重视，很难对员工的态度改变产生实实在在的作用。而内容不一的现象因与日常业务实践相悖，故对员工态度和行为的改变也不会产生太大的作用。张瑞敏曾强调：“员工培训必须要反复抓、抓反复。”企业文化培训也是如此，需要持之以恒、一以贯之。

华为人在成为真正的华为人之前，都需要经过一系列的培训。可以说，只要在华为一天，他们就要接受一天的华为文化教育。新员工进入华为后，会进行为期 180 天的培训。在培训期间，新员工会对华为的企业文化有一个全面的认识。华为文化教育并不是在新员工培训结束后就结束了，在员工正式上岗后，华为大学还会以训战结合的形式，培养员工的专业作战能力。

不仅如此，华为公司还会安排各种各样的“运动”来提高大家的思想认识，比如军事训练、各种总结和动员会议、各部门活动等。

华为公司正是通过长期的、持之以恒的文化培训，让员工的思想态度跟上华为公司发展的步伐。有些从其他企业跳槽过去的员工最初可能无法理解华为公司的企业文化，但是在一次次的“思想洗礼”和实践下，很多人最终都被华为公司的奋斗文化打动了。

所以，要想使员工认知认同企业文化，企业文化培训工作就要如华为一般贯穿于员工职业活动的始终，反复抓、系统宣贯，让员工一步步深入理解、融通文化理念，最终内化为自己的思想观念，重塑自己的认知和行为。

企业文化培训要有针对性

在系统、持续地开展企业文化培训时，要切忌“一刀切”，要根据企业的实际情况，在培训的内容、形式、对象上有所区分。

迪斯尼公司的员工培训偏重于企业文化的培训，遵循的是“先宣贯、后融通，先集中、后分层”的培训逻辑。最初，公司会对所有员工进行近乎宗教式的灌输教育。迪斯尼要求每一位员工，不论是新聘任的副总裁、经理，还是业余兼职的检票员、清洁工，都要参加迪斯尼大学教授团的新员工企业文化训练课程，了解迪斯尼的历史传统和成就、经营宗旨与方法、管理理念和风格等，并反复接受角色训练，学会迪斯尼的独特用语。经过统一的集中训练后，每名新员工要再接受一段时间的个别专业训练，并参加相应的课程考试；考试通过以后，新员工到现场与老员工进行结对子学习，以熟悉并适应新工作。老员工需要接受的培训更多，从内容到形式都非常丰富，比如“未来生涯”“应征”“对着星星许愿”“我们一路走来”等名目的培训课程。老员工们可以针对自己的职业生涯设计，有选择地参加培训课程，从而不断提升修养。

美国惠普公司的培训思路则是根据员工的工作内容和成熟度，从业务、技术培训开始，到沟通技巧，最后才是对文化、思维方面的培训，这是一种比较传统的，由硬到软、由浅入深的培训方式。

这两种培训模式没有优劣之分。对于任何一个企业来说，合适的模式才是好的模式。因而，企业要根据自身实际情况，选择恰当的培训模式。需要特别强调的是，不管是先文化、后技术的宣贯式培训，还是先业务、后思维的循序渐进式培训，都需要分层次、有针对性地进行。

（1）根据人员层次，针对性设置培训内容

不同的人员层次，其需要学习和关注的内容也是不同的，就像迪斯尼新员工和老员工的培训内容也是有所区分的。一般来说，对高层领导者的培训，主要侧重于企业文化的本质、企业文化与传统文化的关系、企业文化与战略和核心竞争力的关系，以及如何实施文化变革等内容；对中层管理者的培训，主要侧重于将企业文化与管理技能相结合；对基层员工的培训，则侧重于使之充分理解企业的文化理念，并将其体现在工作中；而对新入职的员工的培训，则侧重于认识企业的历史文化、先进人物事迹、个体行为规范。

（2）根据不同部门，针对性设置培训内容

不同部门的职能和业务需求有所不同。因此，在企业文化培训上也需要结合不同部门的实际情况，有针对性地设置培训内容。例如，营销部门需要了解企业文化与品牌建设、促销推广、广告公关等的关系；人力资源部门需要了解企业文化与招聘、培训、考核、薪酬、激励、奖惩、任免等工作的有机结合；生产部门需要了解企业文化如何体现在工艺设计、质量控制、流程改造、操作规范等环节；财务部门则需要了解企业文化在投资融资、预算决算管理、成本控制等方面的应用，等等。

（3）根据不同内容，针对性设置培训方式

企业可以采用的培训方式大致包括讲授、案例学习、研讨会、活动、游戏、拓展训练、团队训练，等等。每种方式都有自己的优点，要根据具体的培训内容和对象来选择。比如，讲授式培训一般适合针对高层的理论性课程；活动式、游戏式的培训则适合需要感悟和体验的课程；研讨式培训更适合需要员工对某一问题进行深入探究并达成共识的课程，等等。

在开展企业文化教育培训的实践中，企业要结合不同的培训需求，有针对性地设置培训内容、培训方式。企业要系统思考和回答以下问题："对哪一部门、哪一级别的员工群体应采用什么样的培训方式？从哪些方面做培训？"这样才能确保企业文化培训取得实实在在的效果。

运用 5W2H 法组织人员培训

培训工作做得越全面系统，员工对企业文化的认知和认同程度就越高，践行企业文化的自觉性和积极性也会得到相应的提升。而想要实现企业文化培训的系统化、持续性、有针对性，就要建立一套完整的企业文化培训体系。很多优秀的企业都构建了完整的企业文化培训体系。比如，通用电气公司的前任 CEO 杰克·韦尔奇，不但定期亲自在企业的培训学院对各级员工进行企业文化培训，而且要求中高层管理者都能够结合自己的工作，设计专门的培训课程，其中企业文化是非常重要的内容。再比如，海尔的培训体系也很健全。

海尔集团自创建以来一直将培训工作放在首位，组织了各种各样的实战技能培训（包括即时培训和脱产培训）。此外，还提供职业生涯培训：上至集团高层领导，下至车间一线操作工人，集团都为其制订了个性化的培训计划，并提供了充分的培训机会。

为了更好地对员工实施培训，海尔集团建立了完善的培训软环境。在内部，海尔集团对所有可以授课的员工进行了教师资格认定，让其持证上岗，建起了内部培训师网络；在外部，海尔集团建起了可以随时调用的师资队伍。为了培养出具有国际水平的管理人才，海尔集团还专门筹资建立了用于内部员工培训的基地——海尔大学。集团的中高层人员必须定期到海尔大学授课，不授课则不能参与职务升迁；海尔大学每月对各部门的培训效果进行动态考核，划分等级。

在系统化的培训机制的作用下，海尔员工深受企业文化的熏陶，自觉自愿地践行并捍卫着企业文化。

怎样才能像通用电气公司、海尔集团那样，构建起一套成熟、完善的企业文化培训体系呢？企业可以借助“七何分析法”（5W2H 法）来进行全面的思考和设计，如表 6-2 所示。

表 6-2 企业文化培训的 5W2H 法

维度	具体描述
Why	为什么要开展体系化的文化培训工作
What	培训工作需要解决哪些问题？即培训内容是什么
Who	以谁作为培训对象和培训讲师
How	怎么做培训？即培训的方式是什么
When	企业文化培训选择在什么时间进行
Where	培训的场地选择在哪里
How Much	培训要做多久？做到什么程度？预算支出是多少

Why：为什么要开展体系化的文化培训工作

只有明确了培训的原因，才能让培训工作对准需求、有目的地进行，避免盲目行动。

What：培训工作需要解决哪些问题？即培训内容是什么

这需要根据企业文化建设的实际情况来确定。一般而言，企业要根据人员层级素质状况和职能需求，有针对性地选择培训课程，制订培训计划，做到“干什么学什么，缺什么补什么”。

Who：以谁作为培训对象和培训讲师

企业文化建设需要不同部门、不同层级的人员共同参与。而针对高、中、基层管理者，以及不同部门员工和新进人员等不同的培训对象，应采用不同的组织培训方式。比如，企业高层领导者的人数不多，却承担着构建和传播企业文化的职责。对于他们，可以通过开设研讨班的形式，与外聘的咨询专家、培训师一起商讨文化建设的策略，或是共同解决企业文化建设工作中遇到的难题。对于广大基层员工，则可以通过开办培训班、组织拓展训练等集训形式，加深员工对企业文化的认知认同。

那么，什么样的培训讲师更合适呢？企业文化培训不只是知识和技能的传播，还涉及行为引导和教化的内容。培训讲师的专业水平、授课经验、授课风格，以及其在授课过程中表现出来的思想和行为等，都会对培训效果造成影响，因而要根据不同的培训对象和培训内容，选择职业素养高且经验丰富的人来担任企业文化培训讲师。培训讲师可以“内选外引”相结合，让企业内部拥有成功实践经验的各级业务与技术骨干组成内部教师资源池，同时引入外部导师。在引入外部导师前，必须审核其知识和经验、课程实用性以及知识传递能力，确认其符合企业培训工作需求。

How：怎么做培训？即培训的方式是什么

根据不同的培训对象，选择不同的培训内容和培训方式。企业可以采取讲授式、案例学习式、研讨会、情境教学、单点式教学、体验式教学、互联网数字化教学等形式多样的教学方式，增强课堂的知识性、科学性、趣味性，以强化培训效果。

When：企业文化培训选择在什么时间进行

总体上讲，企业文化培训应该分阶段、长时期、反复地进行，“年年讲，月月讲，天天讲”。在进行培训设计时，管理者应根据各培训对象的工作紧张程度，在课程设置、授课方式、授课时间等方面进行科学合理的策划和安排。值得注意的是，单次培训的时间不宜过长；如培训时间过长，会使培训效果大打折扣。

Where：培训的场地选择在哪里

对于培训场地的选择，应该根据培训对象的团体规模和培训形式来确定。为了保证学员之间、学员与讲师之间能够进行良好的互动，一般不宜选择过于空阔的环境。因为，即使是规模庞大的团体，在参与培训时，也要划分成小的职能单位来进行。此外，培训不应只拘泥于课堂，要充分利用实践教学基地、会议室、实训室、网络等不同的培训场所。

How Much：培训要做多久？做到什么程度？预算支出是多少

在做培训工作前，要对培训的规模、预算等做好详细的规划，避免资源浪费。

在组织企业文化培训时，企业要灵活运用5W2H原则，以此提高培训工作的条理性、针对性和实效性。

打造企业文化培训内容体系

要保证系统、持续、有针对性的企业文化培训取得实效，一个关键点是培训内容体系要如何开发。企业要融合文化价值理念的内涵，打造企业文化教育培训内容体系，满足员工学习企业文化的需求。

打造实用、生动的培训内容

为了满足不同人员的培训需求，企业需要打造多种形式、多种主题的教育培训内容。在开发不同形式、不同主题的教育培训内容时，要着重关注实用性和生动性两个方面。

在培训内容的实用性方面，企业可以遵循“易学习、强关联、可应用、能产出”的原则来进行打造，如表 6–3 所示。

表 6–3 培训内容实用性的把握

原则	具体描述
易学习	将抽象的文化价值理念以易记忆、通俗易懂的形式展示出来
强关联	把握不同员工的学习需求，深入分析员工关注的热点、焦点问题
可应用	让学习内容与员工的日常工作、业务场景有一定的关联度、连接度，确保学习内容能轻松迁移到工作中
能产出	经过培训后，员工能在态度变化、工作行为改善、业绩提升等方面取得实际的学习效果

在培训内容的生动性方面，企业可以采用丰富多样的培训手段来实现。例如，在上节中提到的讲授式、案例学习式、研讨会、角色扮演等培训形式都是增强生动性的有效方式。此外，企业还可以善用群艺载体，如宣传册、歌曲、舞蹈、文学、影音视频、话剧、戏曲等，将企业文化搬上舞台、投上荧屏、迎进课堂，使之深入人心。不同的群艺载体会使企业文化培训产生不同的效果，如图 6–2 所示。

宣传画册	影音视频	话剧	歌曲
随时随地可用，利于传播和保存，具有持久性	视听效果强，易于理解	传播感和互动感极强，易于激发共鸣	流传度高，易于接受，传播速度快

图 6-2 不同载体所产生的效果

国网通化供电公司在企业文化培训过程中不断思考：如何有效地提高企业文化培训的效果？如何以更有效的方式替代单一的文本教育方式？最终，他们在探索的过程中开发了“情境式”课程，将课本培训置换为脚本式培训。

“情境式”课程以教学大纲为主体，以教学情境为辅助，充分发挥讲师的引导作用和学员的学习参与作用，激发学员学习的积极性和主动性。在情境式教学的层层推进过程中，不仅需要讲师充当“导”的角色，还要发挥“演”的作用。

在情境式教学中，情境创设、情境讲解和情境体验是整个教学的核心。全程情境式教学涵盖了创设、讲述、排练、演绎和评价五大环节，呈现出一个动态的过程，如图 6-3 所示。

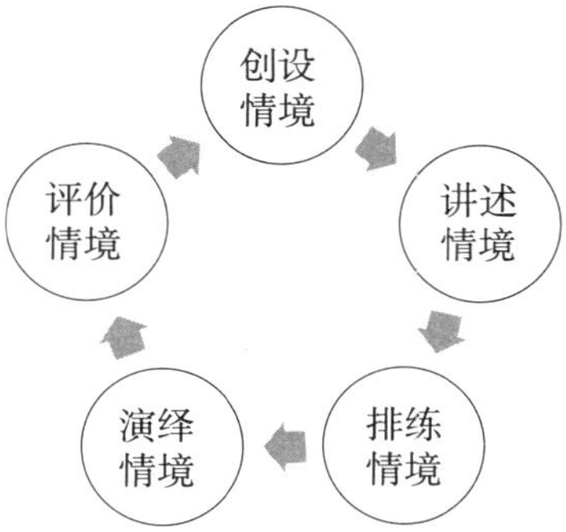

图 6-3 “情境式”教学运行机制

国网通化供电公司的“情境式”教学，通过设定具体情境，借助戏剧、小品等文艺形式，让学员切身体验到了在不同情境下的具体行为方法，用“走心、入脑、接地气”的方式实现了传递理念、激发共鸣、凝聚共识的效果。国网通化供电公司这种创新教学形式的做法是非常值得借鉴的。

编制企业文化培训案例集

在众多的培训形式中，案例教学是保证培训实用性和生动性的重要方式。联合国教科文组织曾针对案例教学、研讨会、角色扮演、敏感性训练、模拟练习、指导式自学、电影、电视、课堂讲授9种不同的教学形式做了一个研究，结果发现：案例教学在知识传授、态度转变、分析能力培养、人际能力培养、学员接受力、知识保留力等方面的综合培训效果是排在第一位的。华为公司在员工培训中也常用案例教学的形式。

2014年，有员工在《华为人》报上发表了《探秘——华为大学“高研班”》一文，文中回忆了作者在华为大学接受为期9天“高研班”培训的全过程，这个过程主要分三个阶段。

第一阶段，组建团队，并进行了磨炼意志的15公里徒步活动。尽管很多学员平时都不怎么运动，但全都坚持参加了这次活动。徒步完毕并一起午餐后，学员们进行了“风雨人生路”团队拓展活动，以此传递团结互助、互相信任和坚持不懈的精神。

第二阶段，在华为大学的教室里，进行重点学习。这一阶段完全以学员为主体，大家自主学习，没有老师，采用案例式教学，围绕公司的管理纲要，采取理论自学、小组研讨、案例演讲、大辩论、高层领导引导交流等多种形式，目的是产生思想碰撞和启发，最大限度地促进学员掌握公司管理的精髓。

第三阶段，学员要至少撰写一篇真实发生的案例文案，以强化对理论学习的现实分析与应用。这些文章会在内部公示，接受全体员工的监督，防止造假；而且会在内部网络中进行讨论，触发人们的深度反思。

案例教学最大的特点是真实，通过将真实的案例直观生动地展示于教学内容之中，带给人身临其境的感觉，易于学员学习和理解。为了发挥案例教学的效用，企业可以围绕自身的文化理念和各业务流程的价值活动，编制企业文化教育培训案例集，并不断使其完善。

那么，企业应该如何选取案例呢？要从知晓度、创新性、易学性、典型性、挑战性等方面进行选取。选取的案例最好是知晓度较高、比较经典的，这样的案例易于调动学员的认知、引起学员的共鸣；同时，案例要有一定的创新性和挑战性，这样才有教学的必要。此外，案例描述不能过于晦涩难懂，应贴合学员的实际知识水平，有一定的易学性。

近年来，案例教学越来越受欢迎。笔者在案例开发上有丰富的经验，曾给国家电网、新力地产等知名公司编写过案例集。2018年，国网吉林省电力有限公司推动展开了服务文化建设，在此过程中涌现了一大批典型人物和典型事迹。为了将服务文化建设经验显化，更好地进行传播和学习，国网吉林省电力有限公司组织人员精心编写了《让人民生活更美好服务文化案例》。

国网吉林省电力有限公司《让人民生活更美好服务文化案例》的编写是分三个步骤进行的。

第一步，全面梳理。公司通过开展实地调研、组织座谈研讨、实施第三方访谈等方式，对服务文化建设的成果和经验进行了全方位的梳理和总结。

第二步，经验萃取。在对服务文化建设过程进行梳理后，需要进行经验萃取，将其中最有价值的知识提取出来，变成整个组织的知识资产。国网吉林省电力有限公司主要从三个方面（包括服务文化与管理创新、服务文化示范点和服务文化引领一线实践）总结了经验和成果，输出案例集。通过对这三个方面的建设成果进行集成管理，汇编成企业文化建设成果手册。

第三步，借鉴应用。每个企业都希望将好的经验积累传承下来，将好的方法复制到其他员工身上，从量变发展到质变。国网吉林省电力有限公司通过多种教学推广手段，促进经验传承，使所有员工都做出了积极的行为改变。

在企业文化培训中，企业可以提炼总结一些能够体现自身文化价值理念的好经验、好成果，编写精品案例，集成案例集，形成可推广借鉴的经验做法，持续强化文化的表现力和感染力。

在编写案例时，可遵循 STARR 法则，即抛出案例背景（Situation），引出事件中面临的问题和挑战 (Task)，以故事化形式描述事件过程（Action），交代清楚事件的结果 (Result)，最终以互动的形式启发思考（Reflection）。

搭建学习地图和网络化学习平台

除了编制案例集，企业还可以结合学习地图的形式为员工设计一系列的学习活动，让员工清楚地知晓应该具备的能力和应该学习的内容。

腾讯学院 Q-Learning 平台为每个员工都配置了“个人学习地图”。“个人学习地图”将员工的个人职级、通道、素质模型与课程匹配，员工一进入系统就可以知道自己该学习什么课程。“公司学习地图”则将整个公司的职级、通道、素质模型与课程匹配。员工可以根据“公司学习地图”，确定自身的发展方向和目标。而培训部门也可以借助系统了解应该开设什么样的课程。

（1）使用恰当的学习地图

目前，国内外知名企业都对学习地图展开了不同程度的研究。根据学习地图的覆盖范围，学习地图可以被划分为不同的类型，包括整体型、群体型、岗位型，具体如表 6–4 所示。

表 6–4 学习地图的类型

类型	具体说明
整体型	体系覆盖范围涉及企业各个业务部门、各个层级，是关注整体的学习地图
群体型	体系覆盖企业中的一些特殊群体，这些群体具有自己鲜明的特点，群体型学习地图为他们提供具有针对性的学习指南
岗位型	体系覆盖企业中的重点岗位，这些岗位对于企业的业务发展具有重要作用

在企业文化培训中，可以结合不同层次、不同岗位的人员培训需求，设

计与之匹配的学习地图，让培训有目标、有路径、出实效。

（2）搭建网络化学习平台

随着互联网技术的飞速发展，学习场所已不再局限于培训教室，网络化学习开始兴起。因此，在企业文化培训中，要用好网络化学习平台，灵活呈现学习地图中的不同学习内容。

瑞士信贷集团的首席学习官西格里德·亨里指出："如果没有电子化学习系统，我们无法在重要的业务领域培训我们的员工，如法律和合规。电子化学习是能够确保我们的员工得到最新法规信息并应用于工作的唯一方法。公司将专家对当前企业内部和外部业务发展的看法拍成短小视频，收录进'专家视角'平台。通过这一平台，所有员工都能够获得我们企业所拥有的丰富知识。"

那么，网络化学习平台在企业文化培训中的具体应用场景包括哪些呢？企业可以让员工在网络化学习平台上进行哪些内容的学习，才能充分发挥多样化学习平台的价值呢？具体应用场景如表6–5所示。

表6–5 网络化学习平台在企业文化学习中的应用场景

应用场景	具体内容
全员学习	传统的教室培训可容纳人数少、周期长、成本耗费大，不适合开展企业文化宣传等全员学习活动；而借助网络化学习平台的直播功能可以进行覆盖全体员工的培训，节省学习成本
文化宣导	将企业文化专题内容制作成微课、视频等发布在网络化平台上，员工可随时随地学习，不受场地和时间的限制
经验分享	在网络化平台上上传优秀的文化建设案例，其他员工可以学习这些优秀的经验和做法；利用直播功能，让标杆员工分享自身的经验，发挥示范作用

企业要充分利用网络化学习平台，有效推动企业文化学习的不断深入，让企业文化入脑入心。

组织多样化的企业文化培训

无论企业文化培训内容有多么实用、生动，它最终都需要借助培训与实践应用等形式，让员工切实理解并践行。

将企业文化内容融入新人培训中

刚刚踏入企业的员工往往会比较迷茫，不知道自己能做什么、该做什么、怎么做。因此，在新员工入职之时，几乎每一个企业都会以各种各样的形式组织新员工培训，帮助新员工快速适应企业、融入岗位。在新员工培训中，企业文化培训应作为一个重要的内容模块。

电商巨头阿里巴巴在新员工培训中，非常重视企业文化。阿里巴巴针对新员工进入企业后会遇到的“忘掉、困惑、融入”三个阶段，在实践中逐步总结了一套比较完备的新人培训体系，争取让新员工在 1 ~ 3 个月内融入公司文化。

阿里巴巴还根据人才类型的差异，设计了三个不同的新员工培训系列：

（1）在公司国际站做销售的新员工学习的是“百年大计”系列课程。

（2）在中国站做销售的新员工学习的是“百年诚信” 系列课程。

（3）非销售岗位的其他新员工学习的是“百年阿里”系列课程。

三个“百年”系列课程虽然在业务技能培训侧重点上有所差异，但都是立足于让新员工尽快熟悉企业的主要业务和工作环境，并了解阿里巴巴的企业文化。

阿里巴巴利用新员工培训给新员工宣讲阿里的企业文化、核心价值观，让新员工对企业有更深入的了解，在内心建立起对阿里文化的认同，从而更快地度过新人迷茫期、困惑期。这和联想集团的“入模子”培训模式极其相似。

20 世纪 90 年代，柳传志认识到企业文化的重要性，于是开始组建管理学院，进行“入模子”文化培训项目的开发。所谓“入模子”，就是将企业比做模子，有独特的文化和管理要求，所有进入企业的员工都需要进入“模子”中熟悉企业文化。30 多年来，联想集团在不断吸收新鲜血液的过程中始终保持着联想文化的传播和传承，新员工“入模子”培训在其中起了重要作用。

“入模子”是联想新员工的必修课。“入模子”培训注重“理论 + 实践”，其中，理论部分包括《联想的历史》《联想的文化》《联想的管理》等理论课程；在实践部分，联想管理学院会将联想的价值观和“建班子、定战略、带队伍”的管理三要素融入各项团队任务中，让新员工在培训过程中感悟、领会联想文化的内涵及其实用性。

阿里巴巴集团、联想集团注重新员工的文化培训，这充分体现了他们对企业文化的坚守。阿里巴巴集团、联想集团每年都会招聘大量新员工，如果这些人无法了解企业文化，就难以配合践行企业行为规范，甚至会稀释企业文化。因此，从新员工进入企业开始，就需要对他们进行文化培训，这是非常重要的。任正非在《华为的红旗到底能打多久》中讲道：

我们对所有学生以同样的标准来要求，从一开始就培育团结合作、群体奋斗的精神，从而推动实现集体奋斗的宗旨。将来在工作中，有了这种集体奋斗的土壤，个性的种子才能长成好的庄稼。

著名企业管理学教授沃伦·本尼斯曾说过：“员工培训是企业风险最小、收益最大的战略性投资。”对于企业来说，从新员工进入企业之初就培养他们的文化意识，这样可以激励不同个性的新员工，使之在集体土壤上用自己的能力为企业做出贡献。

那么，新员工培训是只在岗前开展一次就够了吗？答案并非如此。除了做好岗前文化培训，企业还要将企业文化内容有机融入所有在职培训课程中，持续不断地强化员工的文化意识，最大限度地将新员工的思想与行为统一到企业的“模子”中来。

以培训活动促进企业文化学习

在岗位培训中，企业可以借助集训轮训、专题学习、宣讲辅导、竞赛考试等多样化的培训活动，来促进企业文化学习。相关培训活动的形式及内容如表 6–6 所示。

表 6–6 培训活动的形式及内容

培训形式	培训内容
集训轮训	以企业文化培训班等形式，组织企业文化的集训、轮训
专题学习	围绕某个特定的问题，结合企业文化价值理念要求，深入研讨问题解决思路
宣讲辅导	通过外出培训、开办“大讲堂”，开展导师带徒结对子、岗位练兵、技能竞赛等，推动员工综合素质的全面提高
竞赛考试	通过演讲比赛、知识竞赛、写作比赛等举措，搭建员工成长成才的平台，掀起学习和践行企业文化的新热潮

为了大力建设和弘扬优秀企业文化，提高企业文化管理人员的工作能力和综合素质，企业可以适时举办企业文化示范培训班。

2018 年 10 月 8 日 ~ 10 月 19 日，国网吉林省电力有限公司开展了为期两天的企业文化集训。培训班以“创新培训方式、力争取得实效”为出发点，以“三个示范”为手段（即工作方法、优秀案例、文化团队的示范）。这次课程安排了团队建设、专家授课、工作解读、案例分享、文化论坛等多个环节。在此次培训中，重点宣贯国网新时代企业文化，深度解读国网新战略、《企业文化建设工作指引》等内容；紧扣企业文化重点工作，邀请知名专家讲解示范点创建路径和方法、企业文化与战略执行，将理论知识与优秀示范点创建案例紧密结合，以帮助学员开通思路、理清脉络；借鉴学习先进文化，由专家学者讲授加强党内先进政治文化建设的思路，帮助学员拓宽眼界、提升认识。

此次企业文化集训在国网吉林省电力有限公司系统营造了学习文化、践行文化的良好氛围。在企业文化教育培训中，我们可以参考国网吉林省电力有限公司的做法，通过举办企业文化集训来提高员工的思想认识，营造企业文化建设的良好氛围。

除了举办集训轮训、专题学习、宣讲辅导、竞赛考试等文化教育活动，企业还可以开展研学体验、社会服务、实地调研等形式多样、内容丰富的体验式教学主题实践活动，着重增强仪式感、参与感、现代感，引导广大员工争做企业文化的传播者、倡导者、实践者。

为了引导广大干部员工践行“以人为本、忠诚企业、奉献社会”的企业理念，国网延边供电公司实施了“关心员工·关爱企业·奉献社会”的主题实践活动。

该主题实践活动以关心、关爱、奉献为主旋律，将关心员工的“十件实事”融于员工教育培训、健康养生、福利待遇等具体工作，努力使企业发展成果惠及员工；将关爱企业的“十件大事”融于安全生产、电网建设、经营管理等具体工作，使感恩理念落实于具体工作实践；将奉献社会的“十件好事”融于保电工作、供电服务、爱心公益等实际行动，使企业自身发展融入经济社会发展，有效增强了干部员工对企业的归属感、对事业的使命感以及对服务经济社会发展的责任感，取得了良好的实践效果。

国网延边供电公司通过将企业理念融入体验式教学主题实践活动中，让员工在具体的实践场景中深刻领会了企业理念，有效提升了培训效果。

企业文化教育培训活动的形式是多种多样的，其关键在于让员工能够通过活动，理解企业文化的精神与内涵，产生对企业文化的认可与认同，并在实际工作行为中融入企业文化的要求。

依托岗位实践强化全员的文化认知

古语有云：“耳闻之不如目见之，目见之不如足践之。”从知识向能力的转化，其媒介就是实践。员工通过多种形式接受企业文化教育培训后，还需要在实践中强化认知。任正非在华为《致新员工》中曾说过：

实践是您水平提高的基础。它充分地检验了您的不足，只有暴露出来（不足），您才会有进步。实践再实践，尤其对青年学生十分重要。唯有实践后善于用理论去归纳总结，（您）才会有飞跃的提高。

华为公司很重视实践，在华为的一线基层干部转身验收中，实践检验就是其中很重要的一环。

华为公司非常重视一线基层干部转身的过程，特别开发了基层干部在岗角色认知和实践检验项目。在这个项目中，基层干部会进行为期一周的核心价值观的学习研讨、角色认知的研讨，以及半年的在岗实践，而后进行述职、答辩。最终考核合格的人才，即可进入人岗匹配环节。华为基层干部角色认知和在岗实践项目如图 6-4 所示。

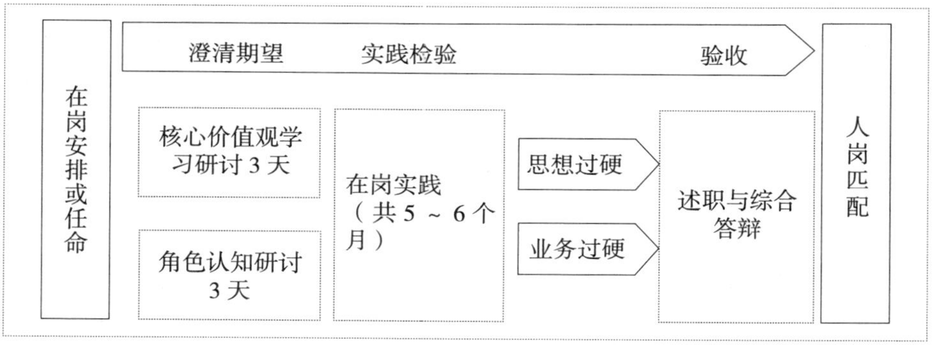

图 6-4　华为基层干部角色认知和在岗实践项目

在澄清期望阶段，通过核心价值观学习和角色认知研讨的过程，华为公司将对岗位的期望明确传递出去，让员工知道公司希望自己做什么，建立起对岗位的清醒认知；在 5 ～ 6 个月的在岗实践中，员工把学习的知识带到工作岗位上进行练习，同时要去采编管理以及文化方面的案例，通过具体实践固化行为，真正做到了训战结合；在述职与综合答辩中，只有“思想过硬”和“业务过硬”的员工才能通过考核。

“纸上得来终觉浅，绝知此事要躬行”。只有让员工在岗位实践中去领会企业文化理念，在实践中经风雨、长才干，才能真正固化其行为，促使其成长为“思想过硬”和“业务过硬”的员工。

2015年3月，刘鹏（化名）在一纸调令之下，到南非负责某项目的运作。这个项目是华为公司当时所有交付项目中最复杂的。华为在南非没有类似的交付经验，而竞争对手却深耕这片土地，交付形势严峻。

在项目交付初期，勘测设计、电力引入、分包资源等工作全靠刘鹏自己负责组织开展。他深感压力巨大，一度出现“只要接近客户会议室便全身冒汗”的生理反应。

来自四面八方的压力让他一度想离开，但他又觉得不甘心：“就这样走掉吗？华为人再苦再难都不能轻易放弃。”经过反复的思考，刘鹏开始向公司求助，集结资源，并获得了地区部和代表处领导的支持。仅用一个月时间，他便组建起了一支团队。通过所有人的努力，2015年年底，项目组的新建站交付在三个区域同时起量。2015年圣诞节，刘鹏和他的团队一直奋战到深夜。

此后的6年里，刘鹏一直坚守在非洲。后来，家人曾问他：“这些年吃了这么多苦，值得吗？”刘鹏觉得，虽然讲起来很苦，但是这丝毫没有影响自己对这段时光的怀念和热爱。在这段时光里，他真正体会到了华为人的奋斗精神，以前在培训中、在与同事的相处中所领会的华为奋斗文化，远远没有他从非洲的岗位实践中感悟得深刻。

刘鹏在实践中体味到了“什么是艰苦奋斗”，这也让他不断成长和成熟。而华为公司正是通过强化岗位实践认知，让华为的价值观深深地烙在了每个人的心里。

知识和经验犹如雄鹰之双翼，只有经风雨、见世面，才能飞得更高、飞得更远。因此，在进行企业文化培训时，要在组织各种形式的培训活动的基础上，依托岗位实践来强化全员的文化认知。

培养强有力的文化培训师资队伍

为了做好企业文化培训，企业必须培养一支强有力的文化培训师资队伍。在具体实践中，可以借助导师制，实现文化的代际传承；培养文化宣传大使，引领员工行为；引入外部师资队伍，激活人才大脑。

借助导师制实现文化的代际传承

在培养优秀骨干人才的众多方法中，毛泽东最重视的是“压担子”和“传、帮、带”。任正非深受毛泽东思想的影响，在华为内部推行了全员导师制。

华为公司的“全员导师制”类似于过去国有企业中的“师徒制”，但又不尽相同。其前身是华为中研部党支部设立的以党员为主的“思想导师”制度，后来逐渐由思想引导变成全方面的“传、帮、带”，并被推广到了整个公司范围。

华为公司认为，所有的员工都需要导师的具体指导，并且通过导师的指导制实现进步。所以，华为公司的所有员工，无论资历深浅，也不论在哪一部门，都有自己的导师。如果资历老、级别高的“老员工”到了新岗位，有学习的需要时，华为公司也会为其安排导师。这个导师甚至有可能是“老员工”当初的学生，但只要他在这一岗位上的能力更强，那么他就可以担任导师。

在华为公司，导师的职责比较宽泛。在业务、技术方面，导师要承担起传授、帮助、带领的责任，让徒弟更快更好地适应岗位；在生活中，导师还要做到在思想上引导徒弟形成正向力，并且帮助徒弟解决生活上的困难，使其能够全身心地投入到工作中。

全员导师制的实施，可以帮助员工快速度过进入新环境的“磨合”期，实现文化的代际传承；也可以强化团队的合作精神，提升团队凝聚力和向心力。在任正非看来，想让队伍变成一个能征善战的团体，必须要靠成员内部的“传、帮、带”，前辈肯帮助后辈成长，干部不吝惜将自己的技能教给员工，如此才能实现集体进步。

不仅华为重视导师制，国家电网公司也非常重视用思想导师引领全员的文化认知。由于党员是构成党组织的细胞，国家电网公司充分发挥党员的先锋模范作用，在公司内部实施“一带二”工程、党员“一助一”、师带徒、首席带新人等帮扶计划。

“一带二”工程，即1名党员与不少于2名非党员普通员工结成帮带对子，发挥党员模范带头作用，教育引导非党员普通员工学习党内先进政治文化，大力弘扬国网企业文化。

党员“一助一”，即党员助力青年、带动群众，组织开展先进政治文化与企业文化理论学习、交心谈心、困难互助等活动，实现素质提升和文化认知提升。

师带徒，即思想导师通过文化教育培训、“大讲堂”活动等培训形式，进行经验交流和学习心得分享，引领所带领徒弟的文化认知。

首席带新人，即推行党员“首席制”，强化党员的模范带头作用，激发每位党员的学习意识和担当意识。

为什么华为公司和国家电网公司都如此重视导师制？因为“传道，谓修己治人之道；授业，谓古文六艺之业；解惑，谓解此二者之惑”。师徒之间，既有技艺、学识的传输，也有为人、品德的传授。这种价值传承效应被证明是其他培训和课堂教育所无法给予的。沃顿商学院曾做过一项研究：在一家高科技公司里，1000名员工参与师徒制培训5年后，获得升迁的比率是没有参与师徒制培训员工的5倍；而担任师傅的员工，其获得升迁的比率是没有担任师傅的员工的6倍。

虽然导师制对内部员工的成长、成才有着重要作用，但是在企业内部也会有员工认为，担任导师需要花费一定的时间和精力，会给本就繁忙的工作带来额外的困扰。因此，为了激发员工对担任导师这一角色的积极性和在担任导师期间的责任感，企业要建立相应的保障机制，保障导师制的推行效果。在华为公司内部就建立了不少激励性制度，以切实保证导师制的可执行性和可持续性。

第一，导师激励制。

为了保证“导师制”落实到位，华为公司对导师实行物质激励，每月为导师发放一定的“导师费”；并且定期评选“优秀导师”，被评为“优秀导师”的人也可得到一定的奖励。

第二，能上能下制。

华为公司在选择导师时，不论资排辈，而是凭真才实学。对于换岗的“老员工”，在其就职新岗位后，同样会被安排导师。导师也许比老员工工龄短、资历低，但只要他在这个岗位上的能力很强，那么他就可以担任导师。在华为公司，即便是刚毕业进入华为一两年的员工，也可以成为导师，这对新员工有很好的激励作用。

第三，晋升激励制。

华为公司把“导师制”提升到培养接班人的高度来对待。任正非早在1998年就在《华为的红旗到底能打多久》一文中提出过：“公司正在立法，以后没有担任过思想导师的员工，不得提拔为行政干部；不能继续担负导师的，不能再晋升。要把培养接班人的好制度固化下来。”如今，华为公司已明文规定，凡是没有担任过导师的员工，不能得到提拔。

第四，责任连带制。

华为公司的“全员导师制”规定，如果徒弟出现问题，那么责任全由导师担负，而且导师也会因此不能得到提拔，甚至会降职。因而，导师必须认真承担起培养徒弟的责任。

第五，“师资资源池”制度。

随着参与华为培训的员工越来越多，任正非渐渐发现：一些客户服务能力很强的人不愿意分享成功经验，而一些能力一般的人则可能去华为大学滥竽充数，这使得员工培训的效果大打折扣。为了解决师资质量问题，任正非决定建立“师资资源池”。华为将各级管理者、专业与技术骨干和对培训感兴趣的员工组织起来，进行分类考评。凡是被确认为“有成功实践经验者”的员工，就会被选拔进入“师资资源池”，成为预备的师资力量；只要通过进一步的锻炼和考核，他们就有机会成为华为大学的讲师。倘若有人不想加入“师资资源池”，那么，很遗憾，这个人在华为公司的晋升之路也就终止了。

在一系列激励制度的联合作用下，华为公司的“全员导师制”得以落实下来。在企业文化培训中，广大企业也可以学习华为公司的做法，借助导师制来实现文化的代际传承，为企业的持续稳定发展积蓄力量。

打造内部宣讲队伍，引领员工行为

为了做好企业文化培训工作，企业也可以打造一支专业的企业文化宣讲队伍，为全面推进企业文化建设工作的高质量发展提供智力支撑。

内部宣讲人员作为企业内部知识管理的载体，可以将知识予以沉淀和转化后，再进行知识传播和分享。具体来说，内部宣讲人员需要具备一定的能力，如表 6–7 所示。

表 6–7 内部宣讲人员的能力要求

核心能力	能力描述
领悟力	能总结、感悟和升华工作中的实践经验
信息力	能钻研探讨专业领域的知识，对综合知识的涉猎度高
学习力	能通过不同的渠道来吸收知识，不断提升自己
逻辑力	问题分析和语言表达有逻辑性，能有效解决员工的问题
演绎力	能引导全员践行企业文化，营造良好学习氛围，以感染员工

培养内部宣讲人员并非一件容易的事情，它需要按照规定的流程和要求来操作，如表 6–8 所示。

表 6-8　内部宣讲人员的培养流程与要求

流程阶段	具体要求
准备阶段	在各部门、各单位征集意向参与者，并根据能力要求做好筛选
培训阶段	对初步筛选的参与者进行系统培训，包括企业文化基础知识、企业管理制度和行为规范、专业技能、个人态度等内容
认证阶段	举办认证会，通过层层选拔的员工才能被聘任为企业内部文化宣传大使
实践阶段	让宣传大使在工作实践中以言行去宣导和传播企业文化

企业内部文化宣传大使是企业文化建设和传播的火种。经过长时间的培训、考核认证后的企业内部文化宣传大使，能身体力行地引领广大员工践行企业文化。

2019 年 8 月 9 日，中国医疗器械有限公司（简称“国药器械”）组织的首届企业文化大使评选活动在北京举行。经过前期子公司推荐、第一轮选拔、分组等环节，历经三个多月时间，来自全国各地的 37 位选手进入了决赛环节。37 位选手被分为文化理念组、历史沿革组、行为规范组、标杆人物组和全能组五组，然后按照抽签顺序依次登台。经过激烈的比拼，有 10 位选手最终获得“国药器械十佳企业文化大使”，而入围的 37 位选手均通过了“国药器械企业文化大使”认证。

在企业文化大使认证的过程中，参赛选手“热血沸腾”地分享了自己的心路历程，让全体员工加深了对企业文化的理解，也让大家自豪于国药器械五十余载的发展历程。而通过认证的 37 位员工日后也会积极做好企业文化的传播者、践行者、讲述者，把文化传播到公司每一个角落，促使每一个员工都积极践行企业文化。

通过这种方法，企业内部会营造出浓厚的文化氛围，“企业文化大使”会用言行去影响、带动周围更多的人践行企业文化，使企业文化能抓在日常、落在实处、融入行为。

引入外部师资队伍，激活人才大脑

外部优质师资力量的引入，可以拓展学习渠道，增加课程对学员的吸引力，同时还能从第三方视角揭示企业内部敏感问题，进而提升学习效果，充分发挥文化建设的“生产力”。为了更好地构建企业文化宣讲队伍，企业可以多方联动，通过引入高等院校教师、专业培训师、咨询顾问、企业文化管理专家等外部师资力量，激活人才大脑。

在引入外部师资力量时，企业要对授课教师进行严格的选拔及资质认证，严格遵循“保证质量、注重效果”的原则。引入外部师资的条件和要求如表 6–9 所示。

表 6–9 引入外部师资力量的筛选条件

筛选维度	筛选内容
文化认同	认同企业的价值观，言行符合企业价值观要求
思想素质	具备良好的思想政治素质、道德素质
资质水平	具有与授课专业相当的资质水平
理论功底	具有深厚的理论功底和丰富的社会实践经验
教学经验	具有丰富的教学经验和较强的管理能力
个人品牌	在文化培训领域享有一定的诚信度、知名度和美誉度

京东集团为了规范讲师管理流程，组建了一支专业、稳定的讲师队伍。京东集团在外部讲师管理制度中，对外部讲师的选拔条件做了明确规定：

一是支持京东价值观，热爱讲师工作，乐于分享；

二是岗位经验不低于 2 年，熟悉京东的平台规则，熟悉日常运营工作；

三是在特定领域或业务上有专长者优先考虑；

四是普通话标准，表达能力强，具有感染力，综合素质较高；

五是有自主开发课程或授课经验者优先考虑。

在对外部讲师的要求中，第一条就是外部讲师一定要认可企业的价值观，其言行要符合企业倡导的价值观。京东集团对外部讲师的要求如此，阿里巴巴集团也是如此。阿里巴巴集团在引入外部讲师时，首要的要求就是其认可阿里巴巴的价值观及平台发展方向。

值得注意的是，企业引入外部讲师时不能随意，而要遵循一定的引入流程，且须通过认证后方可引入。

阿里巴巴的外部讲师要通过“在线提交讲师报名表—参加线上视频沟通—安排考前辅导与考核—在考核后安排线下试讲—签约认证讲师协议”的考核流程。

企业可以根据实际情况，确定外部讲师的引入流程，确保所引入的讲师素质过硬、行为过硬、业务过硬。在外部讲师完成授课任务后，企业要对外部讲师的授课情况进行教学评估，及时淘汰那些不能满足企业培训需求和评估结果较差的外部讲师，以确保外部讲师的培训效果。

做好企业文化培训效果管理

企业实施企业文化培训的目的是为了加深全员对企业文化的认知认同，促使全员在日常工作中践行企业文化。因此，企业文化培训不能“走过场”，要对文化培训效果做好管理，以及时发现问题、纠偏改进、持续改善。

利用督查与调研了解学习情况

国际战略管理顾问林正大曾说：“每一项工作都不是只做一次就可以完成，都需要在后期不断追踪其效果，巩固它的作用。”企业文化培训也是如此。

在美国IBM公司流传着这样一件事。一名老员工为一名新人进行专业技能培训。在车间里，这位老员工很认真地给这名新人演示了部件装配技巧，并让其按演示的操作方法练习。两天后，老员工为新人安排了装配任务——

一天内完成600个部件的装配。随后，老员工一直忙于处理自己的工作事务，并没有过问新人的进展情况。待最后交工时，老员工发现这600个部件里竟然有几十件都是不合格品。

事后，老员工总结了经验教训：任何指导和培训都要进行追踪，不能撒手不管。员工了解了做法并不等于他就可以执行了，更不能确保他能够正确地执行。

后来，这一管理经验在IBM公司内部被推广开来：在员工培训过程中，必须对培训结果进行持续跟踪，以保证培训效果。为此，IBM公司还专门设立了考核机制，以辅助培训工作的有效进行。

培训效果跟踪有很多方法，督查调研就是其中一种比较有效的方法。督查调研是以调研为主、督查为辅，是了解情况、发现问题、查明原因并提出对策建议的一种督查活动。通过督查调研，可以及时了解在企业文化培训中工作的落实和决策的执行情况，对出现的问题进行深入分析，进而提出有针对性的解决意见和建议，最终为工作改善提供依据。在开展督查调研工作时，企业需要选准调研方向、选对调研方法、严格执行督查、深入研究问题、及时进行反馈。一般来说，督查调研可采用三种形式，如表6-10所示。

表6-10 督查调研的形式

具体形式	形式描述
同步调研	督查人员一边调研研究，一边督促检查，同步进行两项任务
联合调研	针对某些业务性较强的督查调研任务，可由督查部门牵头，抽调相关业务部门的人员，组成联合督查调研小组开展工作
间接调研	向被调研单位及部门下发调研提纲或相关文件，由督查部门对调研结果进行综合整理及科学分析

在开展督查调研时，切忌流于形式、没重点、走马观花、浅尝辄止。企业可以明察暗访相结合，遵循科学的步骤进行督查调研：①初步会诊，因地施策；②谈话走访，掌握实情；③查阅资料，相互印证；④全面梳理，分类处理；⑤分析研判，诊断问题；⑥出具报告，跟踪整改。在此过程中，企业要严谨推进，不断提高督查调研过程的科学性和结果的准确性。

关注员工的培训体验感和反馈

除了通过督查调研确认培训情况外，企业还要关注员工对培训的体验与反馈。员工作为培训的直接参与者，其对于培训效果的体验是最为直接的。因此，培训的效果如何，可以从学员的反馈上得到明确的答案。华为大学也相当重视学员对培训的体验，在他们看来，只有培训的体验足够好，培训的内容才能顺利传输给学员。

企业可以在培训结束后，借助反馈表、培训效果调查表等工具，评估员工对培训的体验感，如表 6-11 所示。

表 6-11 培训效果调查表

培训效果调查表						
说明： 请根据您参与培训的直观体验填写此表；此表采用不记名方式填写，请尽量填写您的真实感受						
项目	内容	很不满意	不太满意	一般	满意	非常满意
培训组织	您对本次培训的总体感受和评价					
	您对本次培训主题的看法					
	您对本次培训的组织安排和管理工作的看法					
培训课程	您对课程内容的看法					
	您对课程教材的看法					
	培训内容是否解决您的问题					
	您觉得学员的参与度如何					
培训讲师	您对讲师专业度的看法					
	您对讲师技术水平的看法					
	您认为讲师的重点是否突出					

关注员工的培训体验感和反馈，其作用体现在：第一，让学员感到企业对他们的意见很尊重；第二，将评估信息反馈给领导层，为他们日后的培训决策提供依据；第三，让企业文化培训的组织者了解当前的培训工作是否做得妥当，日后的培训组织与管理工作该从哪些方面进行改进；第四，为培训讲师改进课程内容和授课技巧提供参考。

值得注意的是，对于员工培训体验信息的收集，企业万不可随意调查一下就了事，而是要安排专人执行相关工作，以确保信息的真实性。

一般来说，如果员工对培训的体验不满意，就说明该培训项目存在一定的问题。这时，培训组织者要想办法优化日后的企业文化培训工作。

督导企业文化培训效果的优化

在进行培训效果评估后，企业要针对评估中发现的问题及时进行纠偏，落实相关责任人的责任，厘清责任、职能与任务，推进问题的持续改善，促进文化培训效果的优化。

要实现文化培训效果的优化，前提是要采用适宜的方法，深入问题根源，进而确定问题解决方法。在深入分析问题时，可以借助日本丰田佐吉提出的 5WHY（5 个为什么）分析法。

5WHY 分析过程可以分为 3 个部分、8 个步骤，如表 6–12 所示。

表 6–12　5WHY 分析过程

部分	步骤	问题
第一部分：把握现状	步骤 1：识别问题	我现在知道什么
	步骤 2：澄清问题	原本应该发生什么事情？实际发生了什么事情
	步骤 3：分解问题	关于这个问题，我还知道什么？还有其他小问题存在吗
	步骤 4：查找原因要点	我需要去何处调查取证？我需要关注哪些问题？谁可能掌握着有关信息
	步骤 5：把握问题的倾向	谁来主导？哪个方向？什么时间？会发生多少频次？影响力大小
第二部分：原因调查	步骤 6：识别并确认异常现象的直接原因	这个问题为什么会发生？我能看见问题的直接原因吗？如果不能，我怀疑什么是潜在原因呢
		我怎么核实最可能的潜在原因呢？我怎么确认直接原因
	步骤 7：使用 5WHY	处理直接原因会防止问题再发生吗？如果不能，能发现下一级原因吗？怎样才能核实和确认下一级原因
		处理这一级原因会防止问题再发生吗？如果不能，则继续问“为什么”，直至找到根本原因

续表

第三部分：改善与预防	步骤 8：采取明确的措施来处理问题	临时措施能遏制问题，直到永久解决措施被实施吗
		纠正措施能防止问题发生吗
		解决方案有效吗？我如何确认

在针对企业文化培训效果评估过程中发现的问题深入查找原因时，企业可以参照表 6–12 中提出的问题，制作一个清单，逐项发问，直至找到问题的深层根源。唯有找到深层根源，才能让问题得到彻底解决，避免因反复处理同一问题而耗费过多的人力和物力资源。然后，再根据问题根源提出针对性的问题解决策略，以督导企业文化培训效果的持续提升。

第 7 章
企业文化多元传播

企业文化建设需要通过有效的传播方式，将企业文化理念转化为员工的认知和实际行动。在实践中，企业可以通过塑造企业视觉形象、建立系统化传播渠道、活动造势以及承担企业社会责任等多元传播方式，助力企业文化落地。

从内到外塑造企业视觉形象

企业视觉形象是企业名片，是一种看得到的文化呈现形式。而塑造企业视觉形象是文化落地的重要途径。在文化传播过程中，企业要巧妙地把企业文化搭载到视觉形象中。

打造一流的内部视觉环境

塑造企业视觉形象，是有意识、有计划地将企业的各种特征展示和传播出来，是一种潜移默化的文化导入方式。塑造企业视觉形象，通常先从打造一流的内部视觉环境开始。一个不重视内部环境建设的企业，是难以让客户信任的。有些人对企业花大价钱建设好看的办公楼、装饰办公室等感到不解，其实这既是为了给员工创造良好的工作环境，又是为了吸引客户并取得客户信任。任正非在《迎接挑战，苦练内功，迎接春天的到来》一文中对华为人说：

“有些员工老是埋怨华为公司修了两个漂亮楼，浪费。我们在给生产总部做核算的时候，把玻璃幕墙拿下来给市场部，算在市场部的核算里，作为他们的经营成本进行核算。

“为什么？因为这个玻璃幕墙是为市场部而建的。因为，客户来公司一看，说这个公司很漂亮，不像要垮的样子，把合同给它吧！所以说，这个房子也是客户掏钱建的，不是我们掏钱建的，这一点一定要明白。我们是为客户服务嘛，客户看了舒服，我们就为他建。因此，在这个阶段，我们的思路就是使客户对我们产生一种安全感。”

良好的企业内部环境不仅可以激发员工的工作热情，还可以充当企业的门面，代表企业的形象。很多客户到企业参观，会通过观察员工餐厅、休息室、卫生间这些能体现员工福利待遇水平的环境，来对企业管理水平做出评价。

2003 年，英国电信（BT）公司在亚洲寻找合作伙伴，这个公司的认证官格兰先生曾带领采购认证团，在华为公司进行了为期 4 天的访问。而事实上，与其说访问，不如说是来检查的。

BT 公司并没有事先与华为公司进行沟通，而是随机抽查了华为一定比例的员工。他们自带翻译，单独对员工进行访谈，交叉验证各功能部门业务。这次认证涉及华为业务管理 13 个方面，覆盖面很广，这也让当时的华为员工大开眼界。

在“道德采购”一项认证中，BT 公司认真考察了华为公司的办公区域和所有员工出入的场所是否能够保障人身安全，甚至还去了员工食堂和厕所进行认证。当时认证官发现，从食堂去洗手间的路上有一滩水，立即就表示“这样可能会导致员工摔倒，存在安全隐患”。

BT 公司考察的范围还远不止华为员工的办公和宿舍环境，还有华为公司的供应商和分包商的环境，对他们的员工工厂和宿舍也进行了认证。在 BT 公司看来，这次认证的内容是一个负责任的公司必须重视的方面。而华为公司，则通过认证活动了解到一个国际主流运营商对合作企业的严格要求。

如今，华为公司的内部环境为众多企业的员工所羡慕，这也正是华为公司重视内部环境建设的表现。很多客户一进入华为园区，就感受到华为公司对环境建设的用心，以及员工所散发出的活力，故而给华为公司打出了极高的第一印象分。

（1）打造一流的内部视觉环境

一流的内部视觉环境具有两个典型特征。

一个特征是办公环境与企业文化理念相适应。在建筑外观和室内设计、装饰等方面，充分体现企业的价值观和基调，成功塑造出企业办公环境，使之成为企业总体形象的有力组成部分，让环境与企业文化相融相生。

另一个特征是办公环境井然有序。如果一名员工的办公桌、操作台上物品摆放得乱七八糟，这会让人对其工作效率产生质疑。如果一个车间里杂物堆积、生产线上随处可见大量在制品，这可能潜藏着深层次的诸如生产浪费、产品质量不可靠等问题。因此，要重视办公场所环境的打造，让工作现场井然有序。

（2）将企业文化融入企业环境中

在进行内部环境建设时，企业又该如何将企业文化融入其中呢？

第一，专门设置文化长廊、展厅、宣传板，也可以充分利用前台、会议室甚至各个办公室的空间设计和装饰布置等，对企业的愿景、使命、价值观、管理原则、经营理念等加以宣传。

第二，利用企业名片、员工身份识别卡、信纸、信封、邀请函、证书、贺卡、贵宾卡、报纸、公文纸等办公用品，进行企业文化宣传。

第三，借助员工的四季办公服装、礼服、服饰配件、公文包等工装、配饰等，来展示企业形象。

除了上述三种形式，企业还可以创造一切条件和机会，将企业文化要素搭配其中，尤其是企业、员工、客户三者交互的点要最大限度地利用起来。当然，也要把握好度，如果宣传过于密集、刻意，会引起人们的焦虑、反感。所以，要打造适宜的内部视觉环境，这样既能使企业展示出良好的形象，又能让员工更多地感受到企业文化氛围，在耳濡目染下逐渐适应并认可企业文化。

对外展示良好的企业视觉形象

要想打造一流的视觉文化，除了要注重企业内部环境的改造，还要面向外部环境，呈现企业的文化形象。企业外部形象的打造，可以借助产品形象、企业标志、广告等载体来实现。

（1）利用产品形象展示独特个性

企业要从战略角度出发，以宏阔的视野全方位地塑造自身产品形象，使之富有独特个性和价值。如果一个企业的产品不能在客户心中留下深刻的印象，那么该产品在市场上的竞争力会大大降低。所以，市面上许多新产品都会在推出之际为自己贴上一个标签。

壹串通公司的策划人员在对一款巧克力产品进行包装设计时，对产品的特有属性及关联情感进行了分析和利用。他们借助玫瑰、粉色与甜蜜的元素，将人们对浪漫与爱情的情感需求表达出来，赋予了产品独特的品牌价值，因而获得了广大客户的青睐。

在国内泡面市场，统一“来一桶”方便面在2008年以前因为在生产、营销各环节无所创新，而一直受到康师傅方便面的压制。直到其推出口味独特的“老坛酸菜牛肉面”，在客户心中留下了深刻印象，这才得以强势回归泡面市场，并在短短三年之内将销售额翻了两番。

事实证明，只有提炼出独特的、有别于其他企业且与自身文化高度契合的产品形象，并通过特定的形式表现出来，让大众可观、可感并且印象深刻，企业才能在市场上获得持续的竞争优势。

（2）利用企业标志塑造企业形象

企业标志是企业独有的形象，也是企业展示企业文化的重要载体。所以，企业要在标志设计上融入企业文化，塑造企业形象。

华为公司的标志经历了3次迭代。第一代标志是一朵由15个花瓣组成的“菊花”，寓意着“蓬勃向上，万众一心”。但是随着华为公司的发展，华为公司的高层领导者为了进一步凸显公司的国际形象，淡化中国本土色彩，在国际市场激烈的竞争中争取更多客户，决定放弃使用了18年的老标志，在2006年换上了第二代标志。

华为的第二代标志更加聚焦底部的核心，体现的是华为公司坚持以客户为中心的核心理念。新标志灵动活泼，更符合时代审美，这表明了“华为公司将持续围绕客户需求进行创新，与客户共同面对未来的机遇与挑战”的决心。此外，新标志在保持整体对称的基础上，加入了光影元素，这也表明了华为公司“坚持开放合作，构建和谐商业环境”的态度。

2018年，华为公司将第二代标志上的渐变色全部改为红色，字体由圆润变成了方正。这寓意着：华为公司将更加聚焦、创新、稳健、和谐，持续为客户创造价值，在发展上更加稳健、更具国际化、职业化。

华为公司的标志蕴含着华为公司的核心企业文化，向外界传达的是华为公司的决心与愿景。同样，京东集团也启用了最新的标志，将此前带有金属光泽的小狗变得更平易近人、富有亲和力，以此更好地传达企业文化理念。

（3）利用广告传达文化理念

对外展示企业良好形象，除了利用产品与标志等形式，企业形象广告也是一种较为常见的形式。在网络媒体发达的今天，广告宣传已成为很多企业传播文化的重要方式。

1998年，在饮用水市场竞争白热化的状态下，农夫山泉股份有限公司（简称“农夫山泉”）凭借“农夫山泉有点甜”的广告语引起广大客户的关注，一举杀进市场前三名，使农夫山泉的品牌知名度从零发展到人人皆知的程度。1999年，农夫山泉将“农夫山泉有点甜”的广告语变为“好水喝出健康来”，在呼应了“有点甜”的同时，体现了公司“始终将水质放在第一位”的价值主张。

多年来，农夫山泉的广告一直都十分深入人心，甚至被网友评论为“一家被卖水耽误的广告公司”。2018年，农夫山泉推出了一支惊艳世界的广告。为了拍摄这支广告，农夫山泉的工作人员用了接近一年的时间驻扎在他们的长白山水源地。水里嬉戏的鸳鸯、雪地里探出头的紫貂、专注喝水的老虎……各种充满灵气的小动物的生活状态证明了农夫山泉的品牌理念——“什么样的水源，孕育什么样的生命”，也证明了农夫山泉一直宣传的“我们不生产水，我们只是大自然的搬运工”。

农夫山泉打造广告的过程也是塑造企业形象的过程。它以深入人心的广告呈现过硬的产品品质，让客户始终对农夫山泉水产生了信任之心。因此，企业要重视广告对品牌形象塑造的重要性，利用广告向消费者传达企业的价值主张。

当然，除了产品、标志、广告，企业也可以利用公共关系赠品、展览品、销售店面标识等载体，对外展示良好的企业视觉形象。

让员工参与到企业视觉形象塑造中

每个人都存在这样一种参与意识：只要是与自己有关的事，都希望能够了解得更多或参与得更深。如果一个人的参与欲望得到满足，他的工作热情和工作积极性会大大提升；反之，如果这种欲望得不到满足，他会丧失工作热情，工作积极性降低。因此，在对内对外塑造企业视觉形象的过程中，企业也要满足员工的参与欲望，让员工参与其中。

明尼苏达矿务及制造业公司（简称“3M公司”）已有百年历史，历来注重为员工提供宽松、自由的创新环境和资源。这一点，不仅使它的产品种类近6万种，使其成为世界上最著名的多元化企业之一；更重要的是，它借此建立的企业文化吸引和培养了大批才华横溢的员工。

3M（中国）有限公司的人力资源部经理指出，3M公司选用的员工必须勇于创新，懂得自己去掌握方式、方法，主动把事情做好。在3M公司，领导者更希望听到员工这样说："我还有一个想法能做得更好。"在3M公司，员工只要有想法，领导者就会给予全力的支持。那些愿意参与企业内部建设、勇于创新的人，在3M公司总会有更多的机会和更好的待遇。

在企业文化视觉形象塑造中，广大企业要像3M公司一样重视员工参与，满足员工的参与愿望，增强员工的存在感和责任感。

当然，让员工参与其中对于文化落实也是大有裨益的。因为员工在参与的过程中，需要按照企业的要求去做，这在无形中让员工对企业的各种规章制度有了更深的了解，并且能够强化执行的效果，企业的文化也在不知不觉中得到落实。同时，员工参与的过程，也增加了企业内部沟通的机会，能有效地增强企业凝聚力。

华为公司在安哥拉代表处的办公和生活环境，曾经是难以想象的艰苦。由于房屋是木质结构，环境又不佳，发电机和周边噪声经常会对工作造成骚扰，蚊虫的侵袭也很常见。员工回到宿舍后，时常担心房间里会进来某种吓人的小动物。

后来，为了改善条件，华为公司代表处在海边租赁了新宿舍，环境安静、风景优美，远离都市的嘈杂，蚊虫的骚扰也减少了。以前犹如街头大排档的食堂也被新建了，餐厅不再拥挤，内部宽敞整洁、干净卫生。在装修设计上，也充分考虑了实用性和美观。比如，餐桌通过组合拼接，可以把餐厅变成一个小会议室，也可以作为员工活动场所。这些环境建设都考虑到了员工生活和工作的需要，员工也都很自觉地维护这样的环境，因为如此舒适的环境可以让他们全身心地投入到工作中。

华为公司让员工积极参与到工作环境的建设中来，这种做法增加了员工在艰苦环境下的工作乐趣，让员工觉得"环境建设有自己的一份功劳"，故而更爱惜自己的劳动成果。同时，员工在参与企业形象策划过程中的密切合作，也很好地强化了员工的集体意识，增强了企业的凝聚力和向心力。因此，员工参与可以成为企业内外视觉形象塑造时的重要着眼点。

值得注意的是，员工参与不是让几名感兴趣的员工参与，而应该让尽可能多的、不同学历背景、不同岗位、不同级别的员工一起参与进来，有效传播企业文化，减少企业文化落地的障碍。

建立系统化的内部传播渠道

为了更好地传播企业文化，企业必须建立系统化的内部传播渠道。具体而言，要做好三个事项：一是加强文化阵地和氛围建设，二是建立员工喜闻乐见的内部沟通体系，三是管理好企业内看不见的人际传播。

加强文化阵地和氛围建设

为了加强文化氛围建设，企业要利用好文化墙、文化展厅、内部刊物、官方网站、大小会议等宣传阵地。

（1）文化墙

文化墙是企业的一张隐形名片，具有“对内团结员工，对外吸引客户”的作用。文化墙的设计要与企业内部装修风格相适应，以更好地传播企业文化。

阿里文化墙是阿里巴巴集团的一大特色。阿里巴巴集团内部有很多面不同的文化墙，包括阿里日、倒立文化、阿里土话、武侠文化、阿里成长史等主题，整体风格活泼、生动，与阿里巴巴集团的企业特性相呼应。

在腾讯集团内部，也有不同形式的文化墙，如公仔墙、学习墙、文化衫墙等。企业要根据自身实际，充分利用文化墙的形式，传播本企业的文化，营造良好的文化氛围。

（2）文化展厅

在企业诞生和成长的过程中，会经历各种各样的事情。企业可以以文化展厅的形式，展示自身发展过程中的点点滴滴，让员工和客户了解企业发展脉络，并激励员工不断奋进。

苏宁电器集团的企业文化展厅介绍了苏宁的价值观、战略转型构想、发展历程、人力资源理念、员工活动、苏宁荣誉、智能家居体验等内容，全方位地展示了企业面貌，传播了苏宁文化。

可以说，苏宁集团的企业文化展厅是企业发展史、文化史、奋斗史的融合，它既是企业与外部沟通的桥梁，也是企业激励与教育员工的重要渠道。

（3）内部刊物

企业内部刊物（简称“内刊”）是企业内部员工了解企业文化的重要方式。一般来说，企业内刊可以设置公司新闻、行业动态、员工活动、管理创新等不同的版面，鼓励员工积极投稿，并在全公司范围内发放，以便员工随时取阅。

几乎每一个优秀的企业都有内刊，华为有《华为人》，阿里有《阿里人》，海尔有《海尔人》，等等。企业内刊承载着传播企业经营理念、价值理念、管理理念等重要任务，不能把内刊当作附庸风雅的“作秀”，而要让内刊鲜明地唱响企业的主旋律，如此才能充分发挥内刊在企业文化建设过程中的作用。

（4）官方网站

官方网站是企业对外连接的窗口。为了更好地对外宣传，企业要做好网站建设。网站一般包括公司简介、组织结构、新闻动态、产品或服务介绍、企业文化介绍、招聘动态、联系方式等内容。网站的风格要与企业文化相契合，随时更新网站内容，以对外传递良好的企业形象。

（5）大小会议

召开会议是宣传企业文化的良好途径。在企业内部，上至高层管理者、下至基层员工经常会参加大大小小的会议。企业要利用好各级会议，传播企业文化，统一员工思想。

华为公司的会议有不同的类型。例如，公司例会、产品检验串讲会、思想动员会、产品汇报会等。民众看到的很多与华为有关的信息，大多数是从华为公司领导层的讲话中得来的。华为公司领导层的很多讲话都指向一定的主题，反映了华为公司在一定时期内的思想建设方向。从这些会议的讲话中，也可以看出华为人对自我的要求，以及华为核心价值观的传递。企业要利用好大小会议强化全员的思想认识，但是也要避免频繁召开官僚化、没有实际作用的会议。

除了以上几种方式，广播显示屏、活动室等也是企业内部的宣传阵地。企业要利用好内部的文化阵地，展开企业文化可视化传播，让员工经常受熏陶、受教育，引领广大员工贯彻执行文化理念，使企业文化能深植于企业业务。

建立员工喜闻乐见的内部沟通体系

企业内部沟通体系是企业文化传播的重要途径。内部沟通体系的建设在企业文化建设和落地的各个阶段中都扮演着重要角色。通过内部沟通渠道，企业可以清晰地向员工传递企业的政策、制度、价值导向，帮助员工了解企业，助力各项制度有效落地并提升执行效果。与此同时，企业也可以听取员工对政策执行和内部管理的意见和反馈，帮助企业了解员工的所思所想。

华为公司建立了系统的内部沟通体系，除了打造员工心声社区，还包括基于员工成长的点对点沟通、基于员工业务成长的团队沟通、基于团队成长和氛围建设的沟通、基于管理改进的沟通。

基于员工成长的点对点沟通包括奖金沟通、调薪沟通、绩效辅导与考评沟通、任职资格评议沟通、奖惩沟通、工作岗位变动沟通、签署劳动合同沟通、新员工转正沟通、离职沟通、人岗匹配沟通等。

基于员工业务成长的团队沟通包括举办年度市场大会和部门例会、年度/季度述职、流程规范学习等。

基于团队成长和氛围建设的沟通包括举办年度颁奖晚会、团队拓展活动、新员工入职欢迎会、协会活动、节假日慰问活动等。

基于管理改进的沟通包括自我批判、政策学习、举办管理沙龙、举办民主生活会、突发事件沟通等。

此外，华为公司还设置了专门的员工投诉渠道。员工有任何需要投诉的事情，都可以通过公司的投诉渠道（投诉电话、投诉邮箱等）发起投诉。公司会组织专人受理员工投诉，组织相关利益人进行事件调查，结合公司的相关政策给出初步意见，并负责与投诉人沟通处理结果。

华为公司通过系统的内部沟通体系建设，将华为文化有效传递给每个华为人，同时也能及时了解员工的想法，处理员工的意见和建议，有效提升公司的凝聚力。华为公司的内部沟通体系建设方法值得我们借鉴。

如今，互联网技术已广泛使用，尤其是移动智能终端的普及，催生了人际网络新关系、信息传播交流新途径、沟通新渠道和经济生活新模式。所以，在宣传文化时，企业也要不断强化“互联网 +”思维，注重运用大云物移（大数据、云计算、物联网、移动互联网）新技术和微博、微信、客户端、APP 等新媒体平台，打造内部传播的线上平台，不断提升企业文化传播的影响力和吸引力，如表 7–1 所示。

表 7–1 “互联网 +”传播方式举例

传播方式	内容
网络微课件	制作发布“微课件”，在内容上注重以小见大，在形式上注重文字、图片、视频的组合运用，强化宣传效果
微信交流群	利用微信群，随时交流企业文化传播的小点子、小想法、小技巧、小妙招，凝聚各方力量，有效传播企业文化
网上论坛	打造类似“心声社区”的员工交流论坛，让员工畅所欲言
微博话题	利用微博平台，分享关于企业文化建设的人物、事件等话题，实现在线互动
短视频 APP	在 APP 上注册账号，上传与企业文化建设相关的短视频内容，以精简、有趣的方式吸引员工学习，从而达到传播效果

随着科学技术的发展，如何与时俱进地打造员工喜闻乐见的内部沟通渠道，开展企业文化传播工作，使之既能满足企业发展要求，又能适应当前

员工的行为习惯和实际需求，这是一个值得我们持续探索的重要课题。

管理好企业内看不见的人际传播

建立员工喜闻乐见的内部沟通体系，一定程度上也是在管理企业内看不见的人际传播，实现沟通过程透明化，进而杜绝不利于企业的“小道”消息在员工中传播。除此之外，企业还可以通过塑造良好的人文环境、发挥标杆人物的模范作用，来管理企业内看不见的人际传播。

（1）塑造良好的人文环境

在良好的人文环境下，员工之间展开心与心的交流，其关系会更为密切，对企业的认同感会更高。华为员工愿意到艰苦地区去完成任务，很大程度上是因为良好人文环境的建设。和谐的企业内部氛围使华为员工之间相互关怀、相互学习，并潜移默化地实现了企业文化的传播。

2016年是华为进入肯尼亚的第17个年头，肯尼亚代表处以“Together（在一起）”为主题举行了年度晚会。在晚会上，肯尼亚本地员工也献上了精彩的表演，代表处表彰了年度优秀员工，并给为华为服务8年以上的本地员工颁发了“长期服务奖”奖杯。

在颁奖晚会上，本地员工代表发言称，他10年前刚来华为时，从未想过自己会在华为工作这么长时间，现在他还要继续为华为服务。他还表示，在华为这10年间，他遇到了很多挑战，但也收获了很多——有收获才是最重要的。在华为公司里，他学到了敬业、艰苦奋斗、自我批判等企业文化，而这都是与同事相处时学习到的。

很多员工刚进入华为公司时，可能因为不了解华为的企业文化而难以融入进去；但是华为良好的人文环境让员工之间相互关怀，促使员工快速融入团队。可以说，是良好的人文环境促使企业文化在看不见的人际交流中传播开来，并得以落实。

（2）发挥标杆人物的模范作用

除了建立良好的人文环境，还可以发挥标杆人物的模范作用。可以说，企业的任何一个优秀员工，通常都是企业文化的忠实践行者。

华为公司鼓励多出“英雄”，“英雄”即标杆人物。“英雄”越多，说明企业文化的传播就越到位。“英雄”不是靠语言来传递企业文化的，而是用实际行动和取得成绩来传播的。员工的行为表现以及做出的贡献，最能体现出他们是否在用心地向“英雄”学习。任正非在号召员工向前方服务人员学习时，曾讲道：

“不要把学习英雄停留在口头上，要真正用心去学习。用户服务中心员工向我们展示的是什么呢？就是最具代表性的华为文化，只有它才会生生不息，把我们带向繁荣。”

标杆人物是企业文化传播的标兵。当企业在组织员工一起参与选树标杆人物的过程中以及在公开表彰标杆人物时，标杆人物的事迹必然会在员工中传播开来；当员工向他们看齐时，企业文化便会在看不见的人际传播中渐渐深入人心。

通过对外传播树立企业形象

面向企业内部，企业要建立系统化的传播渠道；而面向企业外部，企业则要采取多种模式，向社会公众传播企业优秀的文化理念，为企业树立优秀形象。

用过硬的产品质量打造企业名片

产品是企业与客户接触最直接、最广泛的媒介。我们在前文提到，塑造具有独特个性的产品形象是企业获取持续竞争力的重要方式；但是，除了产品的视觉形象塑造外，切不可忘了产品本身。过硬的质量是产品取胜的关键。如果没有质量而徒有好看的形象，那么这样的产品也是很难获得客户满意的。

2019 年 2 月，耐克公司发生了“蔡恩门”事件。被誉为“勒布朗·詹姆斯后最具天赋的篮球运动员”的蔡恩·威廉姆森在杜克与北卡的美国大学篮球焦点战中，出场不到 30 秒就受伤倒下。场边观赛区的美国前总统奥巴马当场发现问题，指着倒在地上的蔡恩·威廉姆森说道：“他的鞋裂了。”而这双裂了的球鞋正是耐克公司为杜克大学定制的 PG2.5 代。蔡恩·威廉姆森本人也在这次事件里扭伤了膝盖。

事件发生后的第二天，美纽交所开盘不到 10 分钟，耐克公司的股价下跌了 1.2%，市值在一天内蒸发了近 13 亿美元，社交网上对耐克公司的讨伐声也是一浪高过一浪。然而，这并不是耐克公司近年来第一次发生产品质量问题。事实上，在“蔡恩门”事件前，NBA 比赛和训练中就出现过 3 次因耐克鞋质量差而造成的损失。在中国，早在 2017 年，耐克鞋就因气垫问题引起了很多消费者的不满，并在央视 315 晚会上被点名批评。

质量是企业生存的保证。企业不能因为公众知名度高就放弃了对产品质量的要求，否则迟早会失去客户的信任，耐克的产品质量事件正印证了这个道理。

华为公司对质量问题向来重视，这源于华为公司对市场发展趋势的准确把握。华为公司知道，在现在和未来的市场竞争中，产品质量始终是体现企业竞争力的重要因素之一。2017 年 3 月 14 日，任正非在考察华为松山湖工厂时的讲话中指出，未来的世界是质量的世界。在短缺经济时代，东西少，华尔街用经济杠杆一撬，东西就多了，资本就盈利了；现在是过剩经济时代，东西多了就卖不出去，杠杆一撬，就更卖不出去了，边际利润就没有了。饱和经济时代的特征就是走向高质量。

当然，华为公司在前期发展阶段，也曾发生过因质量问题被客户投诉的现象。但是，华为公司始终坚持以客户为中心的核心价值观，当其意识到问题后，就立即开始严格地整治并管理质量问题。

2000 年，华为公司正处于飞速发展期，但因产品质量问题导致客户抱怨连连。为此，这一年，华为研发系统在深圳举办了一场声势浩大的“呆死料”大会。这是华为内部举办的一次质量大会。

在会上，任正非将那些因工作不认真、测试不严格、盲目创新造成的大量废料，以及研发、工程技术人员因处理产品质量问题而不得不去现场更换的往返机票，都被包装成特殊的奖品，发给相关产品的负责人。后来，有华为员工表示，如果没有当年那次“呆死料”大会，华为公司的质量体系建设就没有今天的成绩。

所以说，华为公司的高质量是在不断向前发展的过程中积累起来的，尤其是在国际市场发展的过程中。在日韩市场上，华为公司学到了“质量要做到零缺陷，在生产的每个环节都要抓质量，而不是在生产完后再检查质量”；在北美市场上，华为公司学到了“要减少高昂的维护成本，就必须减少产品在使用过程中的质量问题”；在德国市场上，华为公司学到了“即使是小事，也要兢兢业业”。

华为公司是一个非常善于学习和总结的企业，这也使之在质量建设上积累了丰富的经验。在不断学习与改进的过程中，华为公司的产品质量也在一步步提高。现在，华为公司在核心价值观的指导下，用高质量的产品拓展了更多的市场，赢得了广大客户的信赖，同时也得到了各种荣誉和肯定。

2016 年 3 月，由国家质量监督检验检疫总局组织实施的中国质量领域最高政府性荣誉，即“中国质量奖”在人民大会堂举行了颁奖仪式。在这次颁奖礼中，华为公司凭借“以客户为中心的华为质量管理模式”获得了制造领域第一名的殊荣。

对于这一奖项，华为公司的首席质量官李刚表示，这是对华为公司长期坚持以“质量为生命”的肯定，也是华为公司几十年来在“以客户为中心，以奋斗者为本”的核心价值观指导下进行质量优化的回报。他还表示：“华为公司将不断探索，提供新的经验，努力让全球更多客户和消费者享受到华为高质量产品和服务。”

华为公司能获得这样高的奖项，足以证明其在质量建设上的成功。华为品牌的高质量也改善了国际市场上对中国制造的认识。可以说，产品质量始终是企业取得品牌效应的保证。因此，在对外传播企业文化的过程中，企业要用过硬的产品质量为基础，再来设计独具个性的产品视觉形象设计，打造企业名片。

以良好的社交形象树立企业声誉

过硬的产品质量是企业的名片，而良好的社交形象则关乎企业的声誉。在很大程度上，无论是企业领导者、管理者还是员工，其社交形象都会影响企业的形象和声誉。

贝特格是美国销售史上评价最高、薪酬最高的“推销之王”。一次，他在一次技术交流会上结识了一位经理，该经理对贝特格的产品非常感兴趣。于是，两人约好时间，准备细谈。约定的那天，忽然下起了雨。贝特格穿上了一件防水的旧西装和雨鞋就出门了。

贝特格来到客户的公司后，向前台接待人员递出自己的名片，要求和经理面谈。但是，他等了将近一小时才见到那位经理。贝特格说明了自己的来意后，那位经理却非常冷淡地回答道：“我知道，你跟负责这事的人谈吧！我已经跟他提过了，你等会再过去吧。”

对于贝特格来说，这样的遭遇还是第一次。在回家的路上，他反思着：“今天所讲的内容应该和平时一样具有足够的魅力吸引客户的，但是今天为什么会受到这样的冷落呢？”他百思不得其解。

在经过一家商店的广告橱窗时，他看到橱窗中映射出一个穿着旧西装、雨鞋，如流浪汉一般落魄的人。他恍然大悟，找到了自己受到冷落的原因。

明明已经和客户约好再次商谈，为什么贝格特再次拜访时，却吃了闭门羹呢？这就是社交形象管理的重要性。

企业也是如此。一家企业要想在社交场合展示风采、促成合作，除了注意交流，形象整饰也是不可或缺的。为什么良好的社交形象如此重要呢？

心理学家指出，在与陌生人打交道的时候，人们只需要三分钟就能形成对其的印象。毫不夸张地说，当参加社交聚餐的人足够多时，你甚至还没有与某个人打一声招呼，就已经在他心里留下了某种印象，甚至这种印象会影响到双方的沟通与合作。

基于此，心理学家提出了“印象整饰”的概念，亦称印象管理。它是指人们以一定的方式去影响他人对自己的印象，即：人们可以通过自我形象的控制，去影响别人对自己的印象，使他人对自己的印象符合自己的期待。

即使成功如比尔·盖茨这样的世界顶级商业领袖，也会通过印象整饰来塑造自身的魅力，给他人留下好印象。

在早期的创业过程中，比尔·盖茨曾是一个“邋遢鬼”。平时，他总是穿西服不系领带，忘记扣衬衣扣子，有时甚至穿着两只颜色不一样的袜子，并不在意自己的社交形象。

1991 年，比尔·盖茨应邀在佛罗里达州发表演讲，但演讲并不是他的强项。为了塑造自己的良好形象，使自己的演讲能够产生较大的影响力和感染力，比尔·盖茨专门请来了演讲博士杰里·韦斯曼为自己的演讲做指导。杰里·韦斯曼不但悉心指导盖茨的演讲，还专心为他搭配衣服。在演讲那一天，熟悉盖茨的人都吃了一惊。他一改往日的邋遢形象，穿着一身黑色西服——这使他显得高大挺拔，整个人精神焕发。而这次名为《信息在你指尖上》的演讲，赢得了一潮盖过一潮的欢呼声和掌声，随即传遍美国各州，盖茨个人的魅力指数也持续上升。

比尔·盖茨通过形象管理，提升了个人魅力指数，同时也增加了客户对公司的认可。员工和管理者的个人形象在很大程度上代表了企业的形象，其言谈举止、外在形象的修饰也体现着一个企业的品位。

当然，员工和管理者对企业形象的传播，不仅要体现在外表的修饰上，还要体现在工作中能否敬业、能否取得客户信任等方面；不仅要有良好的仪表和谈吐，还要能提供专业的技术知识和服务。

华为公司在为2016年巴西里约奥运会通信保障做准备时，由于工程量巨大，期间出现了一些问题。比如，距开幕式仅22小时的时候，客户发现PRS实时监控数据出现问题，所有3G网元数据无法显示到屏幕上。为此，华为项目组与研发专家紧急攻关，在数小时内找出了原因并快速处理完毕。在整个奥运会期间，项目组以极其专业的服务和认真解决问题的态度，保障了里约奥运会开闭幕式以及16天327场赛的通信畅通，达到了零事故、零中断、零投诉的高要求。

华为人用过硬的业务能力和全心全意为客户服务的态度，让华为公司在国际市场上的名声大噪。很多客户最初并不信任这样一家来自中国的企业，然而他们最终却被华为人的敬业和专业精神所打动。

为了使企业树立良好的外部形象，上至管理者、下至普通员工在做好自身形象管理的同时，也要提升自身的业务能力，以专业的社交形象传播企业文化。

充分借助互联网传播的优势

随着互联网的深入发展，舆论生态、媒体格局、传播方式也发生了变化，这对企业文化的宣传提出了新要求和新挑战。与传统媒介相比，互联网是突破时空和地域限制的媒介，覆盖的人群更多、地域更广，信息的传播可以以声音、文字、视频等多种方式进行，便于公众接受信息。如今，互联网已经成为企业文化宣传的重要阵地。

2019年，华为公司在被美国列入“实体名单”后的第8天，在互联网平台上发布了一部名为《悟空》的宣传短片。这部短片是华为影业为P30系列“未来影像”计划所拍的电影。故事发生在1990年，主人公小男孩用父亲省吃俭用买来的钢笔和朋友换了一张《悟空》的电影票，结果遭到了父亲的一顿好打。然而，这并没有打消小男孩看电影的决心。他一个人偷偷离家，一路遭遇了风吹、日晒、雨淋、被毒蛇咬、跌落山崖，仿佛是西游记里师徒四人西天取经一般历经了九九八十一难。当小男孩千辛万苦地到达城里后，却发现时间已是几十年后，手里的电影票早已失效。

华为公司正是通过这个短片告诉大众“回到最初、寻找未来”，而小男孩奋不顾身进城的身影则寓意着华为三十多年来克服重重困难的执着奋斗精神。即便前方路途险阻，华为公司也会像小男孩一般永葆初心，做自己的开路者。《悟空》的短片一经发布，在网络上掀起了巨大反响，网友们在为华为 P30 系列手机的质量惊叹的同时，也纷纷为华为加油打气。

在互联网时代，企业文化的传播方式是多元化的，像《悟空》这样的短片就是消费者乐于接受的一种传播方式。在互联网中，每个人都是信息的接受者和文化的传播者。只要有信息接受者，企业就能通过一传十、十传百的方式让信息传播开来。借助互联网平台，华为公司的产品、故事、文化已被更多人所熟知。

当然，在利用互联网这个宣传阵地时，企业还要把握住敏感时机，比如，利用关键事件为企业造势，提高关注率。

2018 年，平昌冬季奥运会开幕。阿里巴巴抓住冬奥会的时机，以集团形象向全球推出《相信小的伟大》三支奥运品牌主题宣传片。片子通过小人物的故事，传达了“每个小个体都在创造世界”的理念，这与奥运的主题是十分契合的。在这个世界上，99% 的人是小人物，92% 的国家是小国家，97% 的企业是小企业，阿里巴巴借着冬奥会的时机，为小人物、小力量、中小企业发声。所以，短片发布后，很快登上微博热搜，话题阅读量在两小时内突破 1 亿次，三支奥运主题宣传片一天的点击量累计突破 6000 万次。

企业文化的对外传播，一定要顺应形势。像阿里巴巴抓住时机，借力关键事件使互联网这个“最大变量”变成企业文化宣传和企业品牌形象塑造的“最大增量”，极大地提升了企业文化宣传和企业品牌传播的效果。

值得注意的是，互联网不仅传播正面评价，也传播负面评价。而且，人们对负面评价更为敏感，一旦人们对产品、服务或品牌产生负面的印象，将很难改观。

美国俄亥俄州立大学的心理学家卡乔波曾做过一个有趣的实验。在实验中，被试被安排观看三种类型的图片：一种能激起积极情绪（如披萨）；一种能激发消极情绪（如伤疤脸、死猫）；一种能产生中性情绪（如盘子、电吹风）。与此同时，他通过生理实验仪器分别把这三种情况下被试大脑皮层的脑电波活动记录下来。经过实验后的对比分析，研究人员发现：看到激发消极情绪图片的被试，其脑电波活动最为强烈。

从实验中可以看出，与积极类刺激物相比，大脑对消极类刺激物的反应更强烈。也就是说，与好印象相比，坏印象更容易让人们刻骨铭心。因此，在互联网快速传播的背景下，企业要妥善处理负面评价，切勿心存侥幸、听之任之。“一失足成千古恨”并不是危言耸听，一次失误真的可能让企业辛苦构筑的信任大厦顷刻倒塌。

英国心理学家克巴特莱特曾经做了一项实验。他请一位被试临摹一副猫头鹰的画，然后请第二位被试临摹第一位被试临摹的话，第三位被试临摹第二位被试的临摹画……如此重复多次后，这只“猫头鹰”变成了“猫”。由此，巴特莱特推断：信息会在传播的过程中发生改变，最终的信息和最初的信息相比往往已经面目全非。尤其是负面信息，将会向着更加恶劣的方向发展。

所以，企业一定要在负面信息被传播得面目全非之前，加以有效控制，避免发生重大的负面舆情事件。

2019 年，315 晚会上曝光了虾扯蛋、黄金口味棒、爱情王子等辣条制造商的生产车间现场情况，引起了网友对辣条卫生质量的担忧。行业大佬卫龙食品公司的官方微博一直被网友围观，要求其发出车间视频或照片，结果卫龙迟迟未见回应。卫龙公司的“冷处理”导致网友的质疑声四起。

而麻辣王子所属公司——湖南玉峰食品有限公司却在第一时间发布微博，公开了车间视频，并配文：“315 虾扯蛋辣条令人痛心！行业有乱象，但总有人在坚守底线，做良心产品！听麻辣王子创始人讲述：为了让消费者吃上正宗、健康的辣条，我们做了什么？”对此，网友纷纷点赞。麻辣王子的此番危机公关，打消了消费者对辣条质量的担忧；同时也使企业的热度上升了 3 倍，产品评价与企业口碑均大幅上升。

在互联网信息快速传播的今天，企业要像华为公司、阿里巴巴集团一样抓住互联网传播的优势，对外传递企业正能量；同时，也要像麻辣王子所属公司一样，快、准、狠地处理负面评价，提高对突发事件的舆情处理能力，做好口碑管理。

借活动造势，让企业文化飞扬

当员工积极参与文化活动时，他们就会对活动中所有因素产生“自主注意”意识，自觉地接受活动中传递的信息。一场好的文化活动能调动员工积极参与，提高文化的曝光率，有效链接员工。因此，企业可以借活动造势，让企业文化飞扬起来。

组织内部活动，提高思想认识

美国心理学家费斯廷格做过一项关于“活动对态度有何影响”的实验。

在费斯廷格所做的实验中，他选择了黑人和白人杂居区中的一些黑人和白人邻居作为研究对象。这些黑人和白人居住得很近，但平时从不往来。

费斯廷格以研究“白人对黑人的态度转变”为实验目的，设计了三种不同的情境：第一种情境是邀请白人和黑人一起玩纸牌游戏；第二种情境是让白人和黑人同时观看别人玩牌；第三种情境是让双方共处一室，但不再有意识地组织任何共同活动。实验结果表明，在第一种情境条件下，有 66.7% 的白人对黑人显示出友好的态度；在第二种情境下，有 42.9% 的白人对黑人显示出友好的态度；在第三种情境下，只有 11.1% 的白人对黑人显示出友好的态度。

由此，费斯廷格得出一个结论：活动对于态度的转变会有十分明显的影响，并且参加活动时越积极主动，态度转变的可能性越大。对于企业来说，一场成功的活动可以有效地拉近企业与员工之间的距离，改善员工对企业的态度。

在企业文化传播实践中，组织企业内部活动是提升文化传播效果的重要方式。华为公司的部门众多，为了各自工作的顺利展开，很多部门会组织活动来提高员工的思想觉悟和工作能力。在平级以及上下级之间的沟通中，让员工对某些思想观念形成清醒的认识。

华为公司为了加强对企业文化思想和政策宣传，组建了干部部领导下的秘书处。这支队伍不仅被要求懂得专业知识，还被要求能够对企业的技术管理和文化建设起到实质性的作用。为了更好地宣传各个技术管理流程和制度、文化导向等，干部部秘书会组织各部门进行学习或者召开研讨活动，比如早期研发部几乎每两周都会有一次类似“政治学习”的活动。参与活动的工程师都要写学习心得，发表自己的意见。他们的优秀文章会被发表在华为内部刊物上，甚至会被编辑成论文集，供研发人员当作案例学习。为了进一步加强部门级的沟通，各部门还会划拨专项经费，组织各种集体活动，使员工可以在融洽的氛围下交流，提出自己的建议。

为了确保企业的政策和文化能够被更好地贯彻实施，华为公司想出了很多办法。组织内部活动正是其中的重要方式之一。那么，组织企业内部活动到底有哪些独有的优势呢？概括地说，活动具有三个优势：互动传播能力强，受众范围广，成本低、成效好[19]。

（1）互动传播能力强

开展企业内部活动，是一种感性的文化传播方式，其目的是让员工在主动体验与互动的过程中认知企业文化。

（2）受众范围广

一般来说，活动的开展是企业结合自身实际情况和发展需要进行的，其受众范围较广。只要活动足够吸引人，那么广大员工就会积极参与其中。

（3）成本低、成效好

以活动的形式推广企业文化，这种方法的成本低，但是效果好。对于企业来说，活动可以引导员工了解企业文化，及时调动其积极性，引导其将文化理念外化于行。对于员工来说，活动的形式生动多样，其在参与过程中可以获得趣味性体验，同时激发员工的主人翁意识。

既然活动在企业文化传播中有其独有的优势，那么企业可以组织哪些形式的活动来助力企业文化传播呢？事实上，企业可以依托文娱活动、集体学习活动、竞赛活动等不同形式进行文化传播，如表 7-2 所示。

表 7-2 活动传播载体

活动形式	具体内容
文娱体健活动	举办体育竞技活动，如跑步、篮球、足球、羽毛球、乒乓球、登山比赛等 举办文化沙龙、文艺晚会、年会等文娱活动，增强凝聚力
员工关爱活动	实施员工关爱工程，及时沟通，了解员工困难
专业竞赛活动	创建演讲比赛、辩论赛、知识问答、征文比赛等有奖竞赛类活动，提高员工参与积极性
集中学习活动	开展“互查互学互助”等主题学习活动，营造浓厚的学习氛围 开展文化知识集中学习、座谈会、文化讲堂等活动
社会公益活动	通过道德实践活动、志愿服务等公益活动，传递企业文化

企业在开展各式各样的活动时，不是简单地灌输文化，而要以文化理念

19 苏海．活动策划实战宝典［M］．北京：清华大学出版社，2017.

为指导，将文化理念融入活动环节中，润物细无声地实现传播效果。一般来说，人们对能让自己受益的活动都是非常感兴趣的，这是一种参与情怀。因此，在举办相关企业文化活动时，可以适当增加一些与员工利益密切相关的环节，充分调动其积极性，提高活动的效果。

组织对外活动，增加文化传播机会

在对外活动方面，企业可以组织营销、接待参观、行业交流等活动形式，增加文化传播机会。

（1）营销活动

精于营销的恒大集团曾举办过很多专题活动，用以吸引公众参与，并传达恒大文化。

2017年，在圣诞节、元旦节“双节”到来之际，位于包头地区的恒大帝景销售中心联合中国铁路呼和浩特局集团有限公司包头地区各单位团委、包头公交总公司团委，举办了为期5天以“相约恒大、追求幸福”为主题的大型单身青年交友联谊活动，获得了极高的关注度。

2018年，兰州恒大帝景又举办了以“爱在恒大、美丽邂逅”为主题，以“‘缘’就是你·帮我脱单”为目的的“七夕”相亲大会活动。此次相亲活动通过才艺展示、影像播放、牵红线、嘉宾互动等环节，营造了浓厚的氛围。

恒大集团通过一场场与爱情相关的营销活动，向社会展示了恒大文化中“家”的概念，深深地触动了公众的情感，极大地获得了公众的认同。

（2）接待参观活动

接待参观活动是企业对外宣传的窗口。通过接待参观活动，企业可以向客户传达公司价值理念。

华为公司接待参观的服务水平在国内外都是一流的，连欧美、日本等地的客户都赞不绝口。华为公司有一套完善的接待流程，每个流程环节都设有严格的行为规范，以保证接待工作的有序进行。

华为公司每年都会接待很多到公司内部参观的合作伙伴、客户及潜在客户。通过与参观者交流，他们可以对华为公司有更加深入的了解。比如在 2015 年，华为公司和合作伙伴中建材信息技术股份有限公司一起举办了一场“共筑辉煌——2015 年超越梦想，携手 IT 著名企业 CEO 走进华为”的活动。此次活动邀请了电力、医疗、政府等行业的 60 多家合作伙伴走进华为位于深圳的总部参观。在参观过程中，华为工作人员为参观者讲解了华为创新的 ICT 产品和解决方案，以及华为成功的 IT 实践，并以此为契机进行了一次深入的交流和探讨。

华为参观平台的建设是值得很多企业借鉴的，其组织的参观活动不是走马观花地进行，而是更重视过程中的交流。

（3）行业交流活动

企业参与行业内的活动，不仅是与同行交流的好机会，也是向公众展示实力和企业文化的机会。阿里巴巴集团一直积极参与行业活动，如展销会、与合作伙伴举办的竞赛、互联网大会等，这些都是阿里巴巴集团展示自身文化的平台。

2019 年 7 月 9 日-11 日，中国互联网大会在北京国家会议中心举办。作为中国互联网行业领军企业，阿里巴巴集团在会议上多维度地展示了其掌握的最新技术。阿里巴巴集团副总裁郭继军在会上发表了题为《数据智能的新商业时代》的主题演讲，对阿里巴巴集团过去做的五件事做了详细介绍，即：开创了中国的云时代，坚持独立创新之路，加大科研投入、引领前沿技术，打造安全级别最高、最可信赖的技术平台，云技术惠及了各行各业的数百万客户。

这次互联网大会让外界对阿里巴巴集团有了更为系统、全面的认识，也让外界了解到作为行业巨头的阿里巴巴集团是如何承担起赋能社会、赋能未来产业的责任的。

除了以上企业文化传播形式，企业还可以利用外出招聘、拓展等外事活动来宣传企业文化。对外活动是直接面向客户、面向公众的，很多人也非常乐于通过这些方式来了解企业。企业要把握好各式各样的对外活动，借之树立良好的企业形象。

打造企业文化传播的仪式感

美国著名的传播学者詹姆斯·W．凯瑞在《作为文化的传播》一书中提出了传播的“仪式观”，他认为传播不是一种单纯的传递信息行为，而是共同信仰的创造、表征与庆典。在对外传播企业文化时，企业要注重打造文化传播的仪式感，引导舆论，塑造共识。

（1）用仪式规范行为

仪式具有内在的教育功能。在《说文解字》里，“仪”为法度、准则之意，“式”为效法之意，“仪”与“式”合用，为示人以规范之意。简单地说，就是向对方提供一种行为模式，让他们参照这个标准来做，最终达到自己所期望的状态和水平。

企业文化传播的仪式的设计，大多从文化规范和文化教育的目的出发。比如员工的行为规范以及工作中的一些涉及员工安全、员工绩效、产品品质的仪式，皆是如此。海尔集团的“6S 班后反省”仪式是极具代表性的。

在海尔生产车间，开班前班后会的地方，有两个大大的黄色脚印标识。如果有人违反了 6S（整理、整顿、清扫、清洁、安全、素养）中的任意一条，那么他就要在下班开会的时候，当着大家的面站到大脚印上，进行自我反省，同时接受班长的批评。

通过对这一仪式活动的参与和实践，海尔员工对企业的精益化、品质化的生产理念有了深刻的认识，进而端正自己的工作态度，按照企业文化的要求来规范自己的工作活动。前文提到的注重打造“表彰”仪式感，也是为了教育和激励广大员工向标杆人物看齐，使之自觉践行企业文化。

（2）用仪式传达态度

仪式能够鲜明地传达出文化设计者的态度。比如，庄严的入党宣誓仪式传达出宣誓者成为一名党员的自豪感和责任感，隆重的奥运会开幕式则传达出主办国对即将到来的赛事的重视程度。

电视剧《士兵突击》中有这么一段场景：在“钢七连”成员即将各奔东西，部队番号即将解除的情况下，他还是当着所有战友的面，为连队的新士兵马小帅举行了和当年自己进入连队时一样的隆重、庄严的入连仪式。

在企业中，文化仪式同样要有正式感、严肃感，这样才能有力地向员工传达领导者的态度。仪式如同表演价值观的戏剧，如果连领导者自己都没有摆正态度，认真地参与到这场“戏剧”的演绎中，那么，员工也不会把它当回事，整个仪式也就失去了存在的价值。

（3）用仪式传承文化

文化传承需要载体，而仪式就是不错的选择。很多传统文化就是靠特有的仪式世世代代传承下来的，比如说春节、端午、中秋等传统节日。进行仪式时，人们对文化的记忆也在强化。如今，很多传统节日的氛围已不太浓厚，这与承载文化内涵的仪式逐渐减少不无关系。所以，企业要想让文化传承下去，不妨借助各种各样的仪式来实现。

2016年，华为公司成立了华为中国合作伙伴大学。与此同时，华为公司与合作伙伴的“比武”也升级了，组织了“匠心杯”华为中国合作伙伴邀请赛。虽然这也是华为公司为提高合作伙伴的能力而设置的比赛，但是从比赛的名称就可看出，华为公司希望能和合作伙伴共同传承华为的匠心精神。任正非多次对华为人强调过这一精神，华为公司通过多年的奋斗，匠心精神已深入人心；而设置比赛的仪式感，则是在鼓励华为人能够将这种精神继承并发扬下去。

为了提升文化传播效果，企业要充分利用仪式感，打破“灌输式”的文化传播模式，对内增强员工对文化的认同以及对企业的认可度和信赖感，对外树立卓越企业形象。需要注意的是，在打造文化仪式感时，一定要紧扣企业文化理念和业务特点，不能让仪式因“空有其表”“想当然”而成为企业和员工的负累。

以承担社会责任展现企业魅力

企业作为社会性组织，不能脱离社会而独立存在。因此，企业要注重承担好自己的社会责任，在公益活动中彰显企业形象，在国际化发展中传递企业文化。

在公益活动中彰显企业形象

很多优秀的企业都会积极推动社会公益事业的发展。在社会公益活动中，企业既能履行社会责任，也能对外传递企业文化，树立企业形象，推动企业更好更快地发展。

阿里巴巴集团如今已是国内最大的一个公益参与平台。马云曾说：“阿里巴巴自创立的第一天就把公益放在商业模式里，阿里巴巴做的任何一件事情、任何一项业务，必须带着公益的心态、商业的手法。我们至今为止所推出的任何一个成功商业公司、商业项目都包含着强大的公益心态。”

阿里巴巴集团开发了很多平台公益模式的产品，包括公益宝贝、公益网店、3小时平台、“益起来”、蚂蚁森林、蚂蚁庄园，等等。2018年，淘宝公益宝贝总捐赠就达到 79.29 亿笔。蚂蚁森林上线 3 年间，吸引了超过 5 亿人参与，累计种植真树 1.22 亿棵，碳减排 792 万吨。2019 年，阿里巴巴集团公益联手蚂蚁区块链团队打造的“链上公益计划”，旨在为公益组织提供公开透明的系统化解决方案，打造透明公益的基础设施。

多年来，阿里巴巴集团始终秉承“公益不是一个人捐多少钱，而是人人参与”的公益理念，在公益路上不断探索、创新，赢得了很多赞誉。2019 年，阿里巴巴集团的“互联网＋脱贫”实践首批入选“全球减贫案例征集活动”最佳案例，并在全国脱贫攻坚表彰大会上获得“脱贫攻坚组织创新奖”。

在生活中，我们只要有使用支付宝、淘宝等阿里平台的习惯，都或多或少地参与过阿里巴巴集团的公益计划。阿里巴巴集团号召和吸引大众参与到公益活动中来，这一做法既能推动公益事业的蓬勃发展，为社会做贡献；又能增加平台流量，在客户心中塑造有责任、有担当的良好形象。

企业除了在日常经营中参与公益活动，也要在国家需要帮助的“特殊时期”积极承担好企业社会责任，传递企业形象。

2020 年春节，一场突如其来的新冠疫情让全国经历了一次严峻考验，各大企业纷纷发起“抗击疫情，我们在行动”计划，为疫情严重的地区捐款、捐物资，京东、苏宁等电商平台也快速调集医疗资源来支援一线。

在这场疫情抗击战中，阿里巴巴集团也制定了一系列举措，始终出现在需要它的地方。疫情一开始，阿里巴巴集团迅速成立“抗击疫情、商家扶助”两个专项小组，为抗击疫情和发展经济贡献力量。2020 年 1 月 25 日，阿里巴巴宣布设立 10 亿元医疗物资供给专项资金。随后，阿里巴巴集团在淘宝平台上线“吃货助农”频道，解决隔离在家的消费者的采购难题。仅上线 3 天时间，“吃货助农”就卖掉了 300 万斤滞销农产品。与此同时，阿里巴巴集团还制定各项措施，帮助企业复工复产。比如，为天猫卖家免去上半年的佣金、服务和技术费；上线钉钉企业复工平台，吸引百万家企业启用钉钉“无接触考勤”功能。

对此，阿里巴巴集团董事局主席、现任首席执行官张勇表示：“让天下没有难做的生意，是阿里巴巴的使命，现在就是检验使命坚持的时刻。”

在国家危急时刻，阿里巴巴集团在第一时间吹响了“抗疫集结号”，扛起了大企业的责任大旗。当阿里巴巴集团的名字一次次出现在各大新闻头条时，广大网友也频频对阿里巴巴集团竖起了大拇指。阿里巴巴集团在这次危机中，彰显了负责任的大企业形象，也把握了很多发展机遇，走向了更广阔的发展舞台。

企业要想长远发展，那么，积极承担社会责任是必不可少的。广大企业要像阿里巴巴集团一样始终在日常经营中、在社会危急时刻，扛起肩上的责任，积极为社会发展做出点滴贡献，在承担社会责任的过程中树立企业形象，提升企业文明度、知名度和美誉度，推动企业的持续健康发展。

在国际化发展中传递企业文化

随着企业发展越来越快，很多企业会进入国际市场。在国际市场竞争中，企业承担着对外树立中国企业良好的品牌形象的责任。因此，企业要建立自己的企业文化，并用开放、包容的态度传递企业文化。华为公司在国际市场上的竞争优势很多也是其企业文化影响的结果。

在海外市场打拼多年后，华为公司在海外市场的收入在2005年首次超过在国内市场获得的收入。根据公布的数据，2018年，华为公司的市场收入达1052亿美元，约7000亿人民币，创造了有史以来的新高，比2017年增长20%，其中欧洲、中东、非洲的收入达256亿美元。华为手机在2018年出货量大概2亿多部，有一半来自海外市场。2019年，受“实体清单”事件影响，华为在海外市场应用的谷歌移动服务（GMS）被谷歌公司停用，海外市场销量有所下滑。为了应对这一情况，华为在海外市场推出华为移动服务（HMS）。截至2020年1月，华为HMS已在170多个国家和地区投入使用，月活跃用户量达4亿。

华为公司在海外市场取得的成绩不是靠运气，而是靠实力争取来的。为了适应在不同地区市场的发展需要，华为公司会招募一些本地员工，而让不同文化的本地员工融入华为，并遵守华为文化是一件非常不易的事，这也让华为海外管理者费了不少心思。

彭博在欧洲管理沃达丰华为团队时，就经历了一番痛苦。在员工本地化的初期，华为招聘了不少欧洲本地员工。欧洲员工自身素质较高，对自身的认同感强，而派驻在当地的中方员工则深受华为企业文化的影响。不同文化背景的员工在工作中，容易发生冲撞，彼此之间不信任。彭博在管理中慢慢积累了一些经验后，总结出了一套能让不同文化背景的员工团结起来的方法，用他的话来说就是“3R”，即 Recognize（接受）、Respect（尊重）、React（反应）。

当中方员工到来时，彭博会先给他们交代清楚，让他们与欧洲本地员工交往中遵循“3R”原则。对于欧洲本地员工，彭博则要求他们以中方员工同样的速度进步。在彭博的努力下，本地员工也渐渐认同华为文化，并积极主动融入华为公司。

华为公司在海外的本地员工，虽然文化背景各不相同，对华为文化也不一定能全部理解；但是在华为公司的包容文化下，大家都能齐心协力地完成任务，这就是华为普适的国际化企业文化建设的功劳。华为的企业文化以其极大的包容性和开放性吸引了众多的本地人才，而这些本地员工也因为语言、文化等优势为华为开拓本地市场做出了重要的贡献，也在潜移默化中对中国企业有了更为直观的认知。

任正非对外强调华为公司是一个真正的国际性企业，在国家化发展的过程中，华为公司也致力于开展公益活动。

2019 年 4 月，华为公司宣布启动“一千个梦想”公益项目。该项目计划在未来五年，为中东欧 16 个国家培养共计 1000 名 ICT 人才，并为每国捐赠 1000 本图书给大学图书馆以及 1000 个玩具给儿童医院。

对此，华为欧洲区总裁李健表示：“‘一千个梦想’项目是华为扎根中东欧、持续贡献的承诺。”

华为公司以其海外发展举措和取得的成果在证明：文化传播不是强制输出，而需要用一点一滴的实际行动，让他国人民享受到中国企业带来的发展便利，用行动促发展、用发展促传播、用成果树品牌。

第 8 章
企业文化评估激励

被誉为“现代管理学之父”的彼得 · 德鲁克曾说：“如果你不能评价，你就无法管理。”要做好企业文化建设，就要建立完善的文化评估机制，落实对企业文化建设情况的评估，推动企业文化的循环改进。与此同时，要建立有助于企业文化落地的激励机制，为员工创造良好的工作环境，以保障企业文化的落地。

建立完善的文化评估机制

企业文化评估机制是企业文化建设与落地工作的重要推动力，是对企业文化建设的过程与成果的检验体系。

推动企业文化建设循环改进

企业文化建设是一项长期、系统、复杂的工程，很难一步到位，需要在过程中不断改进。企业可以借助 PDCA 循环，来推动企业文化建设的循环改进。

PDCA 是一个大环套小环、螺旋提升的系统。不管是在企业文化建设的准备阶段，还是企业文化的全面宣导推广阶段，都可引入 PDCA 循环机制；而且，在每个阶段中，某个目标的实现或某项制度的执行，同样可以导入该机制。

那么，该如何导入 PDCA 循环机制，推动企业文化建设工作的循环改进呢？

（1）Plan（计划）阶段

在 Plan（计划）阶段，首先，管理者应该做好调查研究，分析企业文化的现状，找出企业在文化建设的过程中存在的问题，看有哪些顽症、哪些细节需要关注。

其次，尽可能地深入现场，做到逐个问题、逐个细节地排查，找出问题的缘由，在此基础上制定解决措施，提出相应的计划方案，并进行效果预测。计划方案的内容包括工作细节的排查、部门职责的划分、岗位责任细化、工作的时间节点、相应的规章制度和激励方案，等等。在制定计划方案的过程中，要尽可能地让员工参与，以保障计划方案的顺利贯彻执行。

（2）Do（实施）阶段

Do（实施）阶段主要是对 Plan 阶段的计划内容进行处理和解决，进行具体实施。该阶段强调全员参与。作为管理者，要以身作则、带头示范，组织开展各种类型的活动，充分调动员工参与文化建设的热情。

（3）Check（检查、监控）阶段

Check（检查、监控）阶段主要是对计划执行过程进行跟踪反馈，并评估计划执行的效果。一旦发现执行偏差，马上进行调整，对业务流程、员工行为进行优化和规范。

（4）Action（处理、改进）阶段

在 Action（处理、改进）阶段，要对监督和检查过程中发现的问题有针对性地进行处理和改进，并将检查结果与激励管理联系起来，引导员工做出有利于企业文化发展的行为。在本阶段未能解决的问题，可导入下一个 PDCA 循环中，进行持续改进。

企业文化建设是一项长期的系统工程，需要企业上下团结一致、共同努力，需要通过 PDCA 不断优化和提升。只有经过循环、闭环的持续推进，企业文化建设才能逐渐成熟，才有可能转化为员工的行为，最终作用于企业的持续发展。

明确企业文化评估角色与评估内容

为了有效解决企业文化建设中存在的突出问题，系统提升企业文化建设工作水平，企业需要建立完善的文化评估机制，对企业文化建设各个阶段取得的成果进行科学的评估。

要想建立起一套完善的、能够有效推动文化落地的评估机制，首先要做两件事：一是做好角色划分，二是明确评估内容。

（1）企业文化评估的角色

一套完整的评估体系中，应该有组织者、实施者和评估者的角色，如表 8-1 所示。

表 8-1 企业文化评估角色划分

角色划分	角色职责	担任人员
组织者	建立并持续改进企业文化效果评估指标 定期发起企业文化效果评估 分析评估结果并撰写评估报告	由文化管理部门或实际负责文化管理的团队或组织来担任 必要时寻求高层领导者的支持
实施者	负责文化评估的具体操作，汇总并反馈调查结果	要有一个庞大的组织系统，能够深入到企业的各个管控架构中 通常由人力资源部或行政管理部担任
评估者	负责给代表企业文化建设效果的各项指标打分	由员工来担任，企业文化建设效果到底好不好，员工对此有最直接、最全面、最深刻的感受，也最有发言权

（2）企业文化评估的内容

企业文化评估不论是评估结果，还是评估行为本身，都对企业文化建设工作发挥着激励导向作用。因而，评估的内容必须涵盖企业文化建设的各个方面。

具体而言，企业文化评估应包括对文化管理尽责情况的评估、对文化形象传播效果的评估、对管理者个人的尽责效果评估和对制度文化建设效果的评估四大方面。

①对文化管理尽责情况的评估

有关文化管理尽责情况的评估，着重关注提升计划完成情况、管理机制运行情况、文化教育培训效果、文化提升效果和 PDCA 循环提升效果几个方面。

②对文化形象传播效果的评估

文化形象传播效果评估则主要关注文化形象提升目标的实现情况、文化信息发布的传播效果、标杆人物的引领效果、形象视觉应用规范度、文化传播渠道的拓展情况等。

③对管理者个人的尽责效果评估

管理者的行为会对员工产生巨大的标杆影响力。一家企业的企业文化践行程度，从管理者身上就能得到清晰的体现。对于管理者尽责效果的评估主要从两个方面入手。

一是，管理者对企业文化评估工作的配合度。比如，管理者是否定期检视和评估团队成员对企业文化的认知情况、成员行为与文化的冲突、团队制度与文化的冲突等，以此来全面认知团队的企业文化建设现状。

二是管理者的文化自觉性。比如，管理者是否自觉检视自己的思想和行为，找出自己的思想与企业所倡导的价值观是否存在冲突、自己的日常行为与企业所倡导的行为规范是否一致，等等。

④对制度文化建设效果的评估

对这方面评估时，要注意审视企业的制度文化，考察企业的制度理念、制度管理、制度体系与制度执行四个环节的现状与企业文化之间的一致性，从而为制度文化建设获得全面、客观的决策依据。

关注管理者的文化遵从度

企业的管理者是否能成为广大员工文化实践的标杆，通过自身的言传身教和管理训诫来有效推动企业文化建设，这直接决定了企业文化落地实施的成败。

一般而言，文化遵从度高的管理者，能够发自内心地遵照企业文化所倡导的价值标准，自觉规范自己的管理行为；能够遵照企业文化倡导的行为准则和制度规范，自觉约束自己的工作行为和组织公民行为；能够自觉维护企业文化形象，服从企业文化管理职能部门的管理、考核和评价，并接受其依靠评估价给予的惩戒。这样的管理者能够真正影响到他所管辖的员工对于企业文化的遵从度。反之，如果管理者仅仅是被动地服从管理，没有自觉践行企业文化的意识，那么，他所管辖的员工也不会对企业文化产生遵从意识，整个企业的文化实践活动会变成应付上级检查而走的过场。因而，在企业文化考核评估中，要重点关注管理者的文化遵从度，并设计对应的考核指标。

企业在设计文化评估机制时，有必要引导管理者进行文化遵从度的自我检查，设计文化自觉意识、管理遵从度、职务影响力和示范带头作用等指标，具体如表 8–2 所示。

表 8–2 管理者文化遵从度评估指标设计

考核指标	具体描述
文化自觉意识	包括企业使命、愿景、核心价值观、理念文化的认同度，对企业规章制度和行为规范的遵守情况，以及对企业形象的关注和维护情况
管理遵从度	包括能否服从企业的文化管理，能否接受企业的评估结果，并且承担相应的奖惩激励后果
职务影响力和示范带头作用	判断其对员工在企业文化建设和落地方面的态度转变情况，看能否影响员工群体在行为上主动跟随，最终提升团队的整体文化实践效果

企业应对管理者自身文化遵从度进行考核，促进管理者文化遵从力的持续提升，最终养成文化遵从的行为习惯。如此一来，管理者对企业文化的示范和宣传作用也会大大提升，员工会在管理者的熏陶之下很快建立起自己的企业文化信仰，进而发自内心地产生对企业文化的遵从行为。

落实企业文化建设评估

为了落实对企业文化建设情况的评估，企业要对可以利用哪些评估指标有所了解，强化文化建设过程中的督导检查力度，并运用好评估结果。

合理运用文化评估指标

企业文化评估应落实到企业文化建设的各个阶段，设计各阶段的评估指标，并对企业文化建设计划的落实情况、企业上下对企业理念的认同情况等进行跟踪考核。

从宏观上讲，企业文化的评估可分为过程性评估和结果性评估两类。只有综合采用两种评估形式，才能全面把握企业文化的落地情况。

（1）过程性评估

过程性评估主要检查原先计划工作的实施进展情况。如果企业有明确的文化落地规划，并在规划中详细列出各阶段具体工作内容，这些详细的规划就是过程性评估的主要依据，据此可检验各项活动和措施的组织实施情况。

如果企业的文化落地规划相对粗疏，无法落实到具体的措施与活动，过程性评估就只能针对“知（认知）、信（信仰）、行（行动）”基本落地策略的执行情况进行。过程性评估主要涉及培训宣贯、物化展示、内部宣传、外部传播、领导关注、管理示范、典型示范、制度配合、仪式活动、行为标准、行为环境等方面。企业可以挑选自身在企业文化建设过程中比较关注的方面，并设计细化指标项来进行评估。

（2）结果性评估

结果性评估倾向于检验阶段性文化落实的综合效果。结果性评估主要包括：企业内部员工对企业文化的认知度、认同度，对企业的满意度、敬业度；员工行为、企业制度与企业文化的匹配度；客户对企业文化的认知度、认同度，客户对企业的忠诚度；利益相关者对企业文化的认知度和认同度；以及企业的社会美誉度等指标。

鉴于“员工对企业的总体评价”影响着人们对企业文化建设效果的评价，所以“员工满意度”和“员工敬业度”这两个能够直观表示员工对企业的评价指标就成了使用率较高的两个评估指标。

事实上，也有很多学者和企业尝试用这两个指标来管理企业文化建设的效果，并取得了一定的成效。下面简要介绍一下这两个评估指标。

①员工满意度测评

员工满意度测评是运用比较广泛的一个企业文化评估指标。在企业内设计并实施这项测评，能够迅速发现企业文化建设方面的不足，从而加以改进。具体操作过程中的相关评价维度和评价点如表 8–3 所示。

表 8–3 员工满意度测评维度

评价维度	评价点
对工作本身的满意程度	主要从工作适合度、责权匹配度、工作挑战性、工作胜任度等指标入手
对工作回报的满意程度	包括员工对自身工作的认可度、事业成就感、薪酬公平感以及晋升机会的获得情况
对工作环境的满意程度	包括员工对企业的工作空间质量、工作时间质量、工作配备齐全程度、福利待遇情况以及企业氛围等的评价
对工作群体的满意程度	主要对企业员工与同事合作的和谐程度以及企业的信息开放程度进行评价
对企业整体的满意程度	包含员工对企业的了解度、对管理制度的满意度、参与管理的程度以及对领导者的能力评价等

②员工敬业度测评

员工敬业度测评是由闻名全球的盖洛普咨询公司开发出来的。盖洛普的专家们认为，“敬业”是比“满意”更积极的员工评价。如果“满意”指的是员工“对这里的喜欢程度”，那么“敬业”就是指员工“为了改善公司经营成果而愿意付出努力的程度”。高敬业度的员工不仅工作表现优异，而且对企业有着更高的认可度和忠诚度，始终希望为企业做出更多贡献。

员工敬业度测评的量化指标是“对公司做出积极、正面的评价”“愿意留在公司”“努力施展才能，付出额外努力，为公司的成功做出贡献”三类员工在整体员工中所占的百分比。经过对多家公司的测评积累和跟踪，盖洛普公司发现，能够获得 75% 以上敬业度分数的公司可称为最佳雇主；获得 60% 以上敬业度分数的公司一贯拥有卓越的经营绩效；敬业度分数低于 25% 的公司经营能力受到严重影响。而作为最佳雇主的企业，通常具备如下的特征：不断激励员工实现出色业绩；确保员工感受到自己被关注和被重视；以能够实现长期成功和持续性发展的方式运作业务。

员工敬业度测评的维度，如表 8–4 所示。

表 8-4 员工敬业度测评维度

评价维度	评价点
人员	对高层领导者、直属管理者、同事进行全面评价
工作	包括企业的工作任务分配情况、资源分配情况、内在激励机制等
机遇	包括企业对员工能力的认可、企业的培训与晋升机制等
生活质量	包括企业为员工提供的工作环境的舒适、安全、人性化等程度，以及工作与生活的协调程度
规程	企业是如何开展工作的，有什么样的制度政策，能否体现员工的价值等
薪酬	企业的薪资、福利状况是否能够激发出员工的工作意愿和工作热情

不论是员工满意度测评，还是员工敬业度测评，都能够很好地揭示员工对于企业的整体评价，在一定程度上反映了企业文化建设实施的效果。

在具体的企业文化建设考核评估实践中，企业可以根据实际情况，设计合适的评估指标，综合运用过程性和结果性评估，全方位检验企业文化的建设和落地情况。

强化文化建设情况的督导检查

为了及时了解企业文化的落实情况，必须强化企业文化建设情况的督导检查工作。对此，企业可以采用不同的方法。

（1）合理运用“三级稽查”法

笔者咨询团队在帮助湖州厉华妤婕联合纺织有限公司推行 7S 精益文化时，曾引入了包括自查、督查和大检查在内的“三级稽查”管理办法。

其中，“自查”管理要求在每日交接班时，由各区域责任人开展 5 ~ 10 分钟的精益 7S 管理活动，宣导精益 7S 精神。同时，通过日清表和评分表，点检所在区域的工作达标情况。

“督查”管理由行政部门安排日常检查周期和各区域检查的具体人选，由例行检查人员进行督查，并统计检查结果和进行排名。检查结果和排名会连同相应的奖惩安排及时给予公示和说明。在检查过程中一旦发现问题，检查人员会当场与区域责任人确认，迅速提出整改意见，并规定处理时限。

“大检查”管理，就是在整个精益 7S 活动中，以周为单位，于每周五上午 9:00 ~ 10:30 进行系统检查。系统检查结果与自查、督查结果一起汇总，形成每月的 7S 检查结果。每周六早上 9:00，公司对大检查评分位于前三名的车间，予以颁发奖金；对大检查中发现的典型问题，确定责任人后，会责令其在指定时间内整改到位。大检查结束后，由行政人员及时整理出《整改清单》，并对清单中的细项内容加以解释说明，下发至大区域责任人手中。各区域责任人将整改清单中的任务下达至细分区域责任人，按整改要求，督促相关人员及时处理到位。

“三级稽查”法能帮助企业及时发现文化建设过程中的问题，确定相关责任人，并及时督导改进。

（2）强化工作汇报机制

为了适时掌握企业文化建设落地情况，要强化工作汇报机制，积极开展企业文化建设情况汇报工作，认真抓好贯彻落实，层层压紧压实企业文化建设责任。企业文化建设工作汇报机制的运作，主要按查找问题、制定方案、督促指导、考核评价四个步骤推进，如表 8–5 所示。

表 8–5 企业文化建设工作的汇报管理步骤

工作步骤	具体内容
查找问题	企业内部各单位、各部门应主动报告企业文化建设工作情况，在报告中查找问题
制定方案	针对企业文化建设工作报告中查找出的问题，以及汇报中上级领导指出的不足，制定整改方案，主动进行整改方案的落实
督促指导	上级领导要通过听取工作报告，详细掌握所属单位、部门的企业文化建设情况，有针对性地督促指导，推动基层企业文化建设工作持续改进、整体提升
考核评价	将各单位、各部门的工作汇报情况纳入公司企业文化建设工作的绩效考核评价。对工作落实不到位，报告内容失实、质量不高，工作信息报送不及时的责任人员，进行问责

（3）定期了解员工的思想动态

员工是企业文化建设的直接参与者和感受者。为了加强企业文化建设工作的过程管控，企业要注重倾听员工的心声，及时掌握员工思想动态，及早发现员工的思想苗头和倾向性问题，并采取相应的解决措施。要想定期了解员工的思想动态，可以采用之前提到过的调研方法，比如问卷调查、访谈、座谈等。

对于企业文化建设各阶段的督导检查和考核评估结果，企业可以将其用于下一阶段文化建设工作的落地规划，成为科学规划的依据。而有了对企业文化的检查和评估，企业文化管理系统才能真正成为一个持续的闭环管理系统。

严格执行企业文化评估结果

企业花费人力、财力、物力建设企业文化评估机制，定期进行文化建设效果评估，目的是为了更好地落实企业文化落地责任，提高企业文化落地实效。只有将评估结果真正运用到企业文化管理工作中，将之作为科学的决策依据，同时进行相应的奖惩，才能使文化建设与落地逐步走向深入，才能确保企业文化与企业发展相吻合。阿里巴巴 B2B 公司 CEO 卫哲引咎辞职事件，就是严格执行企业文化评估结果运用的典型。

2011 年，阿里巴巴 B2B 公司经自查后认定 B2B 平台内 1107 名“中国供应商”涉嫌欺诈，并有上百名阿里巴巴的销售人员牵涉其中。为维护公司“客户第一”的价值观及诚信原则，阿里巴巴 B2B 公司 CEO 卫哲、COO 李旭辉引咎辞职。卫哲在事后的公开道歉中表示：“这四五年里，我刻骨铭心地体会到以客户第一为首要宗旨的阿里巴巴的价值观是公司存在的立命之本！”卫哲辞职事件也引起大众的广泛讨论，很多人质疑马云是否小题大做，更有媒体运用“马云杀卫哲”的表述来形容事件的惨烈之状。

对此，马云做出回应：“做企业不能当侠客，我是公司文化和使命感的最后一道关。作为大家信任的 CEO，我要做的是捍卫这个公司的价值体系。如果你叫我一声‘大哥’我就可以不杀你，那以后，会有多少兄弟叫我‘大哥’？我不是‘大哥’。”

卫哲作为管理者，未能按照阿里文化倡导的“诚信”行为准则管理好团队成员的工作行为，其在“管理者文化遵从度”的评估上就是不合格的，理应受到处罚。

马云对待卫哲事件的做法也能给我们一些启示。在企业文化建设评估中，要严格执行评估结果，不能因为任何人、任何事搞特殊化，这样才能保证企业文化建设工作朝着既定方向稳步迈进。当年卫哲事件的处理结果，也给了所有阿里人很大的震慑，让阿里人更加自觉地遵守阿里文化。卫哲本人在离开阿里巴巴集团后，也变得更加谨慎，更加看重企业的价值观和文化。可以说，这次事件重塑了卫哲。

实践中，企业应像阿里巴巴集团一样，严格执行企业文化评估结果，坚决查处“踩红线”“闯雷区”的行为，保证评估的权威性，避免评估制度成为稻草人、纸老虎。

建立企业文化落地激励机制

合理有效的激励机制是促使企业文化落地的重要手段之一。而要建立企业文化落地激励机制，就要基于员工需求匹配激励方式，善用奖惩结合的激励方式，将员工与企业的利益绑在一起。

基于员工需求匹配激励方式

一个聪明的管理者，一定要懂得“人所欲，施于人”。如果员工喜欢吃苹果，而你偏偏给他橘子；员工喜欢吃素食，你却给他大鱼大肉……这些无法洞悉员工需求的激励方式是难以调动员工的积极性和执行力的。

罗德刚到一家电脑公司从事销售工作，虽然他工作非常尽心，但最初的业绩并不是太好，拿的工资也是部门最低的。他的部门主管韦德很看重罗德的工作态度，决定给罗德提供一些帮助。于是，韦德给他提供了一份额外的工作，让他每个星期六到公司值班，给他支付双倍工资。因为韦德也是从业务员做起的，他刚进这家公司时特别希望主管能给他一份双倍工资的差事。

韦德以为罗德会很乐意去干，可罗德却拒绝了他的好意。因为，罗德对自己当下的生活状况比较满意。虽然他不能开新车、穿名牌服装、去夏威夷度假，但单身的他并不觉得这种状态有什么不好。对罗德来说，能在星期六休息比多赚钱更加重要。

因此，若想正向有效地引导员工行为，必须准确把握和满足员工的真正需求。只有基于员工的需求来设计激励方式，才能发挥真正有效的激励作用。根据心理学家马斯洛的需求层次理论，人类有不同层次的需求，最低层次的是生理需求，最高层次的是自我实现需求，如图 8–1 所示。

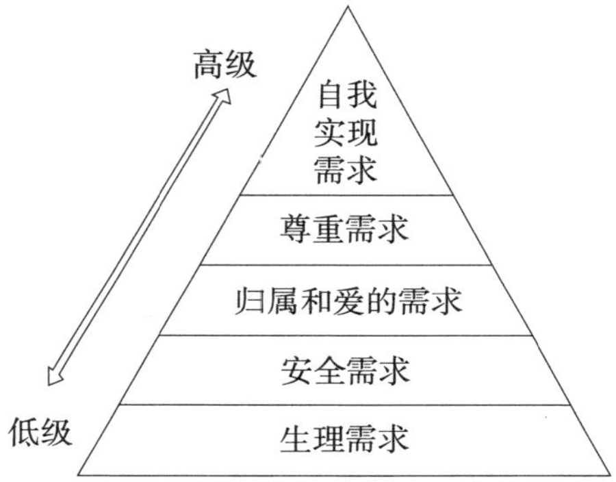

图 8–1　马斯洛需求层次理论

在企业管理活动中，我们可以将马斯洛的需求层次理论运用在员工激励与行为引导上，如表 8–6 所示。

表 8–6　马斯洛需求层次理论的应用

需求层次	含义	员工身上的具体体现	对应的奖惩示例
生理需求	人得以生存的最基本需求	要求得到一份符合其能力水平的薪水，满足生活所需	薪酬激励
安全需求	生理、心理及情感方面的安全需求	工作的安全、职业安全感和对现状的满足：害怕被企业开除、降职等	晋职激励
归属和爱的需求	渴望得到家庭、团体、朋友、同事的关怀、爱护、理解	寻找并建立和谐的人际关系，重视与同事的交往	荣誉激励
尊重需求	希望被别人尊重或认为自己是有价值的	渴望做出成绩，获得名声、地位和晋升机会	让员工参与专项行动决策或提出建议等
自我实现需求	自我成就需求和自我发展需求	从事创造性工作，或成为受人瞩目的人物	委派特别任务

表 8-6 只列举了一些常见的激励方式。在实践中，企业管理者可以仔细观察每个员工的不同心理特征和具体需求，确保激励措施与其心理是紧密衔接的，然后从心理上引出员工的正向行为动机。

杨鹏的工作业绩非常优秀，人际关系也不错，但是上班经常迟到，这让主管周科感到很头疼。按照考勤制度，杨鹏被扣发当月奖金，但迟到问题并未改观。

后来，周科听说杨鹏正在读在职研究生，希望为其日后的晋升带来更多的机会。周科意识到：罚款并不能让杨鹏产生准时上班的意识，只有提醒他“考勤与晋升挂钩”，才能让他真正意识到问题的重要性。

于是，周科对杨鹏说：“提高学历自然可以增加晋升机会，但员工每天的考勤情况也是晋升的部分依据。如果你继续迟到，那么这很可能成为你日后晋升的障碍。”此后，杨鹏再也没有迟到过。

彼得·德鲁克说过：“你不能衡量它，就不能管理它。”在建立企业文化落地的激励机制时，企业管理者要像主管周科一样，准确把握员工需求，制定激励措施，增进各类员工的积极性、主动性、创造性，进而激发企业文化建设的活力。

胡萝卜加大棒强化文化认同

在建设激励机制时，企业要把握奖励和惩罚的要点，使二者结合，刚柔并济，这样才能提高激励效果，强化员工的文化认同感。

（1）用好奖励

在基于员工需求的激励措施中，奖励是不可或缺的，这些奖励就如同企业给员工的“胡萝卜”。但是，在进行奖励时也要力求“好钢用在刀刃上”，选择正确的奖励方式。

美国心理学家爱德华·德西做过一项实验。他把一批学生随机分为两组，分别在不同的教室，独立进行趣味答题游戏。第一组学生每答完一题，将获得1元钱奖励，第二组学生则毫无报酬。几分钟后，德西宣布实验暂时结束，让大家自由休息一会儿。在自由休息的时间里，有报酬的第一组学生，基本都不关注手边的趣味题，而是在做其他事情。而没有报酬的第二组学生，不少人仍在兴致勃勃地继续解答和议论那些趣味题。

无报酬的第二组学生，更关注的是趣味题本身和在解答趣味题中获得的自我实现感。而在每答一道题就能获得1元钱的第一组学生中反而出现“给钱才去做，钱没了兴趣也没了”的现象。

从这个实验中可以看出，一味的物质奖励并不能达成良好的激励效果。除了金钱与物质，荣誉感、成就感等同样是人们的普遍心理需求，需要在设计奖励措施时予以考虑。但是如果长期使用荣誉性奖励，又会让员工觉得太“虚”“没点实惠的”，奖励效果也会减弱。

因此，企业在奖励前，应充分了解员工的多样化需求，实施多样化的奖励方式，兼顾物质、荣誉、成就感、社会交往、职业发展等多方面需求。同时，对员工任何欲望的满足，不要追求“一步到位”，最好一直保持“六七分饱”，以便为将来的奖励留下空间。

（2）恰当惩罚

美国心理学家鲍勃·塔科耐特曾说：“惩罚不是负面的事情，而是让员工和企业一起成长。惩罚有时候也是一种很好的训练方法。”但是，惩罚时要特别慎重，应“对事不对人”，把握好尺度，确保用好惩罚的“大棒”。

松下幸之助对员工的工作要求非常严格，一旦发现员工在工作上出现错误，便会毫不客气地当面指出。

一次，刚刚担任新工厂负责人的后藤清一，在未经松下允许的情况下，擅自提高了定额以外的产品单价。松下知道后，立即将后藤叫到了办公室。松下气急败坏地拿着一只火钳拼命地敲打着桌子，又狠狠批评了后藤一通。

后藤一直低着头，双腿不住地发抖。

待松下训斥完，后藤即将转身离开时，松下说道："请等一下，刚刚我太生气了，将火钳敲弯了，你能帮我把它弄直吗？"后藤耸耸肩膀，感到很无奈。他拿起火钳重重地敲打，而他的心情也随着敲打的动作而逐渐归于平静。当他把敲直的火钳交给松下时，松下看了看说："你真不错，让它比原来还好了！"

虽然后藤看起来心情好了些，但松下仍然看出他在难过。所以，当后藤走后，松下悄悄地给后藤的妻子打了个电话，对她说："您先生今天回家时的脸色可能会很难看，拜托您好好照顾他，谢谢了！"

果然，后藤回家时本打算和妻子说想要辞职不干了，但妻子却用从未有过的温柔对待他，让他的心情平复了很多。后来，他从妻子口中得知松下打电话的事，非常感动。自此，他工作起来更加努力了。

在建立企业文化落地的激励机制时，企业管理者可以借鉴松下幸之助"宽严得体"的人员管理方法。

（3）"胡萝卜加大棒"的混合激励

企业还可以用"胡萝卜加大棒"的混合激励方式，来激发员工活力，强化员工的文化认同感。

华为公司灵活运用"胡萝卜加大棒"的激励方式，使华为公司的奋斗文化深入人心。华为公司为员工提供的高福利、高工资、高奖金是很多企业无法相比的，并且超过半数的华为员工还持有公司股份，被派往国外的员工还有补助，越是艰苦的地区，补助越高，这些都是华为公司给员工的"胡萝卜"。华为公司鼓励员工争取"胡萝卜"，会告诫员工：在工作中要遵守企业文化，完成目标，做得好将会得到些什么。

与此同时，华为公司也引入了残酷的竞争机制，即华为的"大棒"，以促使员工艰苦奋斗。华为公司每年都会有一定的人才流失率，这些流失的人员中，有自己提出辞职的，也有被清退的。华为公司每年都会结合各个岗位，设定绩效考评体系，对员工进行考核，考核结果分为A、B+、B、C、

D 等几个等级，一般是半年考核一次，在考核中排名靠后的 5% 的普通员工和 5% 的管理者都会被淘汰，这就是华为的末位淘汰制。

华为公司用科学合理的“胡萝卜加大棒”的混合激励方式，让所有华为人始终保持着艰苦奋斗的激情。并且，在华为公司工作时间越长的员工，受华为文化的影响就越深。

将员工与企业利益绑在一起

要想让激励机制发挥作用，必须确保员工与企业的利益是一致的，或者说要有效地将员工与企业的利益绑在一起。这样，员工才会愿意付出努力，推动企业文化落地。

在实践中，企业要最大限度地将那些对企业做出贡献的员工纳入事业共同体中来，以“事业共同体”的方式激励员工更加努力。比如华为公司的做法是，先召集 20% 的关键员工，让最关键的人率先成为事业共同体，让最重要的人最先开始艰苦奋斗。

众所周知，衡量一个企业是否属于某个人，要看这个人是否拥有该企业的股权，所以，事业共同体其实是建立在股权制度的基础上。一个人拥有某一企业的股权，就可以说，这个企业是他的事业的一部分。华为公司没有上市，所以是没有股票的，但华为公司的虚拟股权制度却成就了很多上市公司也无法完成的大事业。

华为公司最初设定虚拟股权制度时，经过了与中国人民大学教授咨询专家组的深入探讨，最终决定设立五条评价标准：

第一，能够举荐优秀人才，用比他强的人，有胸怀，能站在公司立场上想问题的人。第二，在生产领域有重大改进的人。第三，在研发领域有重大的创造性发明、发现的人。第四，能开拓战略市场的人。第五，对组织原则和文化价值观念有重大贡献的人。

具备以上条件之一的人员，将被优先授予股权，优先被纳入华为的事业共同体中来。而这五类人，恰恰是为华为公司创造价值最大的 20% 的关键员工。

没有制度规范和利益的捆绑，企业的文化是很难落实到员工行为上的。而当员工的利益切实与企业的利益关联起来时，员工往往会拼尽全力。华为员工的团结一致、努力拼搏的行为表现已然验证了这一点。华为公司将员工与企业利益绑在一起的激励方式也是值得广大企业参考的。

为员工创造良好的文化氛围

企业文化建设的顺利推进，其关注点最终要落到员工的身上。有针对性地管理各类员工，在思想上尊重、赏识、信任员工，重视员工关怀，这是保障企业文化落地的重要手段。

有针对性地管理各类员工

企业的员工不是千篇一律的，他们有不同的个性，也有不同的专长。按照工作性质或岗位分类，员工的类型也是不同的。针对不同类型的员工，如果采取同一套管理方法，可能会让部分员工的个性无法发挥，员工激励的效果也会大打折扣。因此，最好的办法就是进行有针对性的管理，建立不同的培养机制和评价体系，以满足不同类型员工的需求。

2016 年，任正非在作业类员工激励审视汇报上的讲话中表示，华为公司将来应该将员工分为管理类、专家类、职员类、作业类四类，并针对不同类型的员工进行科学的管理。比如，管理者和专家这两类人员需要参加循环流动，但职员类和作业类人员则不需要流动，不需要“之”字型成长。任正非之所以提出分类管理员工的政策，是为了给企业培养更多的优秀人才，多产粮食。他在讲话中说道：

“这次政策调整，最终要看是不是多产了粮食，如果你增收了粮食，工资就涨对了。没有增收粮食，这个政策就是错的。我们投入那么多人工，不能多产粮食的主管就该下台。主管要学会分钱，分钱的前提是要多产粮食，给员工的感觉就是‘减人、增效、涨工资’。

“实际上，我们的改革是主动淘汰制，要逐渐淘汰不合格的落后人员，公司需要更多的优秀人才。”

不仅是“不同类型的员工要有不同的管理方法”，对于企业中不同层级员工的管理，也要用不同的方法，毕竟企业对高层、中层和基层员工的要求是有一些区别的。以华为公司为例，其对不同层级的员工就有着不同的要求。这是因为每个层级员工的职责不同，如果对他们都提出一样的要求或采用一样的管理方式，就会造成员工对自己的目标和责任缺乏清晰的认识。

（1）对高层领导者的要求

高层领导者不能让繁杂的事务缠身，而要将精力放在思考企业发展战略、洞察市场等方面。所以，他们要运用的是聪明的头脑，而不应该是脚上的勤奋。拥有决策权的高层领导者能否认识到企业文化的重要性，能否在文化推进工作上给予重视和支持，这是企业文化能否得以落地执行的关键因素之一。因此，在企业文化建设过程中，高层领导者应该给予政策、资源、行动上的支持。

（2）对中层领导者的要求

中层领导者在工作中要从全局出发，多与周边部门交流，不能只顾本部门利益，并且应走出办公室，到一线去了解市场情况，而不能整天在办公室里打电话、喝茶、听下属汇报，这样是无法了解基层员工工作的真实情况的。

几年前，有华为员工曾经在网络干部大会上指出，华为公司已经实现高度流程化，但是单一部门在客户满意度上的成绩还有待提高。因为尽管公司流程规定了每个部门的具体工作，也明确了各部门的责任，但是在工作细节方面，仍然会出现混乱。很多问题都是因与周边部门的沟通不畅造成的。

因此，他呼吁：公司的各级主管不能只顾本部门的工作，而要主动打破部门墙，加强与上下游的沟通，让目标的各个环节顺利运行。当出现问题时，不要推卸责任，而应主动与周边部门沟通，共同找出解决问题的方法。

后来，华为公司越来越重视内部沟通，因为这不仅关乎中层干部的职责问题，还关乎整体工作能否顺利进行。

除了主动了解一线情况，中层管理者还要时刻践行企业文化，以身示范，给员工树立学习的标杆。

（3）对基层员工的要求

基层员工要遵守企业的制度和规则，做事按照流程进行，坚持发扬团队精神，在工作中不随意自作主张。

华为公司之所以能在市场中一直保持战斗力，离不开其高效的、有针对性的管理体系。通过实施科学的员工管理，每个华为人都能在公司中找到自己存在的价值，大大提升了公司的凝聚力。

尊重、信任、赏识、重视员工

尊重员工、信任员工、赏识员工、重视员工的思想，是建立良好状态的有效工具，也是构建企业文化氛围的基础。

（1）尊重员工

尊重是沟通的前提，企业管理者应该学会尊重员工。具体地讲，就是要抛开职位、资格和学历之间的差异，将自己与员工的关系看成绩效合作的关系而非雇佣关系，平等地与员工进行沟通和交流。华润集团总经理乔世波就不遗余力地践行了这一点。

乔世波将自己的“下属”视为“同事”，并且非常注重这层关系，每每听到别人误称时，他总会耐心地予以纠正。

有一天，他和华润研究部负责人共同出席了一个企业高层聚会。席间，某企业老总举杯向研究部负责人敬酒，并转过头对乔世波说：“乔总，我向你的下属敬一杯酒。”乔世波听到后，马上纠正说：“不，他是我的同事，不是我的下属。”整场聚会下来，这样的敬酒不止一次，每当有人这样称呼那位研究部负责人时，乔世波总在第一时间加以纠正。

事后，有人跟他谈道：“您的级别这么高，哪用得着在意这么小的事情？再说了，您的同事也不会在意别人这么称呼他。”乔世波解释说：“华润的团队精神是合作，而不是权力的多少和职位的高低。合作最重要的是什么？我认为是尊重。所以，我们之间的关系是‘同事’，而非上下级。同事之间只有分工不同，我这样说，不代表业务关系没有隶属性，而只是强调尊重与合作，这个平等关系在企业中是最重要的。”

不论在什么样的企业里，只有上下一致、相互尊重、人格平等、相互支持，才能让团队凝聚成一个整体，发挥出强大的团队力量。

（2）信任员工

企业管理者与员工的关系要始终建立在信任的基础之上。因为，信任满足了员工内心那种渴望胜利和成长的激情，能使之爆发出让人意想不到的创造力。

惠普公司成立时，仅有1538美元的资产，如今却已发展成为一家世界500强企业。惠普公司的两位创始人休利特和帕卡德曾热情洋溢地总结了惠普精神：“惠普之道，归根结底，就是信任个人的诚实和正直。”休利特和帕卡德认为：“只要给予正确的环境和工具，人们就会积极地做好工作。”

惠普公司从不对员工随意猜忌，总是将员工视为自己人。惠普公司存放电气和机械零件的实验室备品库是全面开放的，不仅允许工程师在工作中任意取用，而且还鼓励他们拿回家，以供个人使用。惠普公司认为，不管他们拿这些零件做的事情是否与其工作有关，只要他们摆弄这些玩意就总能学到点东西。

在这种彼此信任的氛围中，员工会承担起更多责任，并自觉地进行团队合作，竭尽所能地做好工作。这就像韦尔奇所说："努力促成信任关系也是一种激励手段——最重要的激励手段。"

（3）赏识员工

当一个人被赏识时，他能够产生极大的满足感和自豪感，工作积极性也会被全面地调动起来。海尔公司的荣誉激励法不失为一种完美的赏识激励手段。

海尔员工的工资水平并不是内业最高的，但海尔员工却在工作中充满激情和动力，其原因就在于，海尔管理者在管理中引入了荣誉激励法。

一是颁发内部证书或聘书。证书代表着企业对员工的认可，会让员工产生一种荣誉感。因此，为表现优异的员工颁发证书或者聘书，这已成为海尔激励员工的一种有效方法。此外，在海尔，证书的种类和名称一般不受限制，谁能力强、心态好，就颁发给谁；关键在于让员工感受到自己被认可。

二是借助荣誉墙和企业年鉴来激励员工。海尔管理者认为，辉煌的历史值得永久流传。海尔公司借助内部的荣誉墙和照片墙等载体，来记录、宣传员工的优秀事迹，这对员工本人是一种奖励，对其他员工也具有鞭策作用。

三是以员工的名字命名某项新发明。用某人的名字来命名某项事物，这在海尔早已成为惯例。在海尔公司，张瑞敏为了纪念某个员工对海尔创新改革所做出的突出贡献，会用他们的名字来命名这次创新成果，如工人李启明发明的焊枪被称为"启明焊枪"，杨晓玲改造的扳手被命名为"晓玲扳手"。张瑞敏的这一措施激发了普通员工的创新激情。后来，海尔公司不断有新的命名工具出现，员工以此为傲。

企业应该向海尔学习，以多样化的方式，对员工的工作方法、工作态度、工作结果等予以赏识，以此激励员工自觉遵循并发扬企业文化。

（4）重视员工的想法

随着时代的发展，广大企业中90后甚至00后新生代员工的比例逐渐上升，他们有很多新想法。要让这样的员工融入企业文化环境，并激发他们的自主性和创造性，并不是一件容易的事。

多年来，华为公司将各类员工管理得很好，关键在于华为公司重视员工的想法，让他们能在华为文化的指导下将自己合理的想法付诸实践，在为企业创造价值的同时实现自我价值。任正非曾在《一江春水向东流》一文中说过：

在华为成立之初，我是听任各地‘游击队长’们自由发挥的。其实，我也领导不了他们。公司前10年几乎没有开过办公会等类似的会议，我总是飞到各地去，听取他们的汇报，他们说怎么办就怎么办，我理解他们，支持他们。”

我的知识底蕴不够，也并不够聪明，但我容得了优秀的员工与我一起工作，与他们在一起，我也被熏陶得优秀了。他们出类拔萃，夹着我前进，我又没有什么退路，不得不被他们‘绑’着、‘架’着往前走，一不小心就让他们抬到了峨眉山顶。”

广大企业管理者应学习华为公司的这种做法，让企业能依靠集体智慧渡过难关，也让员工的能力得到不断提升。

关怀员工，保障文化落地

管理学中有一个温暖法则（或称南风法则），它启示着企业管理者：在日常管理中，要尽可能多地关怀员工。

北风和南风进行威力比拼，看谁能把行人身上的大衣脱掉。北风先行施展威力，裹挟着一股冷气呼啸而来。行人无法忍受这样刺骨的寒冷，纷纷裹紧了身上的大衣。而南风徐徐吹动，带来阵阵温暖。行人三三两两地解开了衣扣。随后，南风再接再厉，温度渐渐上升，大家纷纷脱下了外衣。最终，南风获胜。

毛泽东曾经说过："干部要时刻关心战士、体贴战士，要时刻关心战士的疾苦，解决战士的困难。只有这样，才能使我们的部队真正成为一个充满阶级友爱、充满阶级感情的革命大家庭，才会团结得像一个人一样，成为不可摧毁的力量。"

在企业中，管理者关怀员工会让员工感到温暖，从而形成一股向心力，更好地推动企业文化的落地。在实践中，企业可以通过提高福利、关注员工身心健康等措施，来表达关怀，以此助力企业文化落地。

（1）通过提升福利，提高员工幸福感

一些看得见、摸得着的员工福利能让员工时刻感受到企业的人文关怀，提高员工的工作幸福感。特别是在互联网时代，员工常常会在朋友圈、微博等社交平台分享公司的福利内容。这既在无形中满足了员工社交的需求，同时又传播了企业形象。

2019 年"双十一"之际，华为公司发放了一次员工福利，让不少网友表示羡慕到"酸掉牙"。2019 年 11 月 11 日当天，有华为员工在网上爆料，华为公司给员工发放了两份特别奖金。其中一份是"阳光普照"奖，即每位员工当月都可以领到双倍工资；另外一份是单独发给参与国产组件切换人员的，金额达 20 亿元。华为公司"双十一"的员工福利，既让不少网友感受到"国货之光"的实力，也让深受美国制裁之苦的华为员工吃了一剂"强心剂"。

同样，作为大企业的阿里巴巴集团，在发放员工福利时也总是很"大手笔"。在阿里巴巴集团内部，有一套"i"系列员工福利，其中"iHome"计划是给有购房需求的员工提供 30 万元的无息贷款，用于支付首付；"iBaby"计划是为员工孩子的成长提供良好的环境；"iHelp"计划则是给患重病的员工或者员工家属提供援助金，等等。2017 年，阿里巴巴集团内部又继续推出"康乃馨父母关爱计划"，让阿里巴巴集团的在职员工带父母在全国各地免费体检。一系列的福利举措让阿里巴巴集团的员工纷纷表示："感动哭了，在阿里巴巴工作太幸福了！"社交平台上的网友也打趣地说道："真是别人家的公司啊！请问现在换工作还来得及吗？"

这些直接惠及员工的员工福利，是保障企业文化落地的重要举措。如果员工在企业工作时能感到幸福和满足，那么其遵循企业文化的意愿和自觉性也会得到相应的提高。

（2）关心员工身心健康

企业在给员工提升福利的同时，也要关心员工的身心健康，引导员工自我关怀、互相关怀。员工关怀不等同于员工福利，其本质是“雪中送炭”，而非“锦上添花”。

在华为公司内部也有一些颇具特色的员工关怀举措，比如，关怀慰问艰苦地区的员工，关怀慰问节假日坚守岗位的一线员工，主管主动走访并关怀那些交付压力较大的一线团队，关怀慰问重病或家庭出现重大变故的员工，等等。

做好员工关怀，企业要主动识别需要帮助的员工，及时上报，对需要帮助的员工进行跟踪管理。

一般来说，需要重点关注的员工行为包括：长期愁眉苦脸、情绪低落，经常无故迟到、请假或旷工，工作效率明显下降，敏感多疑，不愿与人沟通，自我封闭，谈论自杀，等等。

需要重点关注的员工对象包括：个人情感受挫的员工，与周边同事人际关系紧张的员工，性格过于孤僻的员工，感觉压力大、不能适应工作的新员工，遭遇突发打击的员工，因身边员工出现状况而恐慌、焦虑的员工，行为异常的员工，等等。

在识别出需要关注的员工行为症状和员工对象之后，企业可以建立“员工帮助计划”，为员工提供专业指导、咨询和帮助，以改善组织的环境和氛围，帮助解决员工的心理和行为问题，保障企业文化落地。

第 9 章
企业文化项目运作

企业文化建设要与生产经营深度融合，才能有作为、有价值、有意义。企业要结合企业实际情况，找准文化建设的对接点、着力点，通过实施企业文化建设项目化管理、推进企业文化示范点建设、创新企业专项文化建设，促进企业文化在各业务管理领域的全面落地。

企业文化建设要量体裁衣

要使企业文化建设融入经营实践中，就要明确企业文化建设的目标和主体，结合企业的历史基因、业务性质、经营管理现状等，采取适合自身实际情况的文化建设方法。

明确企业文化建设的目标

在前 8 章的内容中，我们已经详细介绍了企业文化建设和落地的方法，并与国内外企业的相关案例进行了对标。对标企业中，有像国家电网公司这样的优秀国有企业，有华为公司、阿里巴巴集团这样的优秀民营企业，也有微软公司、脸书公司这样的西方优秀企业。这些不同性质、不同类型的企业在企业文化建设中都有各自的目标和着重点。因此，在企业文化建设过程中，企业首先要明确自身的目标，量身打造独具特色的企业文化。

（1）明确企业的精神追求和使命性

通常情况下，国有企业和民营企业的精神追求会有所不同。一般来说，国有企业会更加强调企业的社会责任和社会使命，为社会发展做贡献。而民营企业，特别是中小型民营企业则大多着眼于战略成功、商业成功、市场竞争力提升、员工个人感知良好等目标。

例如，国家电网公司的使命是“构建能源互联网，保障国家能源安全，服务人民美好生活”；其公司宗旨是“人民电业为人民”。中国石化集团的使命是“为美好生活加油”，致力于为社会发展加油，为推进生态文明建设做贡献。

小米公司的愿景是“和用户做朋友，做用户心中最酷的公司”，并始终坚持做“感动人心、价格厚道的好产品”。美的集团的愿景是“科技尽善，生活尽美”。

通过比较国家电网公司、中国石化集团两个国有企业以及小米公司、美的集团两个民营企业的企业精神追求，可以发现：国有企业和民营企业在精神追求上是各有侧重的。在企业文化建设的过程中，企业要结合自身的特性，明确精神追求和使命性，确立企业文化建设的目标。

（2）明确文化建设的理论根基

国有企业是中国特色社会主义经济的“顶梁柱”，坚持党的领导、加强党的建设是中国国有企业的“根”和“魂”。因此，先进的党建指导思想和文化内涵是国有企业文化建设的理论根基。国有企业在进行企业文化建设时，必须以党的政治文化为引领，将党建文化作为企业文化建设的重要一环。

2019 年，国家电网公司党组印发了《关于强化党内政治文化引领，建设优秀企业文化的实施意见》，坚持以党内政治文化为引领，加快建设与世界一流能源互联网企业相适应的优秀企业文化。

国有企业的企业文化建设必须将党内政治文化引领作为企业文化发展的根本方向，其企业文化的落地不能脱离党的引领。与国有企业相比，民营企业在企业文化建设过程中，其党建元素会相对弱一些；在大方向、大原则正确的前提下，可以结合业务特性，参考全球最佳标杆公司的实践和经营哲学，因地制宜地进行创新，推动企业文化与经营实践深度融合。

明晰企业文化建设的主体

在明确企业的精神追求、文化建设理论根基等目标后，不管是什么类型的企业，其企业文化建设的主体都离不开客户、员工、股东、社会责任等基本维度。

在新浪网发布的《招商银行企业文化宣传》文件中，招商银行对“如何描述成功”做了详细的阐述，其中包括客户与员工两个维度。

对客户，招商银行以“招行是首选和值得推荐的金融服务商”为目标，坚持以客户为中心，以“提升对客户需求的响应速度”为目标，通过提供“满足乃至超出客户预期的服务”而获得信赖。为了实现这一目标，招商银行提出“因您而变”的经营理念与行动准则。

对员工，招商银行以“招行是值得我倾情投入的职业生涯”为目标，以“提升对员工诉求的响应速度”为企业内部的工作标准，以为员工提供施展才华和实现理想的舞台为企业存在的意义之一。为此，招商银行提出了“让员工做自己的主人”的核心价值观，将“以人为本”贯穿到人力资源管理与企业文化建设的方方面面。

华为公司“以客户为中心，以奋斗者为本，长期艰苦奋斗，坚持自我批判”的核心价值观也是离不开“客户”与“员工”两个主体的。同华为公司、招商银行一样，流媒体巨头奈飞公司的企业文化建设也一直为公众所津津乐道。

流媒体巨头奈飞公司为了实现“为用户提供更棒的内容、更棒的产品体验”的目标，非常重视团队文化建设。奈飞公司的前首席人才官麦考德出版了《奈飞文化手册》一书，详细介绍了奈飞公司是如何打造企业文化，以应对变化迅速、不确定性较强的商业环境的。麦考德在书中提出了奈飞公司的八条文化准则。

第一，只招完全成熟的成年人。

第二，让每个人都理解公司的业务。

第三，绝对坦诚，才能获得真正高效的反馈。

第四，只有事实才能捍卫观点。

第五，从现在开始组建未来需要的团队。

第六，员工与岗位应该是高度匹配，而不仅仅是匹配。

第七，按照员工带来的价值付薪。

第八，离开时好好说再见。

仔细看奈飞公司的八条文化准则，我们也会发现，其文化建设也是以“客户”为导向，聚焦于“员工”。不同的企业有不同的企业文化，但企业文化没有优劣之分。在企业文化建设过程中，企业要明确文化建设的目标，根据自身业务实际，从客户、员工、股东、社会责任等维度中选定文化建设关注的焦点，并提炼出相应维度的文化理念和行为要求。

适配本企业经营管理现状

现在，越来越多的企业开始学习华为公司，但是绝大部分企业都是邯郸学步，收效甚微，最后无疾而终。有的企业觉得华为公司的“奋斗者文化”很好，但将“奋斗者文化”引进企业后，却逐渐演变成了单纯的“加班文化”，引得员工怨声载道。学习华为文化的企业有很多，但是真正能领悟“以客户为中心，以奋斗者为本”精髓的企业却少之又少。因此，在企业文化建设过程中，企业不能“拿来主义”式地学习或模仿某家企业，而要真正建立与本企业经营管理现状适配的文化。

华为文化也并非与生俱来。比如，其“长期艰苦奋斗”的价值观学习自党的要求，“以客户为中心”的文化理念则来源于西方公司“客户解决方案”

的思路。在《下一个倒下的会不会是华为》一书中，作者用八个字、三句话定义了华为文化，即亦中亦西，非马非驴；以理想主义为旗帜，以实用主义为纲领，以拿来主义为原则。书中进一步指出：在西方企业的眼里，华为公司是按东方逻辑思考，用西方规则出牌。在中国企业的眼里，则不知道华为公司下的是象棋还是围棋，打的是桥牌还是麻将。总之，华为公司的文化体系是混沌的、多元的、灰色的。

华为公司鼓励“一杯咖啡吸收宇宙能量”，是在不断学习中演变进化的。但是，华为公司并不生搬硬套，虽以“拿来主义”为原则，但更以“实用主义”为纲领。在企业文化建设过程中，特别是在学习其他企业的文化时，需要掌握好灰度，适配本企业的经营管理实际。2009 年，任正非在《开放、妥协与灰度》中说道：

一个清晰的方向是在混沌中产生的，是从灰色中脱颖而出的，而方向是随时间与空间而变的，它常常又会变得不清晰。并不是非白即黑，非此即彼。合理地掌握合适的灰度，是使各种影响发展的要素在一定时期里达到和谐。这种和谐的过程叫妥协，这种和谐的结果叫灰度。

任正非的灰度管理思想，在企业文化建设中也是适用的。在进行企业文化建设时，如果完全割断自身的历史基因，全盘学习某个企业、某种文化，那么往往很难取得实质效果。企业要以开放和批判的心态去学习，结合自身组织的实际，“适者留之，不适者弃之”。如此，企业文化的建设与发展之路才会越走越宽。

将创新因子渗透到文化中

彼得·德鲁克曾说：“不创新，就死亡。”企业在针对企业性质、业务特点、经营管理现状来建设独具特色的企业文化时，要注意将创新因子渗透到文化中，为企业的发展积蓄源源不断的动力。

在文化中强调创新精神

企业文化的奠基人劳伦斯·米勒很早就已预言："今后的500强企业将是采用创新企业文化和创新文化营销策略的公司。而且，最终的竞争优势在于一个企业的学习能力以及将其转化为行动的能力。"确实如此，综观那些跻身世界500强的企业，其企业文化中都渗透着强烈的创新因子。它们在技术、管理、体制、结构、市场等方面都具有出类拔萃的创新能力和创新行动。

优秀企业之所以强调创新精神，重视创新文化的塑造和培养，是出于三个原因。一是知识经济时代的经营环境千变万化，企业如果不建立共有的创新价值观，缺乏更新和再生能力，就无法应对瞬息万变的市场环境，会在竞争中渐渐居于被动地位，最后被淘汰。二是迅速膨胀的商品市场让客户有了更大的选择空间和话语权，"由企业掌握市场话语权"的传统经营思维已经不再适用于变化后的市场环境，此时，企业需要创新思维，需要转变理念，从客户的立场出发，创造性地满足他们的需求。三是全球倡导的可持续经济发展的理念，要借助创新行动，才能得以实现。

谷歌公司的创新是无止境的。在谷歌公司内部有九条创新原则：

第一，创新不会马上就完美，要持续创新。

第二，创意可以来自任何地方、任何人。

第三，尽可能多地分享信息。

第四，只要你有才华，我们就会雇你。

第五，允许员工有20%的时间做想做的事。

第六，数据中没有政治，所有决定都以数据说话。

第七，创意喜欢受约束，要符合谷歌的目标。

第八，聚焦用户。

第九，不要毙掉项目，改造它。

谷歌公司能成就今天的地位，离不开其创新精神与行动。

华为公司也始终以开放的姿态促进创新。任正非反复对华为人强调，要有创新精神，要拥抱世界。在任正非看来，“如果不能坚持创新，迟早会被颠覆”。如果不能以开放的姿态促进创新，将创新作为核心竞争力，就无法适应快速变化的世界。华为近年来在技术研发和内部变革上持续大规模地投入，就说明了华为对创新的重视程度。

2015年，任正非在变革战略预备队第三期誓师典礼上说道：

现在我们是两个轮子在创新。一个是科学家的创新，他们关注技术，愿意怎么想就怎么想，但是他们不能左右应用。技术是否要投入使用，什么时候投入使用，我们要靠另一个轮子 Marketing（市场营销）。Marketing 不断地在听客户的声音，包括今天的需求、明天的需求、未来战略的需求，以此来确定我们掌握的技术该怎么用，以及投入市场的准确时间。

当今世界材料科学领域的创新领导者康宁公司也十分重视创新，并将创新写进了公司的核心价值观中。

康宁公司的价值观包括“质量、诚信、业绩、领导、创新、独立自主、个体”。康宁公司在其企业文化中着重强调了创新精神，将“创新”价值观解释为：“康宁主要通过技术创新取得领先的地位，深信技术的巨大力量；公司有着在科学和技术领域不断做出重大贡献的传统，正是这种创新精神使我们不断创造新产品、开拓新市场，引入公司组织的新模式，并寻求员工参与的新层次；我们信奉变革中蕴藏着潜在商机，并对于我们可以决定未来发展的能力充满信心。”

既然创新对企业如此重要，企业就要在企业文化中强调创新精神，以开放、包容的心态来引导员工创新，赋予企业创新的活力。

关注外部市场发展趋势

企业该如何做，才能赋予企业源源不断的创新活力呢？毋庸置疑，任何创新都不能关起门来研究，而要顺应时代发展趋势，与外部市场环境互动。

企业的外部环境可分为具体环境和一般环境。所谓具体环境，是指包括同行、供应商、客户、政府在内的与实现企业目标直接相关的那部分环境。而一般环境则泛指企业外的一切环境，包括经济、政治、社会和技术四大环境面。

“拥抱变化”是阿里巴巴集团的核心价值观。多年来，阿里巴巴集团始终以外部市场环境为驱动，持续创新。阿里巴巴集团创建之初，互联网还是一个新鲜的词。因一次偶然的机会，马云在西雅图第一次用电脑在网上搜索了“啤酒”，他的眼前瞬间出现了世界各地的啤酒品牌。时值中国刚加入 WTO，马云看到了“互联网 + 海外贸易”的市场机会，创建了阿里巴巴集团。

阿里巴巴集团的创新不仅基于当下的市场机会，还基于对未来机会的准确预判。早在 2009 年，还很少有人相信“云计算”的时候，阿里巴巴集团便看到了未来“云计算”的发展空间，开始投入资源做“阿里云”。现在，整个社会都进入了“云计算”时代，“阿里云”已经服务着制造、金融、政务、交通、医疗、电信、能源等众多领域的领军企业。2017 年，在新零售时代来临之际，大润发超市接受阿里巴巴的注资时，其创始人黄明端感慨道：“自己战胜了对手，却输给了时代。”

今天，阿里巴巴集团的发展势如破竹，这离不开其始终紧跟时代，能在剧烈的变化中看清趋势，并持续创新。

华为公司的发展史，其实也是一部轰轰烈烈的、顺应时代发展的持续创新运动历史。

2019 年，华为公司因遭到了谷歌公司 GMS 的终止授权，故在“去美化”上持续发力，斥巨资打造鸿蒙系统生态，实现了芯片和操作系统的全部“原创”。如今，国内“5G”新基建加速推进，华为公司也在 2020 年 3 月发布了一系列 5G 最新产品，涵盖了 5G RAN、5G 核心网、智能全光接入网、智能 IP 网络、5G 智能网优、5G Power 2.0 等各环节的解决方案。事实上，华为公司在多年前便设想了极端条件，默默推进着创新行动。

阿里巴巴集团、华为公司这些优秀的企业用事实证明，重视与外部环境进行互动，顺应瞬息万变的环境，预测未来的发展趋势，持续创新，是获得生存机会和提升企业竞争力的重要手段。

创造开放、包容的环境

除了要关注一般环境的发展趋势，企业还要创造开放、包容的具体环境，激发创新活力。

在华为公司，任正非多次强调，要多与业界专家喝咖啡、交朋友，支持科学家的研究，吸收宇宙能量，对未来形成结构性、思维性突破。他说：

创新的源泉来自宇宙。宇宙在哪？就在爱尔兰，就在美国东海岸。在研究探索领域，我们要更加开放。我们主要还是提供基础设备，跟亚马逊、谷歌、脸书、微软这些公司本身没有利害冲突。（我们）应该把他们看作我们的客户，希望你们去和所有这些公司的优秀人员多交流、交朋友。

我们将增加在全球优质资源地的布局，会对相关的科学家提供支持。我们对科学家的支持是无条件的，我们不会谋取教授的专利，不会谋取教授的成果，我们只希望教授多和我们喝几杯咖啡，告诉我们这东西在未来有什么用。如果我们使用了，我们就需要付费，让他们帮助我们在未来的智能社会中做出些贡献来。

不可否认，咖啡是一种全球化的符号，华为的咖啡文化便是伴随着公司全球化的过程盛行起来的。在华为公司，咖啡文化象征着开放、平等、包容，而咖啡豆就像开启宇宙能量的密钥。现如今，华为公司在全球各地都有业务，员工来自全球 160 多个国家和地区。咖啡文化让不同肤色、不同文化背景的员工融入华为，而华为也因此吸收到更多的宇宙能量。

除了用“咖啡文化”鼓励创新，华为还在公司内部创造了允许犯错的环境。华为公司每年都会将收入的 10% ~ 15% 投入到研究和开发中。研究和开发都具有不确定性，但是，为了鼓励员工探索，华为公司针对不确定的研究和开发设定了一个收敛值 0.5，即允许这些工作有 50% 的失败机会。

企业要生存，就要创新，而创新需要有一个宽容的环境，因为很多创新都是在不断试错后才成功的。如果企业对待员工犯错的态度过于苛刻，员工创新的积极性就会降低。在华为人看来，创新精神之所以能在华为公司一直延续下去，与华为公司对犯错的容忍态度有莫大的关系。任正非在《分层授权、大胆创新、快速响应客户需求》一文中也说到过这点：

所谓允许创新，还是要提倡功过相抵。允许犯错误，允许在资源配置上有一定的灵活性，给其创新的空间。（如果）不允许功过相抵，就没人敢犯错误，就没人敢去冒险，创新就成了一句空话。（20 世纪）80 年代的改革热情高涨，是因为有创新机制，允许功过相抵。因此，无论过去、现在还是将来，无论是在减慢速度的过程中，还是在飞速发展的过程中，创新机制都不能停，创新精神和意识在华为永远不能泯灭。一旦泯灭，我们的队伍很快就会消失。因此一定要给创新以空间。

不过，对犯错也要正确对待。企业要区分清楚员工犯错的原因：是员工经验不足，或是在对一些不确定的业务进行摸索时犯的错？还是明知故犯，或是在工作中因缺乏责任心而犯的错？明确了犯错的真正原因之后，再采取对应的处理措施。对此，任正非说过：

思想不经磨炼，就容易钝化。那种善于动脑筋的人，就越来越聪明。他们也许以身尝试，惹些小毛病，各级领导要区分他们是为了改进工作而惹的毛病呢，还是责任心不强而犯下的错误？是前者，你们要手下留情。我们要鼓励员工去改进工作。

对于为了提高业务能力而犯错的员工，企业应该为之营造一种宽容的环境，鼓励员工勇于试错，并且发挥自己的聪明才智，敢于在不确定的业务上探索。对于因没有责任心而犯错的员工，企业则应该给予警告，情节严重者还要予以处罚。

项目化推进企业文化建设

为了有序推进企业文化建设紧密对接经营实践、融入基层，深化落细、落小、落实，企业可以实施企业文化建设项目化管理，把项目管理的思想、策略手段和方法，运用到落实企业文化建设的执行工作过程中，以具体的项目带动文化落地。

明确项目推进全过程

在企业文化建设中，广大企业可以借鉴项目化管理的思维，激发企业活力，逐步推进文化的层层落实。

（1）企业文化建设项目化推进的基本方法

企业文化建设项目化推进是通过将“企业文化建设”这一大项目分解成若干“小项目”，并监控其持续落实的过程。这样一来，比较宏观的、“虚”的企业文化建设就能转化成“实”的、可执行的具体动作，如表 9–1 所示。

表 9–1 遵循项目化运作逻辑做了一个举例。它将整体的企业文化建设分解成精神文化建设、制度文化建设、行为文化建设、物质文化建设四个项目，在此基础上将每个项目分解成不同的子项目，并确立各子项目的具体任务、时间节点、责任人，以此倒逼结果输出。

企业文化建设是一个系统性、长期性的工程，表 9–1 是假设在一年内完成企业文化建设，划分了各项目的完成节点。在企业文化建设的具体实践中，企业可以遵循项目化运作逻辑，根据企业实际情况，将整体的“企业文化建设”工作分解成不同的子项目，也可以在子项目上进一步拆分，分阶段、分时间地落细、落实各项目建设，推动企业文化落地。

表 9-1　项目化推进企业文化建设示例

	项目	子项目	任务分解	责任人	时间安排（月）											
					1	2	3	4	5	6	7	8	9	10	11	12
企业文化建设	项目一：精神文化建设	子项目 1：文化理念萃取	海选员工文化认知			■										
			融合企业战略导向				■									
			分析提炼理念文化				■									
			发起文化理念全员大讨论					■								
			迭代理念文化初稿					■								
			经营层评审文化理念						■							
	项目二：制度文化建设	子项目 1：制度梳理	梳理文化元素及落实要求			■										
			逐条挖掘制度条文反映的文化导向				■	■								
			对比分析，确定制度条文与文化的匹配性						■							
		子项目 2：制度融合	文化与制度融合意见问卷调研							■						
			文化与制度融合意见抽样访谈								■	■				
			整理调研意见										■	■		
			审核、修订相关制度条文												■	■
	项目三：行为文化建设	子项目 1：价值观行为标准建立	理解价值观行为要求		■											
			价值观行为标准问卷调研			■										
			价值观行为标准抽样访谈				■									
			整理价值观行为标准条目					■								
			研讨、审定价值观行为标准						■							
		子项目 2：行为规范建立	细化梳理业务管理准则							■						
			细化梳理干部行为准则								■					
			细化梳理员工行为准则									■				
			提取典型案例										■			
			研讨、修订行为规范											■	■	■
	项目四：物质文化建设	子项目 1：视觉识别	梳理文化视觉应用场景		■											
			建立视觉识别系统			■	■									
			宣贯并引导视觉识别系统					■	■	■	■	■	■	■	■	■
		子项目 2：文化传播	设计文化传播载体		■	■										
			建立内部沟通渠道				■	■								
			推进企业文化传播						■	■	■	■	■	■	■	■

（2）企业文化建设项目化管理的实施步骤

企业可以按照“项目计划与启动—分类推进—中期评估—结项评审”的全过程管理，有序推进企业文化建设项目化管理。

①项目计划与启动

首先，由企业层面直接督导，下达项目计划。然后，各单位、各部门负责在本单位、本部门沟通项目计划，明确项目需求。通过深入研讨后，各单位、各部门要结合业务特色制定实施方案，明确项目推进内容模块、推进实施计划以及各阶段的项目成果输出，并将项目实施方案上报、备案，形成项目建设清单。计划方案确定后，各单位、各部门即可按计划时间及时启动。

②分类推进

各单位、各部门按照项目推进实施计划，分解落实各模块的任务；结合不同层级、不同类型单位或部门的实际情况，有序推进各项工作的开展。与此同时，企业要加强事中监督，对项目进度进行月度管控。

③中期评估

除了对进度进行月度管控外，企业还要在项目中期进行中期评估。让各单位、各部门梳理项目进行的阶段性情况，回顾项目实施计划的完成情况，分析项目进展过程中存在的问题和不足，并制定相关的优化对策。如解决问题的过程中需要企业给予帮助，企业要提供相应的支持，并跟踪整改落实情况。

④结项评审

在项目推进末期，企业应让各单位、各部门对照项目实施计划，梳理已经取得的项目实施成果，形成结项报告。随后，企业要在内部召开结项评审会，综合评审各单位、各部门提交的结项报告，评选出优秀成果进行表彰，以达到激励效果。

各单位、各部门在分类推进项目实施计划时，要按照第 1 章提到的企业文化建设任务分解和行动计划制定原则，明确项目的推进节点，做好项目的推进管理；同时，以输出倒逼输入，对照输出标准，确认项目转化与成果产出，以保障项目成果。

协同化推进项目建设

企业文化建设项目的顺利开展，需要各级组织、所有人员朝着共同的方向努力。

（1）明确专项化建设的职责分工

为了确保企业文化建设项目顺利推进，各单位应该成立项目化建设专项组织，明确职责分工，如图 9–1 所示。

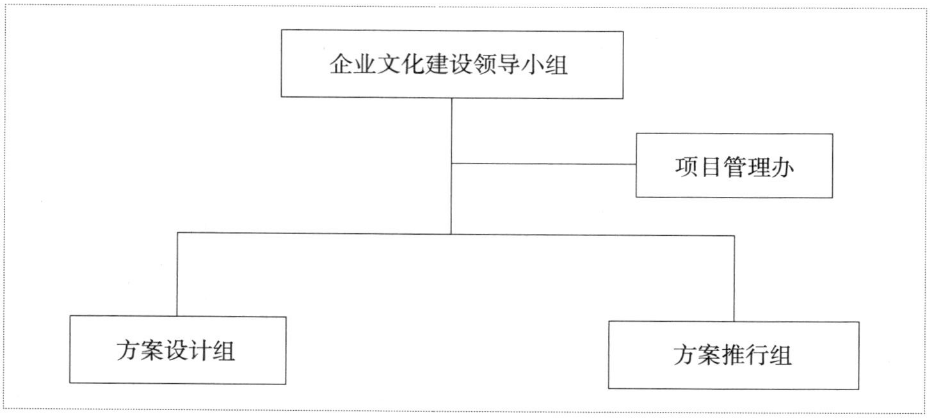

图 9–1　企业文化项目化建设的组织职责分工

其中，企业文化建设领导小组主要负责贯彻落实公司企业文化建设方针、政策、管理办法等，领导所属单位的企业文化建设工作，促进企业文化在本单位落地落实。

项目管理办主要负责项目全过程管理，包括项目进度管理、探讨安排、会务安排、调查调研事务协调、文档管理、人员召集、文化建设成果评估等工作。

方案设计组主要负责调研诊断、方案设计、与最佳实践对标、制定并辅导推行落实项目建设方案等。

方案推行组主要负责项目建设方案的推行、参与方案建设过程、组织学习并落实项目建设方案等。

（2）协同配合，打破部门墙

在企业内部，各部门之间应该相互协作、资源共享，以提高企业的效率和效益。但是，有些大型企业可能拥有 30 个以上的部门，而每个部门又有自己的专业小组，这就不可避免地会给信息传递以及团队合作制造部门墙。

部门墙的突出表现就是：各部门之间争先保护自己的势力范围，关注局部目标胜于企业目标。尽管其他部门需要资源来完成企业目标，但有些部门偏偏不配合，尤其是当几个部门共同完成一个项目时，争端愈发明显，这主要表现在控制权的争夺和利益的分配上。

如何打破部门间可能或已形成的壁垒，实施协同作战，共同实现企业的整体目标？这是国内许多企业需要重视的问题。

美国密歇根大学教授戴维·尤里奇和他的同伴们曾对组织的横向传递机制进行了深入的研究。他认为，权力或决策的横向传递可以通过三种方法来实现。

第一种传递方法：通过赋予团队就工作流程做出决策的权力。

第二种传递方法：通过例行协商来达成一致，强化团队决策。例如，一个团队可以在领域内的流程做出决策；但当决策可能会影响到领域外的内容时，团队就要在确定决策之前，与将会受到影响的组织进行全面沟通。

第三种传递方法：组织内必须有一个跨职能的指导委员会，其职责就是要做出一个跨越职能的共同认可的决定。例如，某个企业的委员会由来自设计、生产、财务、市场营销和质量等部门的领导者组成。每当一个项目团队面临一个重要的决定时，项目领导者就会召集指导委员会寻求支持。

戴维·尤里奇设计的横向传递机制，为企业打破部门墙提供了一些思路。当这种部门壁垒变得容易穿透时，人们就会发现：各个部门可以并行工作，本应按顺序进行的业务流程能够同时进行。

在企业文化建设项目运作的过程中也是如此。各单位、各部门之间要打破壁垒，加强组织协同，形成协同配合、上下联动的工作机制，为企业文化落地的实现做出贡献。

强化推进的基础保障

做好企业文化项目化建设，关键在执行。企业要着力抓好组织、人员、场所、时间、平台建设等保障环节，确保“有机构管事、有人干事、有经费办事”，以切实推进企业文化的项目化建设。

在企业文化的项目化建设进程中，企业要根据各阶段工作计划，合理调配内部各项资源，动态匹配，确保企业文化建设能够获得有力的支持。

（1）人的保障

文化建设项目能不能实施好，与企业本身的项目管理运作水平相关，尤其是人的项目管理意识、素质、掌握的工具和方法论，在其中起着重要的作用。所以，企业要关注“人”的项目化建设能力，做好能力培养。

华为公司在人才培养中，非常重视项目管理能力。华为公司认为，干部必须上好项目管理的必修课，推进华为公司以项目为中心的运作方式。

在华为大学的讲话中，任正非说道：“项目管理是连排干部走向将军的必修课，否则怎么可以组织现代化军队呢？我们的各级干部都要练就200米近战的硬功夫，要敢于刺刀见红。各级干部一定都要用业余时间通过项目管理的考试，两年内20级以上的干部通不过考试的，要免除职务，机关要延伸到18级。可以像托福一样，不计考试的次数，一定要考及格，然后逐级考下去，直到科以上干部全部成为合格者。”

任正非认为，培养干部的项目管理能力，并有效授权，能够促使每一个项目都分工明确、责任清晰，使得项目组的每一个成员都能获得最直接、最快速的支持来完成项目任务。华为公司的做法是值得借鉴的。

一个项目能否顺利推行，管理者的项目管理能力起着关键作用。因此，企业要注重企业管理者的项目管理能力培养，为企业文化项目化建设提供必要的智力支持。

（2）组织保障

除了人的保障外，企业也要为企业文化项目化建设提供必要的组织保障。为了顺利推进企业文化项目化建设，企业可以制定《企业文化项目化建设工作经费管理办法》《企业文化建设项目管理实施细则》等规章制度，用制度的形式为项目化建设提供资金与物资上的支持，保障企业文化建设的项目化运营。

（3）思想保障

企业管理者要经常与一线员工谈心谈话，及时主动地宣讲企业文化项目化建设的制度规范，了解他们的思想动态。对于员工集中反映的重点、难点、热点问题，要及时研究，用心解决，充分调动员工的积极性、主动性，以减少项目化推进过程中的阻碍。

在借助项目化管理推动企业文化建设的过程中，企业必须强化各项基础保障，最大限度地减少企业文化建设和落地工作的阻力。

推进企业文化示范点建设

为了打造企业文化建设的新局面，企业可以推进企业文化融入基层，创建一批工作业绩优、示范作用强、员工评价好、专业分布合理的企业文化示范点（班组、部室），让企业文化示范点发挥辐射带动作用。

明确示范点建设标准和要求

标杆的力量是无穷的。建设企业文化示范点，是指在企业内创建一定的企业文化建设示范标杆和样板，形成以点带面的示范效应，其本质和打造标杆人物类似。建设企业文化示范点时，要遵循一定的创建要求，有组织、规范化地进行。[20]

20 国家电网公司企业文化示范点创建标准和要求。

（1）创建机制健全有效

企业文化示范点创建单位要组建企业文化示范点创建小组，制定《企业文化示范点建设工作任务分解表》，压紧、压实各层级在企业文化建设中的职责，形成企业文化建设齐抓共管的工作格局。企业领导者和管理者要亲自宣讲、带头实践，充分发挥示范带动作用。也就是说，在组织层面要有领导者和管理者带头，有部门和部门的协同，保障创建机制的健全有效。

（2）企业文化理念高度认同

企业文化示范点的员工必须认知且认同企业发展战略和基本价值理念，主动践行企业的核心价值观，使企业文化理念认同率达到100%。因此，创建企业文化示范点的班组或部室时，需要通过文化培训、优化环境、选树标杆、多元传播等措施，促使企业核心价值观深植于员工内心，做到内化于心、外化于行。

（3）企业文化建设融入日常工作

创建企业文化示范点时，必须坚持企业使命，结合班组或部室的业务实际情况，将企业文化融入经营管理、优质服务、安全生产等日常工作中，组织丰富多彩的企业文化落地实践活动，让企业文化建设与日常经营管理两相促进，避免出现“两张皮”的现象。

（4）引领作用发挥顺畅

企业文化示范点建设要注重企业文化价值理念的人格化，选树和培养践行企业文化的先进典型，打造班组或部室明星，立标杆、树标杆，在员工队伍中形成比学赶超的浓厚氛围。为了促进引领作用的发挥，企业可以通过建立健全评优争先制度，使评优争先工作制度化、规范化、常态化。

（5）示范部门 / 单位工作业绩优秀

衡量企业文化建设成效的标准之一就是班组或部室的工作业绩优秀。企业创建的文化示范点必须是在某个方面业绩突出的，如此才能有说服力，才能让示范点发挥出示范引领作用。

（6）管理工作标准规范

企业文化示范点需要认真贯彻落实企业相关制度的要求，做到工作环境文明整洁，员工队伍和谐稳定、凝聚力强，无违反企业文化建设规范化管理要求等情况。企业文化示范点的员工须自觉遵守企业规章守则，严格贯彻执行企业通用制度，严守纪律、勤奋学习、爱岗敬业、业务精湛、勇于创新。

在企业文化示范点的创建工作中，企业要根据示范点建设的标准和要求，有目标、有计划地推进，针对标准和要求，做到精准发力。

把握企业文化示范点创建要点

在进行企业文化示范点建设时，企业可以对照企业文化示范点建设标准和要求，把握示范点创建要点，系统推进创建工作的开展。

（1）提炼特色文化内涵

企业文化示范点建设的实质是让班组或部室在企业文化价值理念的指导下，建设班组文化或部室文化。因此，企业要深入梳理本班组或本部室的业务功能、人员情况、经营现状、业绩和荣誉等基本情况，并思考清楚以下问题：组建什么样的特色文化？为什么要打造这样的特色文化？这样的特色文化有什么样的示范创建意义？

企业提炼出的班组或部室文化一定要有特色、有关联、有价值、能落地，而且要在深度了解自身资源的情况下，打造与自身业务实际强相关的特色文化。比如，以安全生产为重点的班组（部室）可以打造安全主题，以督导检查为重点的班组（部室）可以打造廉政主题，党建部门则可以打造党建主题，等等。

（2）梳理示范点建设思路

明确了特色文化打造主题后，企业要对照摸底的自身情况和企业文化示范点创建的标准、要求，发现自身建设企业文化示范点的提升空间，厘清提升方向，并明确建设思路、建设期望。与此同时，要制定特色文化建设的推进策略、计划表，有条不紊地推进。

（3）明确示范点建设方法

在制定推进策略和推进计划后，要采用科学的方法进行推进。在推进企业文化示范点建设的过程中，最重要的是要解决文化建设与业务管理深度融合的问题。具体而言，可以从宣贯价值观、植入文化基因、增进专业与文化的互动、强化文化考核等方面着手，如表 9–2 所示。

表 9–2 企业文化示范点创建方法示例

建设维度	具体内容
宣贯价值观	开展“我们的核心价值观”主题大传播；发动员工参与主题研讨和主题传播；打造企业文化培训师队伍等
植入文化基因	开展“我们的行为信条”主题大讨论，发动提炼本班组（部室）的行为信条，将公司企业文化落细、落小、落实到业务工作、专业管理之中，内化为团队集体行为模式，实现企业基本价值理念与员工日常行为规范有效链接
增进专业与文化的互动	强化班组（部室）文化载体设计，打造既符合企业文化价值理念，又符合基层实际，体现专业特色的班组（部室）文化
强化文化考核	定期展示、评价工作业绩，针对落后指标进行文化诊断，建立数据考评体系和激励约束机制

除了表 9–2 中列举的方法，企业还可以参考前文中提到的企业文化落地方法，从理念层、制度层、行为层、物质层各个层面发力，全面推动班组（部室）文化的落地。

通过明确示范点创建要求和标准、把握示范点创建的重点工作，企业可以打造出一批一流班组（部室），建设出一支一流员工队伍，充分调动和汇集广大员工的积极性和创造力。与此同时，还可以搭建一个示范点建设经验共享平台，组织各单位开展多种形式的企业文化示范点创建经验交流和学习，以点带面地促进企业文化建设水平的整体提升，推动企业文化在专业领域、基层一线落地生根。

结合日常工作推进示范点建设

企业应如何推进企业文化示范点建设，才能使企业文化融入日常工作、融入企业管理、融入制度标准、融入员工行为呢？下面通过两个案例来加深理解。

中国邮政集团公司内蒙古自治区分公司为了推进企业文化落地，因地制宜地开展了企业文化示范点建设工作。概括地说，该公司采用了四种方法。

一是"领"和"督"统筹，强化企业文化建设的组织力、领导力。该公司的企业文化示范点建设工作采取自上而下、层层推进、逐级落实的模式。公司特别成立了企业文化建设领导小组，定期召开会议，研究部署企业文化示范点创建工作，并将企业文化建设纳入各单位的绩效考核范围中。为了防止建设过程的"不作为"现象，公司还设立了专项调研组，督导基层严格落实相关工作部署，确保企业文化示范点建设工作的循序推进。

二是"教"和"帮"齐抓，强化企业文化宣贯的推动力、执行力。该公司制定下发了《关于开展企业文化示范点建设的实施意见》，明确了建设思路、方法和措施。同时，在企业内部组建企业文化内训师队伍，依托日常会议、培训学习等多种形式，开展企业文化宣贯工作。

三是"新"和"实"共融，提升企业文化的影响力、渗透力。为了解决宣贯方式单一、传播范围有限的问题，公司利用手机客户端、微信等新媒体平台，采取视频短片、图片写实相结合的方式，大力宣传企业文化建设过程中涌现出的典型人物和事迹。此外，公司还以微电影的形式，记录基层员工的真实生活，引起了广大员工的共鸣。

四是"时"和"势"结合，提升企业文化的生命力、凝聚力。该公司通过开展"最美转型邮政人"巡回演讲、组织"对标先进、争创佳绩"主题征文活动、成立邮政志愿者协会展开志愿活动、将企业文化融入主题营销活动和沙龙活动等多样化的活动，促使企业文化落地。[21]

中国邮政集团公司内蒙古自治区分公司多措并举，有效保障了企业文化示范点建设工作取得实效。

除了中国邮政集团公司内蒙古自治区分公司，泰安腾飞实业有限公司也积极探索了企业文化示范点创建的创新方法。

---

21 白宏利，苏永胜．培植文化"引力"—集团公司内蒙古区分公司推进文化示范点建设侧记［J］．中国邮政，2018(02):28-29.

泰安腾飞实业有限公司在公司内部大胆创新，成功开展了“1+N”企业文化示范点建设。其中，“1”指一个企业文化示范点，“N”指多条“文化长廊”或多个“文化教室”，主要创建措施包括“入眼、入心、入品、入行”。

“入眼”是指在公司办公区、生活区、工作区，设置企业文化宣传展板，建设企业文化宣传阵地，实现视化于觉。

“入心”是指通过开展道德讲堂、会议学习、班组讨论等形式多样的教育培训活动，说身边人、身边事，来引导员工自觉践行企业文化理念，使企业文化理念认同率达到100%。

“入品”是指积极开展“争做最美”的评先争优活动，并通过微信公众号及各类媒体，宣传并展示先进人物和事迹，实现感化于品。

“入行”是指将企业文化融入安全生产、高质产品交付及设计、市场开拓创新等工作中，推进员工关爱工程，力促企业文化融入员工行为。[22]

上述两家企业的文化示范点建设方法都是值得借鉴和参考的。为了充分发挥先进典型的模范带头作用，企业还可以在各班组（部室）积极创建示范点的基础上，通过层层遴选、逐级推荐、现场检查、专业初审，选出并表彰“先进创建单位”，以此发挥示范引领、辐射带动的作用，强化文化驱动力。

创新企业专项文化建设

专项文化建设是促进企业文化落地的有效途径。企业可以结合生产经营实际情况，统筹部署和有序推进专项文化建设，正确引导各专业、各岗位的员工理解、践行并弘扬企业文化。

以专项文化建设促使文化融入专业

那些在工作内容、流程、方式和规范等方面具有相似性的人员，往往会

22 姜平，杜军等．“1+N”企业文化建设示范点创新［J］．中国电力企业管理，2019(04):54-55.

形成某种带有群体特征的特定行为模式，而这种融入了专业工作的局部文化即为专项文化。通常来说，由于不同的专业在工作职责、所面临的外部环境等方面存在一定的差异性，所以不同专业的文化诉求也是不同的。

专项文化可以分为专业类和主题类。其中，专业类包括审计专业的文化、营销专业的文化、纪检专业的文化、法律专业的文化等；主题类则包括协同文化、创新文化、安全文化、服务文化等。

华为公司内部有不同类型的专项文化，比如研发部文化、市场部文化、服务文化等。

华为研发部一直提倡"板凳要坐十年冷"的部门文化。任正非曾强调："科学是老老实实的学问，要有坚定不移的精益工作目标，要有跟随社会进步与市场需求的灵活机动的战略战术。"科研成果转化为商用价值往往是一个漫长的过程，特别是基础研究，所以要耐得住寂寞，"板凳要坐十年冷"。

华为研发部正是在这种文化的熏陶下，厚积薄发，实现了技术上的领先。与研发部不同，华为市场部提倡"胜则举杯相庆，败则拼死相救"的部门文化。

"胜则举杯相庆，败则拼死相救"的文化现象最早出现于曾国藩带领的湘军中。当年，湘军大多由湖湘子弟组成，乡土关系让士兵之间的关系更加亲密。为了让士兵在战场上团结起来，荣辱与共，曾国藩提出了这句口号。相对于太平军后期的兄弟相残，湘军的团结为其赢得战争的胜利打下了基础。

任正非认为，湘军"胜则举杯相庆，败则拼死相救"的团结精神也是华为公司在拓展市场时应该坚持的。因为，华为公司在市场发展中必须拉近内部员工之间、部门之间的关系，只有提高团队的协作能力，才能提高整体工作效率。所以，在 20 世纪 90 年代初，华为的市场部门提出了"胜则举杯相庆，败则拼死相救”这个口号，以加强团队的合作精神。

任正非在1994年的《胜利祝酒词》中说道：“胜则举杯相庆，败则拼死相救的市场工作原则，几年来感召了多少英雄儿女一批一批地上前线。商场如战场，却比战场要经历更加持久的残酷与艰苦，苦难的历程又抚育了多少市场营销干部。”

“胜则举杯相庆，败则拼死相救”的文化在华为公司的市场部门盛行了很长时间，为华为公司在海内外开拓市场起到了重要作用，让华为公司在集体奋斗中取得了辉煌的成绩。

从某种意义上来说，“板凳要坐十年冷”“胜则举杯相庆，败则拼死相救”都属于专业类的专项文化。

除了专业类的专项文化，华为公司内部还有包括“服务文化”在内的主题类专项文化。

任正非曾说过：“华为文化的特征就是服务文化，因为只有服务才能换来商业利益。服务的含义是很广的，不仅仅指售后服务，（还包括）从产品的研究、生产到产品生命终结前的优化升级，员工的思想意识、家庭生活……因此，我们要以服务来定队伍建设的宗旨。我们要用优良的服务去争取用户的信任，从而创造资源。这种信任的力量是无穷的，是我们取之不尽、用之不竭的源泉。（如果）有一天我们不用服务了，就是要关门、破产了。因此，服务要贯穿于我们公司及个人生命的始终。”

华为公司的客户服务意识非常强，其服务文化是华为核心价值观“以客户为中心”的具体体现。在华为人看来，一直为客户提供优质的服务，才让华为公司走到了今天；而明天的华为公司仍将继续提高服务质量，这是华为公司的使命所在。

总体而言，企业可以在统一文化的框架下，设计并建立专业类、主题类的专项文化。这种做法十分有利于企业文化在各业务领域、各专业条线的全面落地与深植，同时也有利于增强企业文化传播的实效性和针对性。

阶段化推进专项文化建设

了解了专项文化之后，企业又该如何具体推进专项文化的建设呢？

（1）专项文化建设的过程

专项文化建设是通过调研获取专项文化要素并提升为专项文化体系，再将文化体系降落为一系列文化落地措施，从而营造氛围，实现行为转化的过程，如图 9-2 所示。

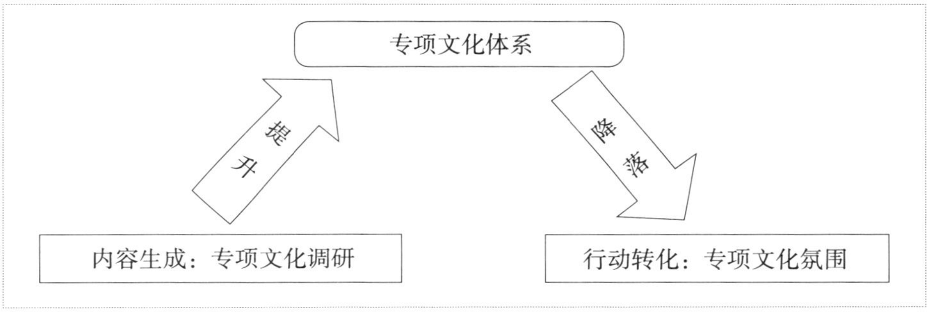

图 9-2 专项文化建设过程

在专项文化建设的过程中，提升过程是指专项文化理念体系的萃取过程，降落过程是指专项文化的落地过程。因此，我们可以分阶段推进专项文化建设，如表 9-3 所示。

表 9-3 阶段化推进专项文化建设

序号	推进阶段	具体举措
1	专项文化建设规划阶段	◆专项文化调研与诊断 ◆制定建设方案，明确推进计划、成果输出、责任分工等
2	文化理念萃取阶段	◆文化理念征集与提炼 ◆输出文化理念纲要并审核
3	制度与文化融合阶段	◆制度与文化的匹配性审查 ◆完善相关制度标准
4	行为规范建设阶段	◆将文化理念转化为系统、严密的员工行为规范 ◆推进专项文化教育与培训
5	专项文化传播阶段	◆从内到外塑造企业视觉形象，落实专项文化的多元传播 ◆选树、培育标杆人物
6	建设效果评估阶段	◆落实专项文化建设的考核评估，持续改善 ◆举办成果发布会，表彰优秀建设单位和个人

（2）专项文化建设的任务细分

明确了专项文化建设的推进阶段后，企业还要细分每个阶段的任务模块，细化具体行动、成果 / 交付以及相关责任人等，如表 9–4 所示。

表 9–4　专项文化建设任务细分参考

模块	细化行动		成果 / 交付	责任人	推进时间
专项文化建设规划阶段	1				
	2				
	3				
文化理念萃取阶段	1				
	2				
	3				
制度与文化融合阶段	1				
	2				
	3				
行为规范建设阶段	1				
	2				
	3				
专项文化传播阶段	1				
	2				
	3				
建设效果评估阶段	1				
	2				
	3				

“工欲善其事，必先利其器”。在进行专项文化建设任务细分时，我们可以参考“里程碑计划”的步骤与方法。

步骤一：分析行动步骤

使用里程碑计划的第一步是确定执行步骤。这样做，一是可以避免因盲目动手而导致执行中反复修改的问题；二是可以保证里程碑计划的可行性。在分析执行步骤时，应按以下要求进行。

（1）所分步骤不应少于 5 个；如果步骤太少，则不适合使用里程碑计划。

（2）找出所有完成该项目所需要的环节，越详细越好，必要时可以采用头脑风暴法。

（3）将想到的、分析出的环节，即便只是一个简单的思路，也全部写在纸上。

（4）整理写在纸上的各环节，删减重复的环节，合并相似的环节，最后用简洁的词语描述并写下来。

（5）依据完成的先后顺序，排列这些环节。

步骤二：确定关键步骤

关键的、重要的步骤才能被称为“里程碑”。因而，在开展任务时，要选取关键步骤。关键步骤应从分析出的行动步骤中进行挑选或总结。这些关键步骤应符合以下要求。

（1）对工作的周期、质量、进度、可靠性和安全性等有直接影响。

（2）对下个阶段的工作执行、工期起始、资源调配有重大影响。

（3）某个环节资源薄弱、业务不熟练、可能带来麻烦。

步骤三：分配执行时间

里程碑计划中的每个里程碑，都要有明确的开始时间和结束时间，以保证各阶段任务及总目标能够按计划完成。在这一步中，要考虑以下两个因素。

（1）完成任务的总时长一旦确定，应立即着手分配各里程碑的时间，而不是探讨总时长是否合理，要学会“向过程要时间”。

（2）依据重要度、资源匹配度等因素，确定最佳时间。

步骤四：绘制里程碑计划

确定好关键步骤（里程碑）和执行时间后，要绘制里程碑计划。

将里程碑计划与表 9–4 对应起来，表 9–4 中的细化行动就是里程碑计划中的关键步骤。确定好关键步骤和执行时间，再分配好责任人，监督管控执行即可。值得注意的是，根据里程碑计划确定好专项文化建设的关键步骤和责任人后，还可以针对关键步骤，再遵循里程碑计划中的行动步骤分解逻辑进行进一步细分，以确保专项文化建设能够有条不紊地推进，最终取得实效。

做好专项文化建设效果评估与优化

在阶段化推进专项文化建设时，我们要合理运用第 8 章提到的企业文化建设评估指标，做好专项文化建设效果评估，确保专项文化建设取得实效。

专项文化建设效果评估可以分为过程评估和结果评估。其中，过程评估是检查每个阶段计划工作的完成情况，结果评估则是检验阶段性文化落实的综合效果。在每次评估后，要进行事后回顾，将经验和教训立即应用到下一步工作中。

任正非极力推崇事后回顾，他曾用这样一段话鼓励华为人通过事后回顾，获得工作改善。

他说："现在给你一把丝线，你是不能把鱼给抓住的。你一定要将这把丝线结成网，这种网就有一个个网点。人生就是通过不断地总结，形成一个一个的网点，进而结成一个大网。如果你不善于归纳总结，就会像猴子掰玉米一样，掰一个，丢一个，你最终将没有一点收获。"在任正非的要求下，华为人不论项目大小，都会总结经验教训，巩固成果。

在每次专项文化建设评估的事后回顾中，企业可以着重关注"制订改进计划、提升工作质量、调整建设策略、促进文化建设"几个要点，如表 9-5 所示。

表 9-5 事后回顾工作要点

要点	具体描述
制订改进计划	通过评估结果，识别专项文化建设工作的不足，并制订对应的改进计划
提升工作质量	总结典型经验，固化推广，促进专项文化建设工作高质量提升
调整建设策略	基于专项文化评估结果，综合诊断分析文化建设与生产经营业务融入程度、员工行为引导的整合程度，并针对性地调整文化建设策略
促进文化建设	严格落实文化建设改进计划和调整策略，促进专项文化建设

在每次评估后，企业可以借助成果汇报会的形式，表彰优秀建设单位和个人，形成广泛的激励效应，促使企业上下积极探索符合自身实际、体现各自特色的文化落地路径和实践载体，持续优化企业文化建设效果。

参考文献

[1] 何建湘著 . 企业文化建设实务 . 北京：中国人民大学出版社，2019.

[2] 陈春花著 . 企业文化塑造 . 北京：机械工业出版社，2016.

[3] 陈春花著 . 从理念到行为习惯：企业文化管理 . 北京：机械工业出版社，2016.

[4] 罗长海，林坚著 . 企业文化要义 . 北京：清华大学出版社，2003.

[5] 罗长海著 . 企业文化学 . 北京：中国人民大学出版社，2006.

[6] 钟金，杜俊鸿著 . 华为文化密码 . 北京：电子工业出版社，2019.

[7] 赵先超著 . 阿里巴巴与四十大道 . 北京：电子工业出版社，2018.

[8] 陈国海，刘贵鸿，陈祖鑫编著 . 阿里巴巴政委体系 . 北京 : 企业管理出版社，2018.

[9] 王祥伍，谭俊峰著 . 华夏基石方法：企业文化落地本土实践 . 北京：电子工业出版社 ,2013.

[10] 华夏基石企业管理咨询有限公司主编 . 洞察：华夏基石管理评论（第五十二辑）. 北京：中国财富出版社，2019.

[11] 苏海编著 . 活动策划实战宝典 . 清华大学出版社，2017.

[12] 王吉鹏著 . 企业文化建设 . 北京：中国人民大学出版社，2017.

[13] 李建立著 . 硬文化：企业文化落地的领导力 . 北京：机械工业出版社，2011.

[14] （美）特伦斯·迪尔，艾伦·肯尼迪著 . 孙健敏，黄小勇等译 . 新企业文化：重获工作场所的活力 . 北京：中国人民大学出版社，2015.

[15] （美）特伦斯·迪尔，艾伦·肯尼迪著 . 李原，孙健敏译 . 企业文化——企业生活中的礼仪与仪式 . 北京：中国人民大学出版社，2015.

[16] （美）埃德加·沙因著 . 马红宇，唐汉瑛等译 . 企业文化生存与变革指南 . 杭州：浙江人民出版社，2017.

[17] （美）埃德加·沙因著 . 章凯，罗文豪等译 .4 版 . 组织文化与领导力 . 北京：中国人民大学出版社，2014.

[18] （美）约翰·P. 科特，詹姆斯·L. 赫斯克特，王红译 . 企业文化与绩效 . 北京：中信出版社，2019.

[19]（加）亨利·明茨伯格，布鲁斯·阿尔斯特兰德，约瑟夫·兰佩尔著.魏江译.战略历程：穿越战略管理旷野的指南.北京：机械工业出版社，2012.

[20]（美）詹姆斯·W.凯瑞著.丁未译.作为文化的传播.北京：中国人民大学出版社，2019.

[21]（美）汤姆·彼得斯，罗伯特·沃特曼著.追求卓越.北京：中信出版社，2012.